카드뉴스부터 상세페이지, 유튜브 쇼츠, 프레젠테이션 자료까지!

AI로 쉽게 만드는
캔바 콘텐츠 디자인

머리말

예전에는 디자인이 소수의 전문가만 다룰 수 있는 분야로 여겨졌습니다. 포토샵, 일러스트레이터와 같은 디자인 전용 프로그램은 초보자의 접근을 어렵게 만들었고, 그 결과 디자인은 지금까지 많은 이들에게 낯설고 어려운 영역으로 남게 되었습니다.

저 역시 디자인 전용 프로그램을 처음 접했을 때 수많은 시행착오를 겪어야 했습니다. 기능이 너무 많아 어디서부터 시작해야 할지 막막했고, 결과물도 늘 기대에 미치지 못했죠. 하지만 작은 시도를 반복하다 보니 점점 더 자유롭게 표현할 수 있게 되었고, 복잡한 프로그램 대신 직관적인 툴을 활용하면 아이디어를 빠르게 시각화할 수 있다는 것을 깨달았습니다.

디자인 프로그램은 아이디어를 구현해 주는 도구일 뿐, 진짜 중요한 것은 '무엇을 어떻게 전달할지'에 달려 있습니다. 이 책은 프로그램에 대한 부담으로 콘텐츠 제작을 망설였던 분들을 위해 기획되었으며, 누구나 쉽게 접근할 수 있는 무료 디자인 플랫폼 '캔바'의 구체적인 활용 방안을 안내합니다.

카드뉴스, 상세페이지, 유튜브 쇼츠와 같은 다양한 콘텐츠 예제를 통해 캔바의 핵심 기능을 빠르게 익힐 수 있도록 구성하였으며, 캔바의 AI 기능을 실제 작업에 적용할 수 있도록 구체적인 프롬프트 예시도 함께 수록했습니다. 독자 여러분은 단순히 캔바의 사용법을 배우는 데서 그치지 않고, 자신의 상황과 목적에 맞는 활용법까지 자연스럽게 터득할 수 있을 것입니다.

디자인 작업에서 중요한 두 가지는 '효율성'과 '창의성'입니다. 반복되는 작업에서 시간을 절약해야 더 많은 시도를 할 수 있고, 그래야 창의성도 발휘할 수 있습니다. 캔바의 AI 기능은 작업의 효율성을 높여 주면서 새로운 아이디어를 탐색할 수 있는 기회를 제공합니다. 캔바를 단순한 도구가 아닌 효율성과 창의성을 성장시킬 수 있는 발판으로 활용한다면 여러분은 어느새 디자인적 사고를 갖춘 창작자로 성장해 있을 것입니다.

독자 여러분이 디자인을 부담의 영역으로 여기기보다, 자신의 아이디어와 메시지를 표현할 수 있는 가능성의 영역으로 바라보게 되었으면 좋겠습니다. 캔바를 통해 여러분의 이야기를 보다 창의적이고 설득력 있게 전달할 수 있기를 바랍니다.

끝으로 지금까지 많은 도움과 격려를 주신 동료, 편집자님 그리고 독자 여러분께 진심으로 감사드립니다. 이번 작업은 저 혼자만의 결과물이 아니라 함께 만들어 온 경험과 배움의 결실이라 생각합니다. 이 책이 캔바를 활용하는 데 든든한 길잡이가 되기를 바라며, 여러분의 아이디어가 매력적인 콘텐츠로 발전하길 기대합니다.

임진영(갓찌놓)

이 책의 구성

이 책은 캔바의 템플릿과 AI 기능을 활용해 다양한 콘텐츠를 제작할 수 있도록 안내하는 디자인 가이드북입니다. 기본적인 내용의 이론 설명을 최대한 간략하게 마치고, 실습 예제를 따라 하면서 캔바의 필수 기능을 자연스럽게 습득할 수 있도록 구성하였습니다.

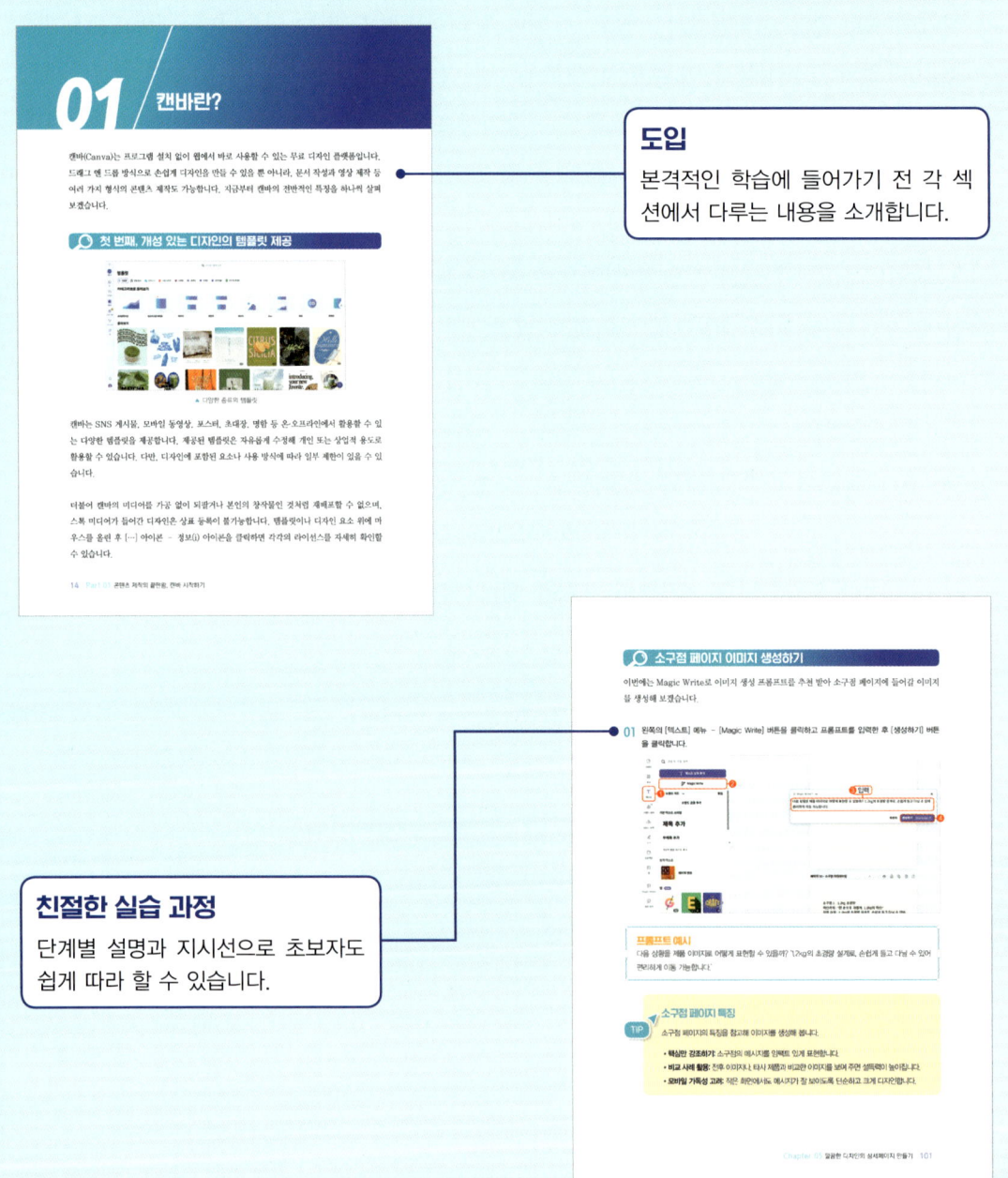

도입
본격적인 학습에 들어가기 전 각 섹션에서 다루는 내용을 소개합니다.

친절한 실습 과정
단계별 설명과 지시선으로 초보자도 쉽게 따라 할 수 있습니다.

Tip!
본문 또는 예제와 관련된 다양한 팁과 부연 설명이 담겨 있습니다.

프롬프트 예시
캔바의 AI 기능을 사용할 때 참고할 수 있도록 프롬프트 예시를 제공합니다.

QR코드
QR코드를 스캔하면 '유튜브 쇼츠 영상 만들기' 예제의 완성 결과를 확인할 수 있습니다.

목차

Part 01 콘텐츠 제작의 끝판왕, 캔바 시작하기

Chapter 01 처음 만나는 캔바
01 캔바란? … 14
02 캔바 회원가입하기 … 18
03 캔바 무료 플랜과 Pro 플랜의 차이점 … 20
04 캔바 Pro 무료 체험 시작하기 … 24
05 캔바를 200% 활용하는 꿀팁 … 27

Chapter 02 캔바 사용 방법 알아보기
01 디자인 작업 시작하기 … 30
02 디자인 작업 화면 살펴보기 … 32
03 캔바 편집 기능 마스터하기 … 34
04 브랜드 키트로 작업 효율 높이기 … 42

Chapter 03 캔바의 핵심 AI 기능 익히기
01 Magic Write로 텍스트 생성하기 … 48
02 Magic Studio로 이미지 편집하기 … 55
03 Magic Media로 디자인 자료 생성하기 … 61

Part 02 캔바 AI로 뚝딱 완성하는 콘텐츠 디자인

Chapter 04 레시피 소개 카드뉴스 만들기
01 Magic Write로 카드뉴스 초안 만들기 … 70
02 카드뉴스 디자인하기 … 74
03 대량 제작 기능으로 카드뉴스 완성하기 … 80

Chapter 05 깔끔한 디자인의 상세페이지 만들기
01 상세페이지 초안 만들기 … 90
02 Magic Write로 카피 문장 만들기 … 93

03 Magic Media로 제품 이미지 생성하기　　　　　　　　　　**100**
04 일체형 상세페이지 만들기　　　　　　　　　　　　　　**104**

Chapter 06　유튜브 쇼츠 영상 만들기

01 Magic Write로 쇼츠 영상 기획하기　　　　　　　　　　**112**
02 Magic Media로 이미지와 영상 생성하기　　　　　　　　**116**
03 AI 음성, 자막, 효과 추가하기　　　　　　　　　　　　**122**
04 Beat Sync로 생동감 더하기　　　　　　　　　　　　　**129**

Chapter 07　프레젠테이션 자료 만들기

01 캔바에서 프레젠테이션 준비하기　　　　　　　　　　　**134**
02 AI로 빠르게 만드는 제안용 프레젠테이션　　　　　　　**136**

Chapter 08　북 디자인 완성하기

01 캔바를 활용한 북 디자인의 장점　　　　　　　　　　　**150**
02 AI를 활용해 도서 콘텐츠 기획하기　　　　　　　　　　**151**
03 AI로 북 디자인 빠르게 완성하기　　　　　　　　　　　**154**

Chapter 09　나만의 디자인 목업 만들기

01 북 커버 디자인 목업 만들기　　　　　　　　　　　　　**172**
02 AI로 에코백 굿즈 목업 만들기　　　　　　　　　　　　**174**
03 AI로 머그컵 굿즈 목업 만들기　　　　　　　　　　　　**178**

Chapter 10　일상과 업무 관리 도구 만들기

01 자기 관리용 갓생 플래너 만들기　　　　　　　　　　　**190**
02 만족도 조사 설문지 만들기　　　　　　　　　　　　　**197**

Appendix　한 걸음 더, 디자인 기본기 다지기

01 디자인이란?　　　　　　　　　　　　　　　　　　　**208**
02 디자인의 구성 요소　　　　　　　　　　　　　　　　**212**
03 색의 기본 이론　　　　　　　　　　　　　　　　　　**216**
04 타이포그래피에 대한 이해　　　　　　　　　　　　　**218**

캔바 단축키 마스터하기

작업을 시작하기 전에 알아두면 좋은 캔바의 단축키를 소개합니다. 이 책은 윈도우(Window)를 기준으로 설명하지만, 단축키의 원리는 맥(Mac)에서도 동일합니다. 윈도우의 `Ctrl` 은 ⌘로, `Alt` 는 ⌥으로 대체해 사용하면 됩니다. 캔바의 단축키 중 자주 쓰이고 유용한 것만 쏙쏙 골라 모아 두었으니 편하게 참고하세요!

자주 사용하는 단축키

`Ctrl` + `A` 모든 요소 선택

`Ctrl` + `C` 복사

`Ctrl` + `V` 붙여 넣기

`Ctrl` + `D` 복제

`Ctrl` + `S` 저장

`Delete` 또는 `Backspace` 요소 삭제

`Ctrl` + `G` 그룹화

`Ctrl` + `Shift` + `G` 그룹 해제

`←`, `→`, `↓`, `↑` 선택한 요소를 한 칸씩 수평/수직 이동

`Shift` + `←`, `→`, `↓`, `↑` 선택한 요소를 크게 수평/수직 이동

`Ctrl` + 마우스 휠 위/아래 확대/축소

텍스트 관련 단축키

`Ctrl` + `F` 찾기 및 바꾸기

`Ctrl` + `B` 굵게

`Ctrl` + `I` 기울임꼴

`Ctrl` + `U` 밑줄

`Ctrl` + `Shift` + `L` 왼쪽 정렬

`Ctrl` + `Shift` + `C`　가운데 정렬

`Ctrl` + `Shift` + `R`　오른쪽 정렬

`Ctrl` + `Shift` + `,`　글자 크기 줄이기

`Ctrl` + `Shift` + `.`　글자 크기 키우기

`Ctrl` + `Alt` + `C`　텍스트 스타일 복사

`Ctrl` + `Alt` + `V`　텍스트 스타일 붙여 넣기

페이지 관련 단축키

`Ctrl` + `Enter`　페이지 추가

`Delete`　빈 페이지 삭제

`Ctrl` + `Alt` + `1`　스크롤링 뷰

`Ctrl` + `Alt` + `2`　섬네일 뷰

`Ctrl` + `Alt` + `3`　그리드 뷰

디자인 요소 관련 단축키

`Ctrl` + `]`　앞으로 가져오기

`Ctrl` + `[`　뒤로 보내기

`Ctrl` + `Alt` + `]`　맨 앞으로 가져오기

`Ctrl` + `Alt` + `[`　맨 뒤로 보내기

`Alt` + `Shift` + `T`　여러 개의 요소 정렬

`Tab` / `Shift` + `Tab`　다음/이전 요소 선택

`Ctrl` + `←`/`→`　요소의 너비를 조금 줄임/늘림

`Ctrl` + `↓`/`↑`　요소의 높이를 조금 줄임/늘림

`Ctrl` + `Shift` + `←`/`→`　요소의 너비를 크게 줄임/늘림

`Ctrl` + `Shift` + `↓`/`↑`　요소의 높이를 크게 줄임/늘림

일러두기

- 캔바의 업데이트에 따라 책에 소개된 디자인 방법이나, 인터페이스 또는 메뉴가 실제 화면과 다를 수 있습니다.

- 홈 화면 왼쪽의 Canva AI 메뉴는 계정 유형, 언어, 지역 등에 따라 순차적으로 제공됩니다. 따라서 계정마다 메뉴가 보이는 시점이 다를 수 있습니다.

- 예제의 지문에서 '마우스 오른쪽 버튼으로 클릭'하는 명령을 지시선에서는 '우클릭'으로 표기했습니다.

- 캔바에서 제공하는 템플릿의 이름을 그대로 기재하였기 때문에 맞춤법, 띄어쓰기 등이 올바르지 않을 수 있습니다.

- 캔바 AI로 생성한 텍스트 및 이미지는 똑같은 명령어를 입력해도 책에 수록된 결과물과 다르게 생성될 수 있습니다.

- 책에서 소개하는 템플릿과 디자인 요소를 개인 또는 상업적 용도로 사용할 시 캔바의 이용 약관과 저작권 정책을 준수해야 합니다.

- 캔바는 엣지(Edge), 크롬(Chrome)과 같은 주요 브라우저에서 대부분 동일하게 보입니다. 책에서는 크롬 브라우저를 사용하였으며 브라우저의 확장 프로그램, 캐시 문제 등과 같은 환경 설정에 따라 메뉴에 차이가 있을 수 있습니다.

Part 01

콘텐츠 제작의 끝판왕, 캔바 시작하기

Chapter 01 처음 만나는 캔바
Chapter 02 캔바 사용 방법 알아보기
Chapter 03 캔바의 핵심 AI 기능 익히기

01 캔바란?
02 캔바 회원가입하기
03 캔바 무료 플랜과 Pro 플랜의 차이점
04 캔바 Pro 무료 체험 시작하기
05 캔바를 200% 활용하는 꿀팁

Chapter 01

처음 만나는 캔바

캔바는 프레젠테이션, 포스터, 카드뉴스, SNS 게시물 등 여러 가지 시각적 콘텐츠를 손쉽게 제작할 수 있는 디자인 플랫폼입니다. 이번 챕터에서는 회원가입 방법, 요금제별 기능 차이, Pro 플랜 무료 체험 방법 등 캔바의 기본적인 사용법을 간단히 살펴보겠습니다.

01 캔바란?

캔바(Canva)는 프로그램 설치 없이 웹에서 바로 사용할 수 있는 무료 디자인 플랫폼입니다. 드래그 앤 드롭 방식으로 손쉽게 디자인을 만들 수 있을 뿐 아니라, 문서 작성과 영상 제작 등 여러 가지 형식의 콘텐츠 제작도 가능합니다. 지금부터 캔바의 전반적인 특징을 하나씩 살펴보겠습니다.

첫 번째, 개성 있는 디자인의 템플릿 제공

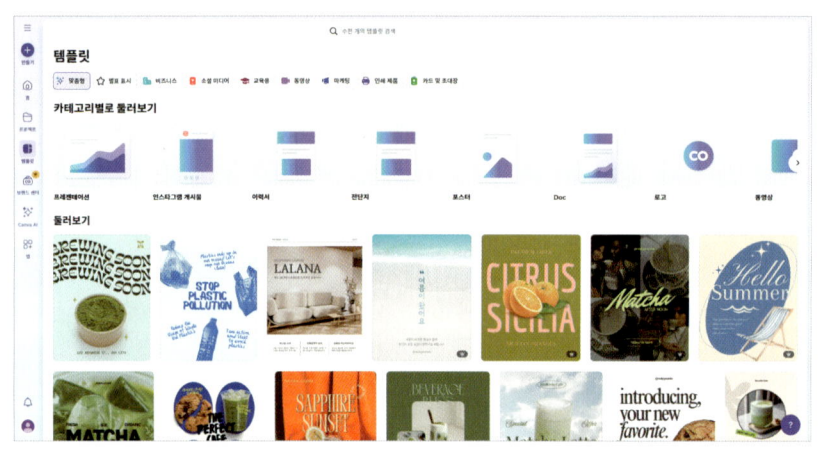

▲ 다양한 종류의 템플릿

캔바는 SNS 게시물, 모바일 동영상, 포스터, 초대장, 명함 등 온·오프라인에서 활용할 수 있는 다양한 템플릿을 제공합니다. 제공된 템플릿은 자유롭게 수정해 개인 또는 상업적 용도로 활용할 수 있습니다. 다만, 디자인에 포함된 요소나 사용 방식에 따라 일부 제한이 있을 수 있습니다.

더불어 캔바의 미디어를 가공 없이 되팔거나 본인의 창작물인 것처럼 재배포할 수 없으며, 스톡 미디어가 들어간 디자인은 상표 등록이 불가능합니다. 템플릿이나 디자인 요소 위에 마우스를 올린 후 […] 아이콘 - 정보(i) 아이콘을 클릭하면 각각의 라이선스를 자세히 확인할 수 있습니다.

두 번째, 직관적인 인터페이스

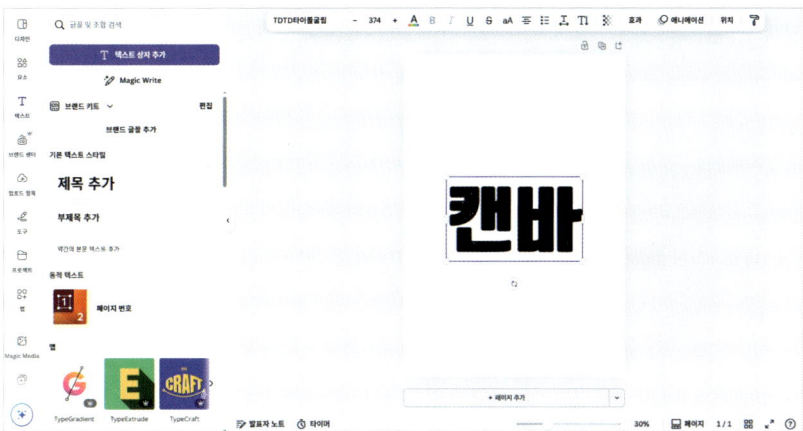

▲ 디자인 작업 화면

캔바는 인터페이스가 직관적이고 메뉴의 사용 방법이 간단해서 초보자도 어렵지 않게 사용할 수 있습니다. 특히 이미지, 텍스트, 아이콘 등의 요소를 클릭 또는 드래그 앤 드롭하는 방식으로 편집할 수 있어 편리합니다.

세 번째, 다양한 디자인 요소 제공

▲ 다양한 종류의 디자인 요소

캔바에서는 동영상, 일러스트레이션, 도형, 스티커, 프레임 등 수백만 개의 디자인 요소를 작업 중에 바로 추가할 수 있습니다. 이때 요소는 누구나 사용할 수 있는 무료 요소와 Pro 플랜 사용자에게만 제공되는 프리미엄 요소로 구분됩니다.

네 번째, 협업 기능

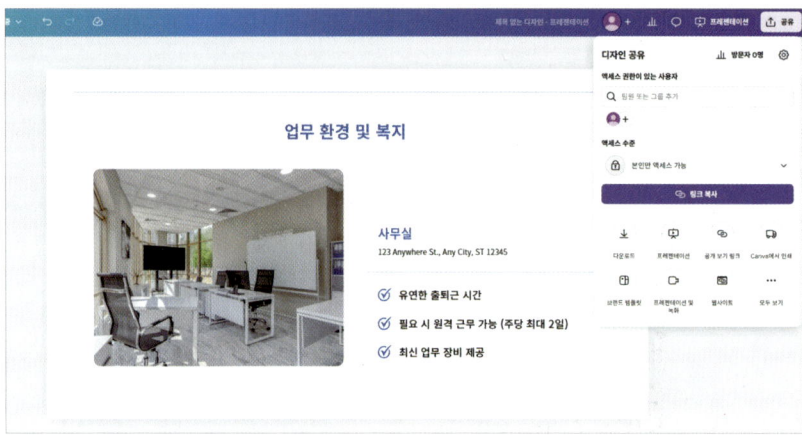

▲ 디자인 공유 화면

캔바는 여러 사용자가 같은 프로젝트를 동시에 편집할 수 있는 협업 기능을 제공합니다. 디자인 작업 화면 오른쪽 상단의 [공유] 버튼 – [링크 복사] 버튼을 클릭하면 링크를 통해 사람들을 초대할 수 있고 '편집', '댓글', '보기' 등의 권한을 줄 수 있습니다.

다섯 번째, AI 기능

▲ 캔바의 AI 기능

최근에는 캔바에 다양한 AI 기능이 추가되었습니다. 주요 AI 기능으로는 간단한 프롬프트를 입력하면 원하는 텍스트를 생성해 주는 'Magic Write', 텍스트를 이미지나 영상으로 변환해 주는 'Magic Media' 등이 있습니다.

여섯 번째, 이미지/동영상 편집 기능

▲ 이미지 편집　　　　　　　　　　　▲ 동영상 편집

캔바에서는 이미지뿐 아니라 동영상도 자유롭게 편집할 수 있습니다. 긴 영상이나 짧은 쇼츠 영상의 제작이 가능하며, AI 기능으로 필요한 이미지와 영상 자료를 만들어 콘텐츠에 바로 활용할 수 있습니다.

일곱 번째, 문서 작성/프레젠테이션 기능

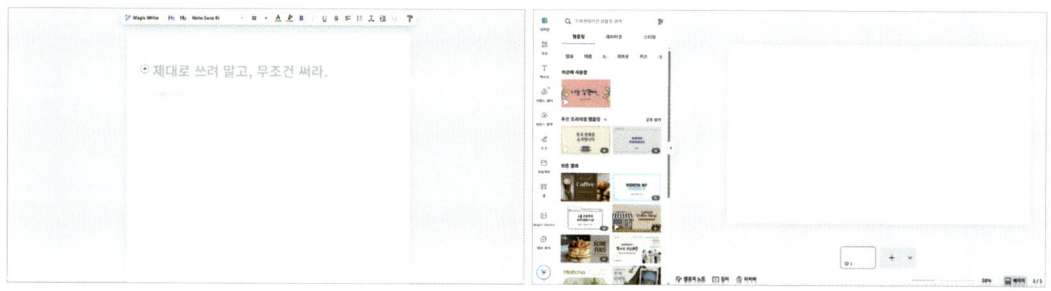

▲ 문서 작성　　　　　　　　　　　▲ 프레젠테이션 자료

캔바를 사용하면 문서나 프레젠테이션 자료도 쉽게 만들 수 있습니다. 웹 기반의 플랫폼이기 때문에 언제 어디서나 작업 내용을 수정할 수 있으며, 작업 공간에 자료가 저장되어 파일 분실의 위험성이 줄어듭니다.

02 캔바 회원가입하기

캔바 회원이라면 대부분의 기능과 템플릿을 무료로 이용할 수 있습니다. 과정이 매우 간단하므로, 지금부터 함께 회원가입을 진행해 보겠습니다.

01 캔바(www.canva.com/ko_kr)에 접속한 후 메인 화면 오른쪽 상단의 [가입] 버튼을 클릭합니다.

02 'Canva 이용 약관' 창에서 '다음 모든 항목에 동의합니다.'에 체크하고, [동의 및 계속하기] 버튼을 클릭합니다.

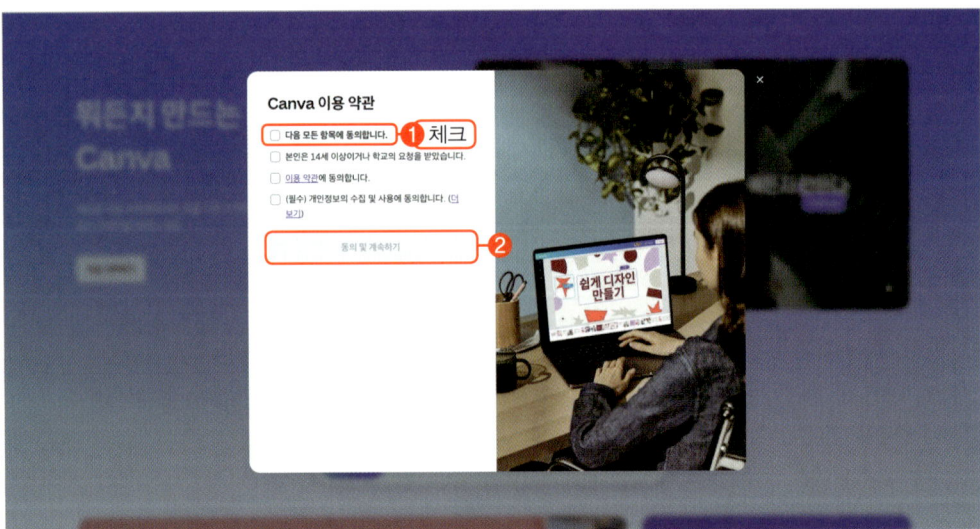

03 카카오, 구글, 이메일 중 원하는 로그인 방법을 선택한 후 안내에 따라 회원가입을 진행합니다.

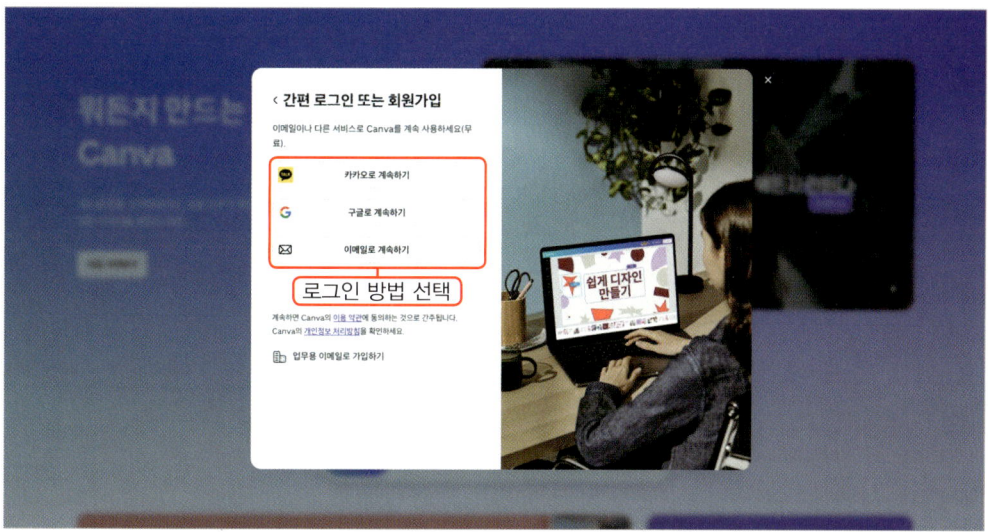

04 캔바의 사용 목적을 선택합니다. 'Canva Pro 무료 사용' 관련 안내창과 '메시지 기본 설정' 안내창의 [건너뛰기]를 클릭하면 캔바 회원가입 완료!

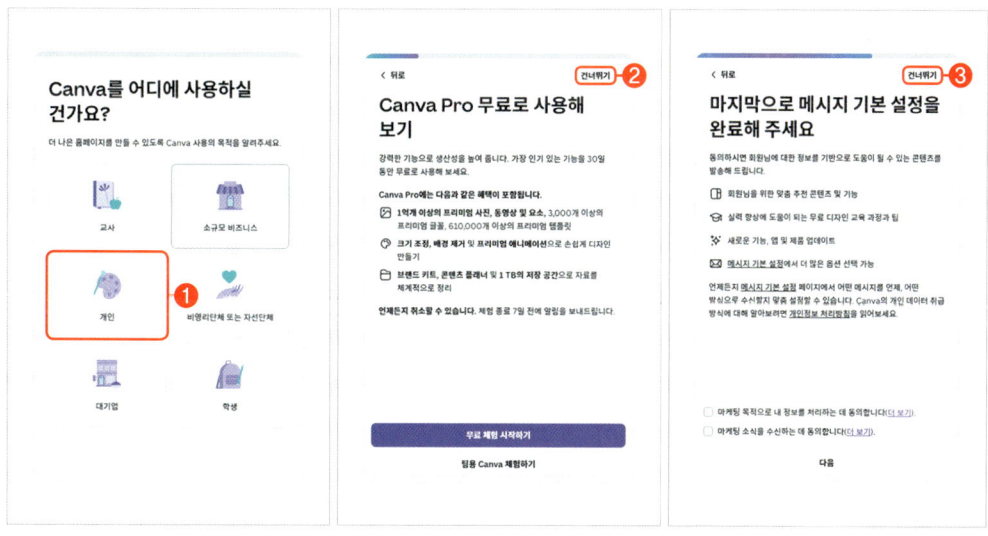

TIP 교육용 캔바

학생이나 교사는 학교 계정으로 로그인하거나, 교원 자격증 또는 재직 증명서를 인증 받으면 교육용 캔바를 무료로 사용할 수 있으니 참고합니다.

03 / 캔바 무료 플랜과 Pro 플랜의 차이점

캔바는 대부분의 기능을 무료로 사용할 수 있지만, 조금 더 강력한 디자인 도구가 필요하다면 Pro 플랜을 이용해 볼 수 있습니다. 아래 그림을 참고하여 요금제별 사용 범위와 관련된 자세한 내용을 살펴봅니다.

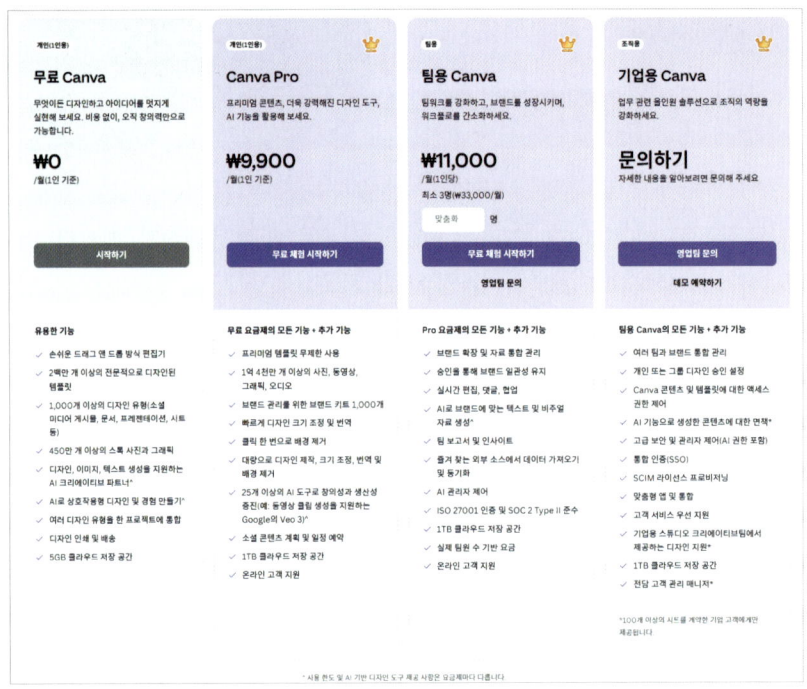

▲ 캔바 월간 요금제 플랜별 사용 범위(출처: 캔바)

무료 플랜은 2백만 개 이상의 템플릿과 기본 디자인 도구, 제한적인 AI 기능 등이 제공됩니다. Pro 플랜은 무료 플랜의 모든 혜택과 함께 프리미엄 템플릿, 1억 4천만 개 이상의 디자인 요소, 전문가용 편집 기능을 사용할 수 있습니다.

요금제별로 사용할 수 있는 메뉴와 도구에 차이가 있기 때문에 책에서는 '파일 메뉴', '개체 편집 도구바', '디자인 메뉴'로 구분하여 요금제 플랜별 차이점을 정리했습니다. 표를 참고하여 관련 내용을 자세히 알아봅니다.

상단 메뉴

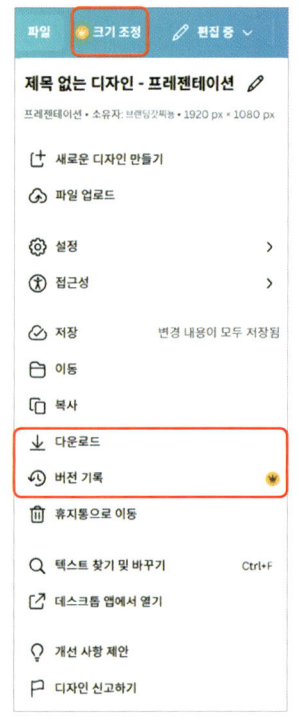

상단 메뉴	무료 플랜	Pro 플랜
크기 조정	중간에 크기 조정 불가능	중간에 크기 조정 가능
다운로드	• PDF(표준, 인쇄), PPTX, MP4, JPG, PNG, GIF 출력 가능 • SVG 출력 불가능	PDF(표준, 인쇄), PPTX, MP4, JPG, PNG, SVG, GIF 출력 가능
버전 기록	사용 불가능	사용 가능
공유	템플릿 링크 공유 불가능	템플릿 링크 공유 가능

▲ 상단 메뉴의 차이점

캔바 무료 플랜은 작업 중간에 디자인의 크기를 변경할 수 없지만, Pro 플랜은 디자인의 크기를 자유롭게 변경할 수 있습니다. 이외에 다운로드 가능한 파일 형식, 버전 기록 제공 여부, 템플릿 링크 공유 가능 여부에 차이가 있습니다.

개체 편집 도구바

① 텍스트 편집 도구바

편집 도구	무료 플랜	Pro 플랜
글꼴	일부 유료(브랜드 글꼴 등)	모두 사용 가능
애니메이션	일부 유료(스피드, 방향 등 편집 기능)	모두 사용 가능

▲ 텍스트 편집 도구바의 차이점

이어서 텍스트, 도형, 이미지, 영상과 같은 개체 편집 도구바의 차이점을 알아보겠습니다. 먼저 텍스트 편집 도구바의 요금제별 차이점은 글꼴과 애니메이션 기능에 있습니다. Pro 플랜은 모든 글꼴과 애니메이션을 사용할 수 있지만, 무료 플랜 이용자는 일부 글꼴과 애니메이션의 고급 편집 기능이 제한됩니다.

② 도형 편집 도구바

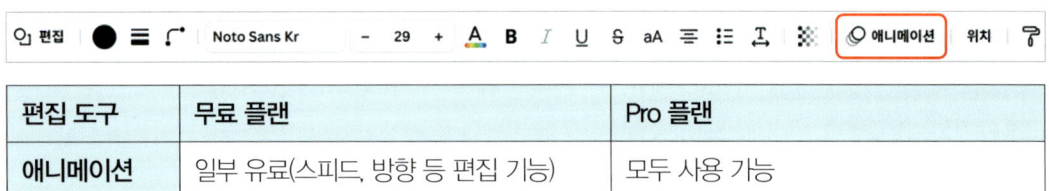

편집 도구	무료 플랜	Pro 플랜
애니메이션	일부 유료(스피드, 방향 등 편집 기능)	모두 사용 가능

▲ 도형 편집 도구바의 차이점

도형 편집 도구바는 애니메이션의 일부 고급 편집 기능만 제한될 뿐, 요금제별 차이점이 거의 없습니다.

③ 이미지/동영상 편집 도구바

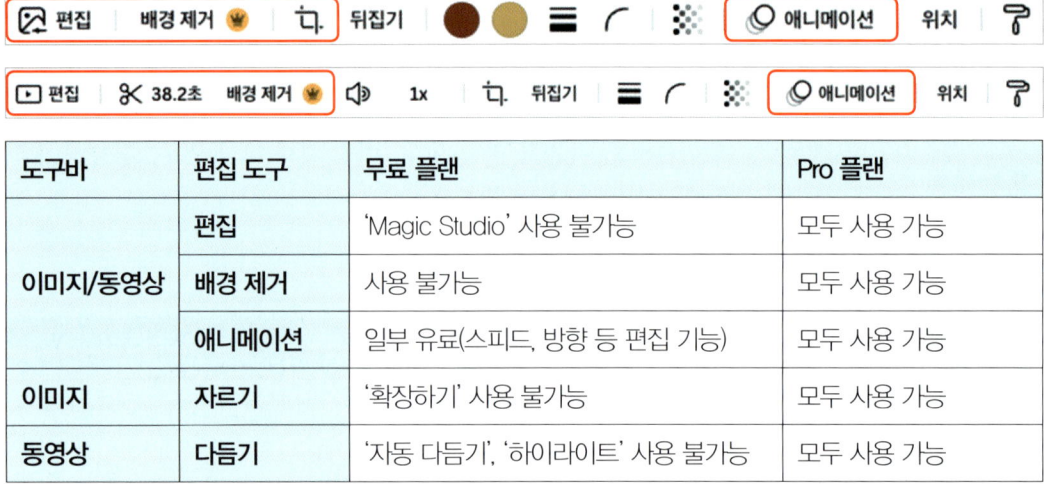

도구바	편집 도구	무료 플랜	Pro 플랜
이미지/동영상	편집	'Magic Studio' 사용 불가능	모두 사용 가능
	배경 제거	사용 불가능	모두 사용 가능
	애니메이션	일부 유료(스피드, 방향 등 편집 기능)	모두 사용 가능
이미지	자르기	'확장하기' 사용 불가능	모두 사용 가능
동영상	다듬기	'자동 다듬기', '하이라이트' 사용 불가능	모두 사용 가능

▲ 이미지/동영상 편집 도구바의 차이점

이미지 편집 도구바와 동영상 편집 도구바는 모두 무료 플랜에서 Magic Studio 기능, 배경 제거 기능, 애니메이션의 일부 고급 편집 기능을 사용할 수 없습니다. 이밖에 이미지 자르기 기능인 '확장하기'와 동영상 다듬기 기능인 '자동 다듬기', '하이라이트'를 사용할 수 없습니다.

> **TIP** **스타일 복사**
> 스타일 복사(?)는 텍스트나 도형과 같이 스타일을 복사할 요소와 스타일을 적용할 요소가 있을 때 활성화됩니다.

디자인 메뉴

디자인 메뉴	무료 플랜	Pro 플랜
디자인	일부 유료(프리미엄 템플릿 등)	모두 사용 가능
요소	일부 유료(스톡 사진, 그래픽 등)	모두 사용 가능
텍스트	일부 유료(브랜드 글꼴 등)	모두 사용 가능
브랜드 센터	사용 불가능	사용 가능
앱	일부 유료(프리미엄 앱 등)	일부 앱 유료화
Magic Media	• 제한된 크레딧 제공 • 일부 프리미엄 기능 사용 불가능	• 매월 일정량의 크레딧 제공 • 프리미엄 기능 사용 가능

▲ 디자인 메뉴의 차이점

무료 플랜은 디자인 템플릿, 스톡 사진, 그래픽, 글꼴 등의 사용이 제한됩니다. [브랜드 센터] 메뉴와 [앱] 메뉴의 특정 기능도 사용할 수 없으며, [Magic Media] 메뉴는 크레딧 사용에 제한이 있고 프리미엄 기능이 제공되지 않습니다.

> **TIP**
>
> **일부 메뉴가 보이지 않아요!**
>
> 캔바는 요금제 플랜, 최근 사용 내역, 템플릿의 종류 등에 따라 메뉴 구성을 유동적으로 보여 줍니다. '대량 제작', 'AI 음성', 'Mockups' 등은 [앱]에서 추가한 메뉴로 유료 플랜에서만 사용이 가능합니다.

Chapter 01 처음 만나는 캔바

04 캔바 Pro 무료 체험 시작하기

처음부터 캔바를 구독하는 것이 부담스럽다면 Pro 플랜을 30일 동안 무료로 이용해 볼 수 있습니다. 무료 체험을 통해 내가 원하는 기능이 있는지, 디자인 작업을 할 때 편리한지 등을 고려해서 구독 여부를 결정해 봅니다.

01 홈 화면 오른쪽 상단의 [Pro 무료로 30일 사용해 보기] 버튼을 클릭합니다.

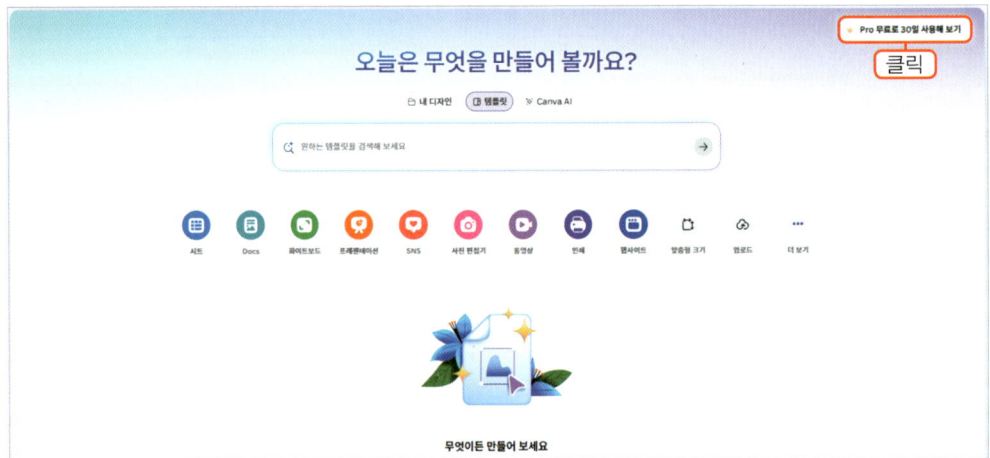

02 '₩0(으)로 Canva Pro 사용해 보기' 창에서 [₩0(으)로 지금 바로 체험] 버튼을 클릭합니다.

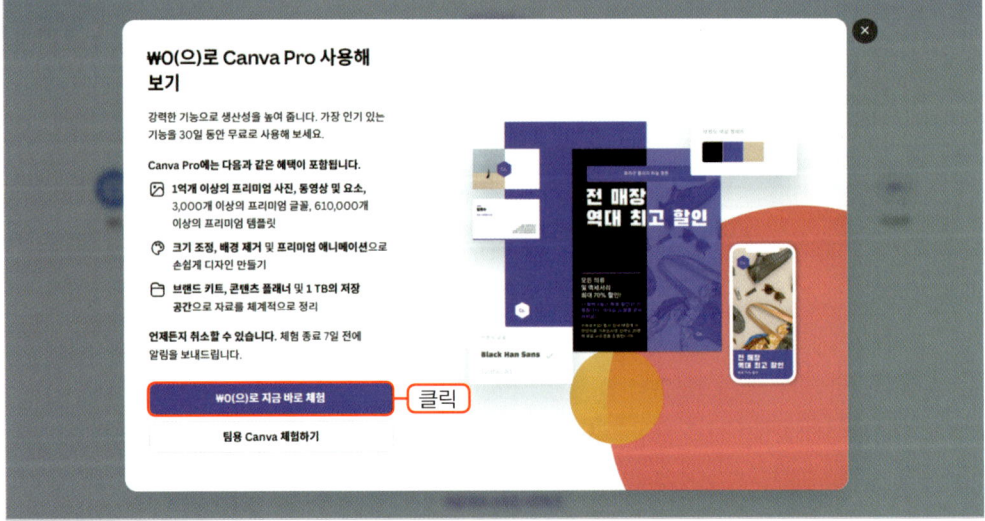

03 '월간'과 '연간' 중 결제 주기를 선택하고 [다음] 버튼을 클릭합니다. 예제에서는 '월간'을 선택하겠습니다.

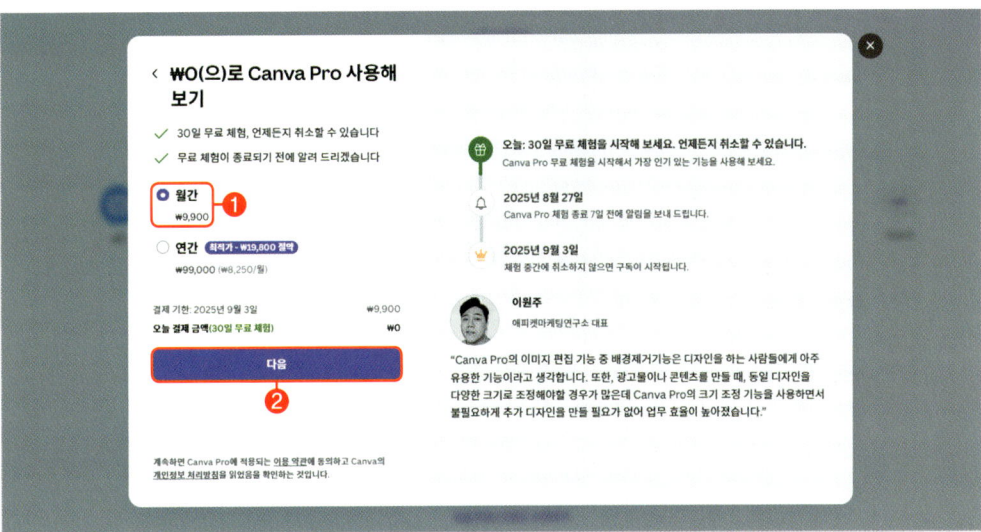

04 '카카오페이', '네이버페이', '국내카드', '글로벌 브랜드 카드' 중 결제 수단을 선택한 후 [무료 체험하기] 버튼을 클릭합니다. 예제에서는 '국내카드'를 선택하겠습니다.

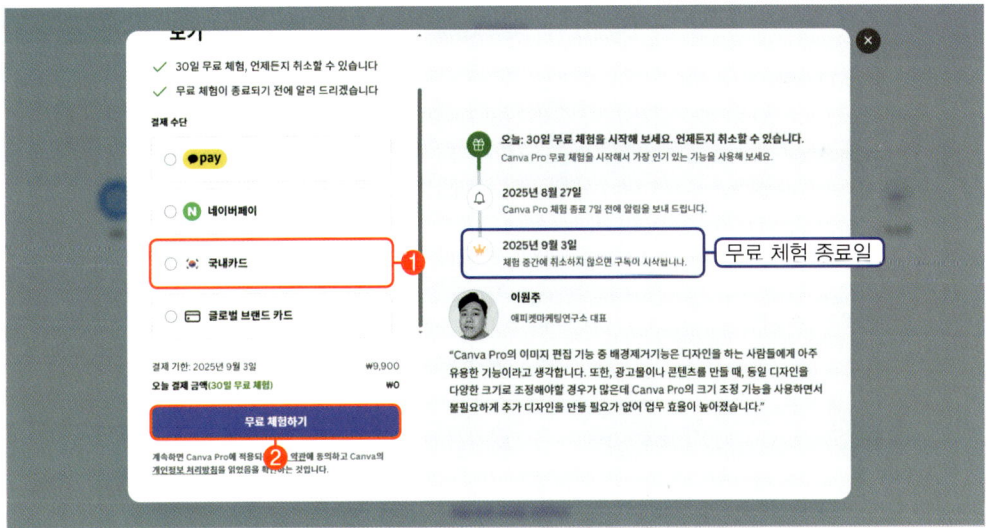

> **TIP** **무료 체험 종료일 확인하기**
>
> 무료 체험 종료일을 확인한 후 체험 종료일 7일 전에 구독을 취소합니다. 구독 취소는 홈 화면 왼쪽 하단의 프로필 아이콘을 클릭하고 [설정] – [결제] 메뉴에서 [요금제 해지] 버튼을 클릭하여 진행할 수 있습니다.

05 정기 결제 카드의 정보를 입력한 후 '이용약관 전체동의'에 체크하고 [등록하기] 버튼을 클릭합니다.

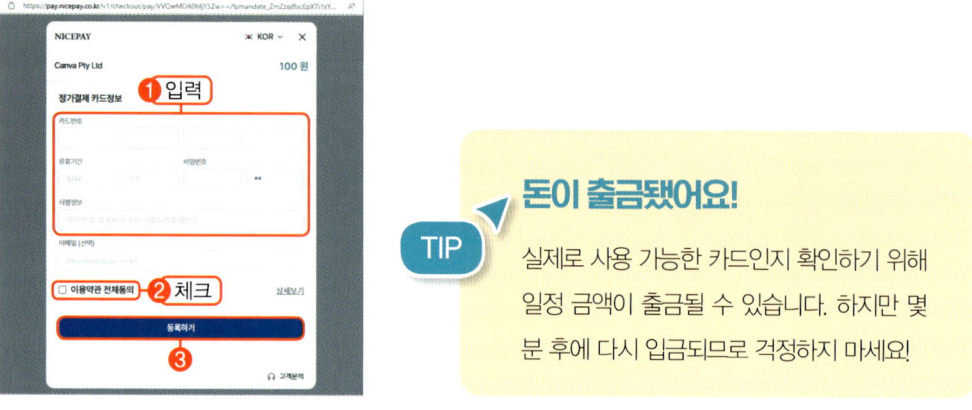

TIP 돈이 출금됐어요!

실제로 사용 가능한 카드인지 확인하기 위해 일정 금액이 출금될 수 있습니다. 하지만 몇 분 후에 다시 입금되므로 걱정하지 마세요!

06 Pro를 어떻게 활용하고 싶은지 묻는 창에서 사용 목적을 선택하고 [시작하기] 버튼을 클릭합니다. 이어지는 질문창의 답변을 선택하고 [계속하기] 버튼을 클릭하면 Pro 플랜의 무료 체험이 시작됩니다.

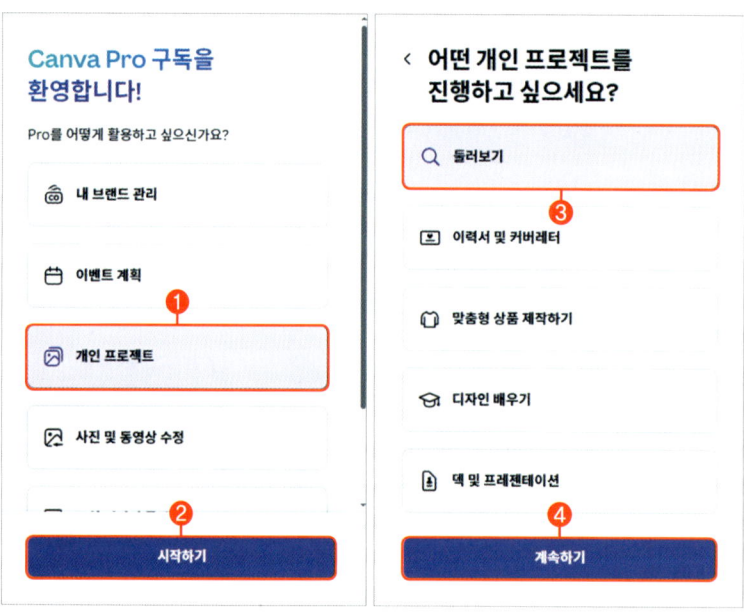

05 캔바를 200% 활용하는 꿀팁

캔바에는 다양한 기능이 있기 때문에 사용하다 보면 자연스럽게 궁금한 점이 생길 수 있습니다. 이럴 때 궁금증을 간편하게 해결하도록 도와주는 AI 챗봇 이용 방법에 대해 알아보겠습니다.

01 캔바 홈 화면 하단의 ❓ 버튼을 클릭합니다. 캔바의 이미지 조정 방법을 물어보았더니 AI 챗봇이 친절하게 답변해 줍니다. 이처럼 캔바의 AI 챗봇 기능을 활용하면 그때그때 궁금증을 해소할 수 있습니다.

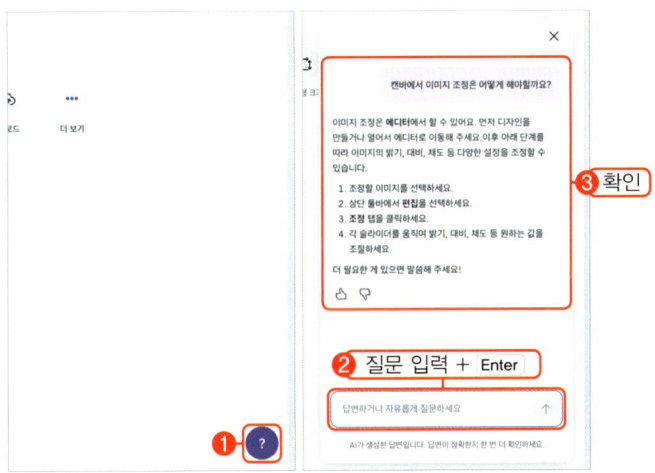

> **TIP**
>
> **캔바의 저작권이 궁금해요!**
>
> 캔바의 템플릿과 디자인 요소에는 다양한 정책과 약관이 존재하기 때문에 이를 준수할 필요가 있습니다. 안내하는 링크에 접속하면 캔바의 저작권 관련 내용을 확인할 수 있으니 참고합니다.

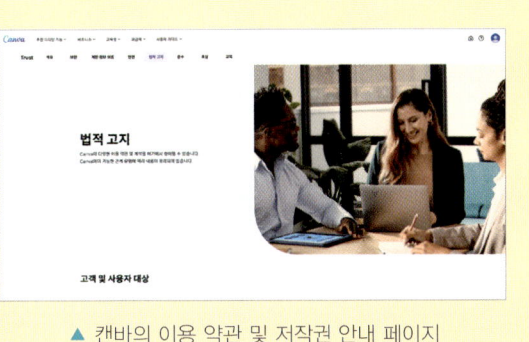

▲ 캔바의 이용 약관 및 저작권 안내 페이지
(www.canva.com/ko_kr/trust/legal)

01 디자인 작업 시작하기
02 디자인 작업 화면 살펴보기
03 캔바 편집 기능 마스터하기
04 브랜드 키트로 작업 효율 높이기

Chapter 02

캔바 사용 방법 알아보기

이번 챕터에서는 새 디자인 생성 방법을 알아보고, 디자인 작업 화면의 메뉴 구성을 살펴보겠습니다. 이어서 북 커버 만들기 예제를 통해 캔바의 주요 편집 기능을 빠르게 익히고, 효율적인 작업을 도와주는 '브랜드 키트'의 사용 방법을 함께 알아봅니다.

01 디자인 작업 시작하기

디자인 작업을 시작하기 전에, 새 디자인의 생성 방법을 알아보겠습니다.

01 캔바 홈 화면 왼쪽 상단의 [+ 만들기] 버튼을 클릭합니다.

02 '디자인 만들기' 창에서 ⓐ 만들고 싶은 콘텐츠를 검색하거나, ⓑ '새로 만들기'에서 원하는 디자인 사이즈를 선택할 수 있습니다. ⓒ 왼쪽의 카테고리나, ⓓ '사용자 맞춤 템플릿'에서 디자인 템플릿을 선택해도 좋습니다.

> **TIP** 빠른 작업
>
> '빠른 작업'은 자주 쓰는 기능이나 최근 작업 내역을 바탕으로 생성됩니다. 작업 내역이나 사용 패턴이 없는 사용자는 '빠른 작업' 카테고리가 보이지 않을 수 있으며, 계정마다 자주 쓰는 기능이 다르기 때문에 항목이 각각 다르게 표시됩니다.

03 예제에서는 북 커버를 만들기 위해 직접 디자인 사이즈를 설정하겠습니다. 왼쪽의 [맞춤형 크기]를 클릭한 후 가로는 '1500', 높이는 '2250', 단위는 'px'로 설정하고 [새 디자인 만들기] 버튼을 클릭합니다.

TIP 디자인 프로젝트 이름 바꾸기

캔바에서 제작하는 프로젝트가 많아지면 작업을 구분하기 어려울 수 있습니다. 따라서 프로젝트 이름을 수정해 두는 것이 좋습니다.

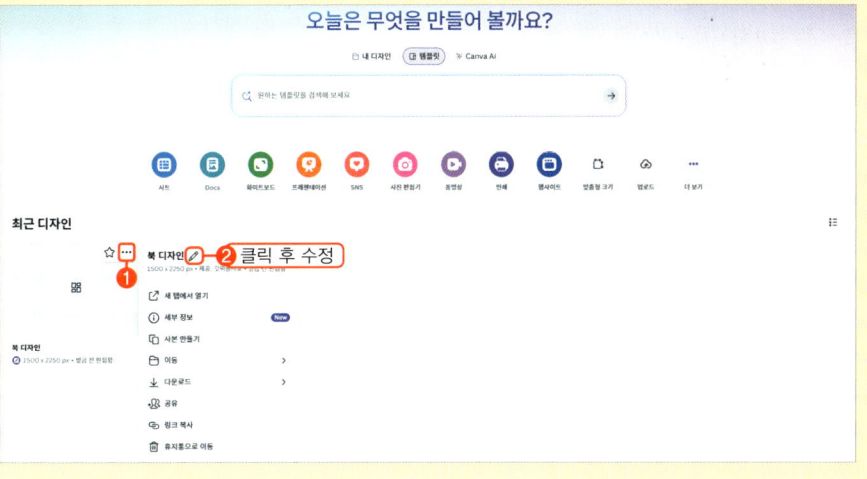

Chapter 02 캔바 사용 방법 알아보기 31

02 / 디자인 작업 화면 살펴보기

디자인 작업 화면과 각 메뉴의 특징을 간단히 살펴보겠습니다. 요금제 플랜, 최근 사용 내역, 버전 업데이트 등에 따라 작업 화면의 메뉴 구성이 책의 이미지와 다를 수 있으며 책에서는 Pro 플랜을 기준으로 설명합니다.

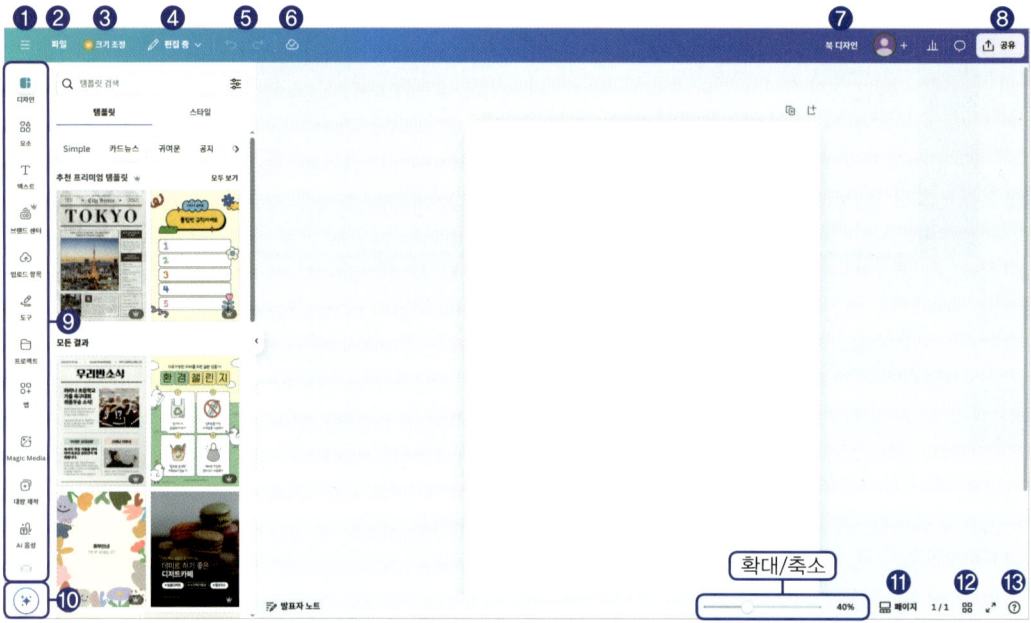

❶ [+ 만들기] 버튼과 [홈], [프로젝트], [템플릿] 등의 메뉴를 펼칠 수 있고, '최근 디자인' 목록을 확인할 수 있습니다.

❷ 디자인 이름 바꾸기, 새 디자인 만들기, 디자인 복사 또는 이동 등의 작업을 할 수 있습니다.

❸ 디자인 작업 중에 사이즈를 원하는 대로 바꿀 수 있는 프리미엄 기능입니다.

❹ 디자인 작업 방식
  • **편집 중**: 디자인에 요소를 추가하거나 삭제할 수 있는 기본 모드입니다.
  • **댓글 달기**: 특정 부분에 의견이나 피드백을 남길 수 있는 모드로 협업할 때 유용합니다.
  • **보기 모드**: 디자인을 수정할 수 없는 읽기 전용 모드입니다.

❺ 작업을 실행 취소하거나, 다시 실행할 수 있습니다.

❻ 디자인이 자동으로 저장되고 있는지 상태를 확인할 수 있습니다.

❼ 현재 작업 중인 디자인의 이름이 표시됩니다.

❽ 다운로드, 프레젠테이션, 링크 복사 등 다양한 공유 옵션을 사용할 수 있습니다.

❾ 디자인을 편집하거나 수정할 수 있는 메뉴입니다. 캔바는 작업의 효율을 높이기 위해 메뉴 구성을 유동적으로 보여 주며, 책에서는 기본 메뉴와 [앱]을 통해 추가한 메뉴를 구분하여 설명합니다.

기본 메뉴

- 디자인( ) 다양한 템플릿과 스타일을 탐색할 수 있는 공간으로 원하는 분위기나 목적에 맞는 디자인을 빠르게 적용할 수 있습니다.
- 요소( ) 그래픽, 동영상, 오디오, 차트 등의 디자인 요소를 추가하거나 검색할 수 있습니다.
- 텍스트(T) 제목, 소제목, 본문 등의 텍스트를 쉽게 추가할 수 있으며, 다양한 글꼴과 텍스트 스타일을 선택할 수 있습니다.
- 브랜드 센터( ) 로고, 색상, 글꼴 등의 브랜드 자산을 한 곳에서 관리하고, 디자인에 빠르게 적용할 수 있습니다. 일관된 브랜드 디자인을 만들 때 유용합니다.
- 업로드 항목( ) 내 컴퓨터에서 이미지, 동영상 등의 자료를 업로드하여 디자인에 사용할 수 있습니다. [Magic Media]를 통해 생성한 자료도 이곳에 저장됩니다.
- 도구( ) 도형, 스티커 메모, 텍스트 등 자주 쓰는 디자인 도구를 빠르게 사용할 수 있습니다.
- 프로젝트( ) 내가 만든 디자인, 폴더, 프로젝트 등을 이곳에서 관리할 수 있습니다.
- 앱( ) 캔바와 연동되는 외부 앱과 플러그인을 검색하거나 선택할 수 있고, 선택한 기능이 디자인 메뉴에 바로 추가됩니다.
- Magic Media( ) AI를 활용해 이미지, 그래픽, 동영상을 생성할 수 있습니다.

추가 메뉴

- 대량 제작( ) 엑셀 등의 데이터 파일을 불러와 여러 개의 맞춤형 디자인을 한 번에 만들 수 있습니다.
- AI 음성( ) AI로 다양한 스타일의 음성(내레이션, 더빙 등)을 생성하는 기능입니다. 텍스트를 자연스러운 목소리로 변환해 디자인에 삽입할 수 있습니다.
- Mockups( ) 내가 만든 디자인을 실제 제품(티셔츠, 머그컵, 책 등)에 입혀서 이미지로 만들어 주는 기능입니다.

❿ 키보드의 / 를 누르거나 버튼을 클릭하면 검색 작업 및 빠른 작업 기능을 사용할 수 있습니다.

⓫ 작업 중인 디자인을 작은 섬네일로 확인할 수 있고, 원하는 페이지로 빠르게 이동할 수 있습니다.

⓬ 페이지를 격자 형태로 한눈에 볼 수 있어 전체적인 흐름이나 레이아웃을 확인하기에 유용합니다.

⓭ 캔바의 사용법이나 디자인과 관련된 궁금한 점을 질문할 수 있습니다.

03 캔바 편집 기능 마스터하기

디자인을 시작할 준비를 마쳤다면 간단한 북 커버 만들기 예제를 통해 캔바의 편집 기능을 자연스럽게 배워 보겠습니다. 도형으로 북 커버 디자인의 초안을 만든 후 일러스트 요소로 북 커버를 예쁘게 꾸며 봅니다.

🔍 도형으로 북 커버 디자인 초안 만들기

먼저 도형을 활용해 북 커버 디자인의 초안을 만들어 보겠습니다.

01 [요소] 메뉴를 클릭하고 '도형' 카테고리의 [모두 보기]를 클릭합니다. 이어서 [사각형]을 클릭해 작업 화면에 적용합니다.

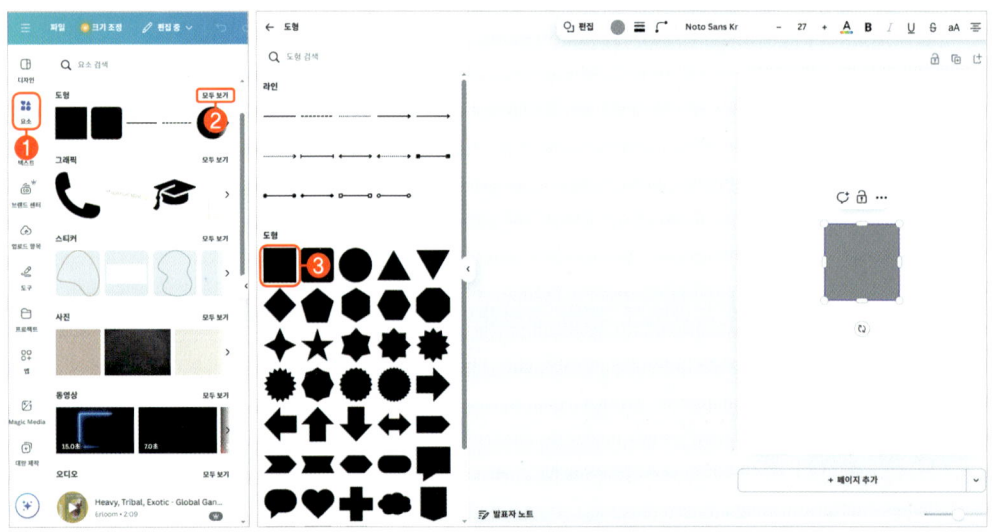

02 크기 조절점을 드래그하여 그림과 같이 사각형의 크기를 조절합니다.

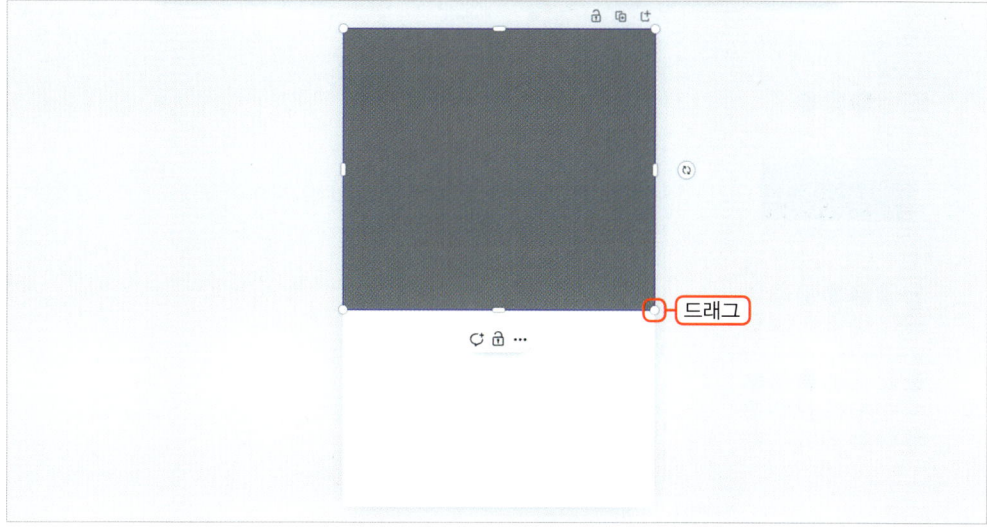

03 작업 화면의 배경을 선택하고 상단의 [배경 색상(◉)]을 클릭합니다. 왼쪽의 디자인 패널에서 [새로운 색상 추가(◉)]를 클릭한 후 색상 코드를 입력해 색을 직접 지정해 봅니다. 예제에서는 '#FFF7F2'로 설정했습니다.

04 사각형을 선택하고 '#BEDDF1'을 입력해 배경과 같은 방법으로 색을 변경해 줍니다.

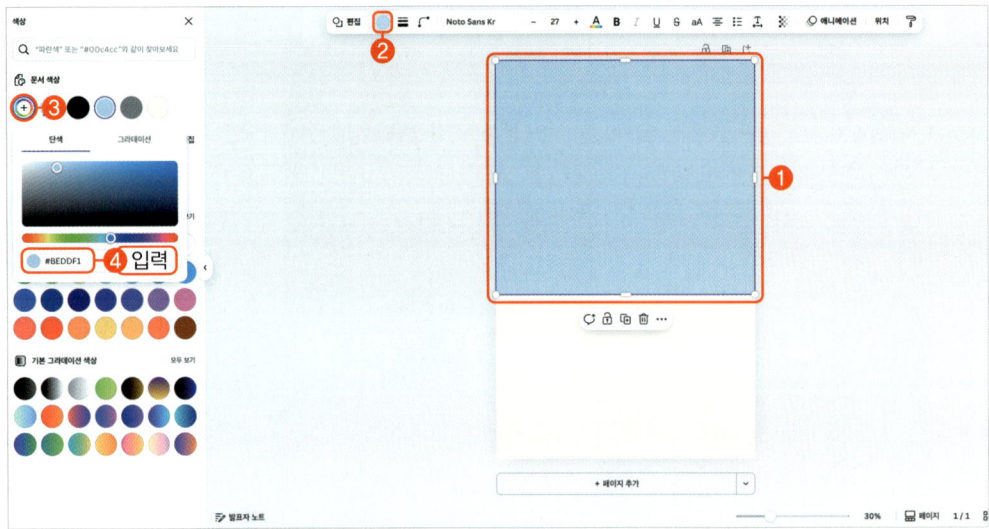

05 북 커버에 텍스트를 추가하기 위해 왼쪽의 [텍스트] 메뉴 – [제목 추가] 버튼을 클릭합니다.

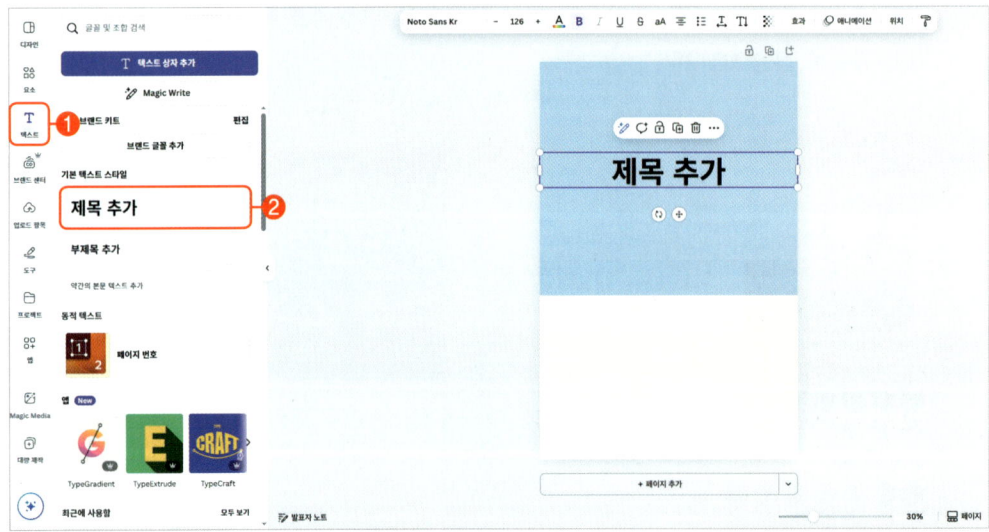

06 상단의 도구바에서 [글꼴]을 클릭합니다. 왼쪽 패널에서 'Nanum Myeongjo'의 > 아이콘을 클릭하고 [굵은]을 선택합니다.

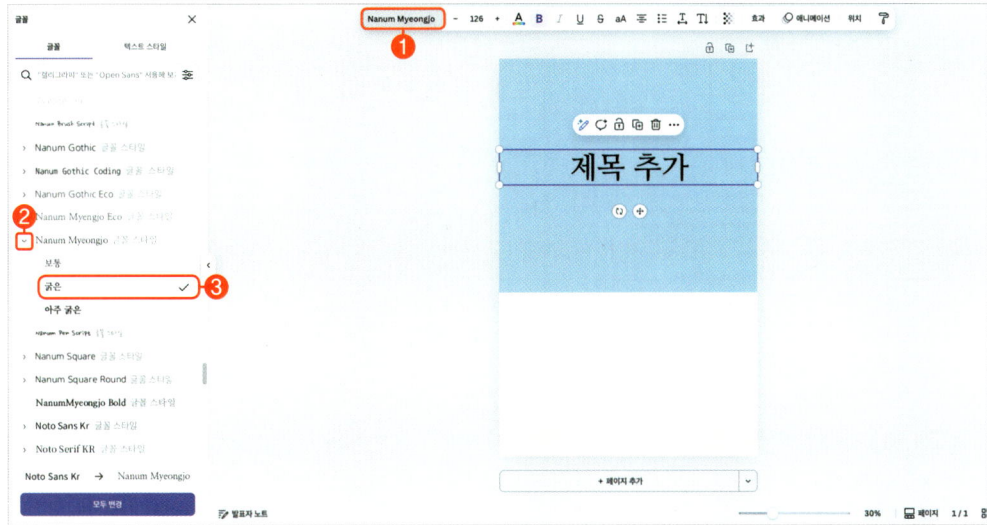

07 상단의 도구바에서 글꼴 크기를 '64'로 설정한 후 [세로 텍스트(TI)]를 클릭합니다.

Chapter 02 캔바 사용 방법 알아보기 37

08 Ctrl + C , Ctrl + V 를 눌러 제목 텍스트 상자를 복사하고 각각 더블 클릭하여 도서의 제목을 입력합니다.

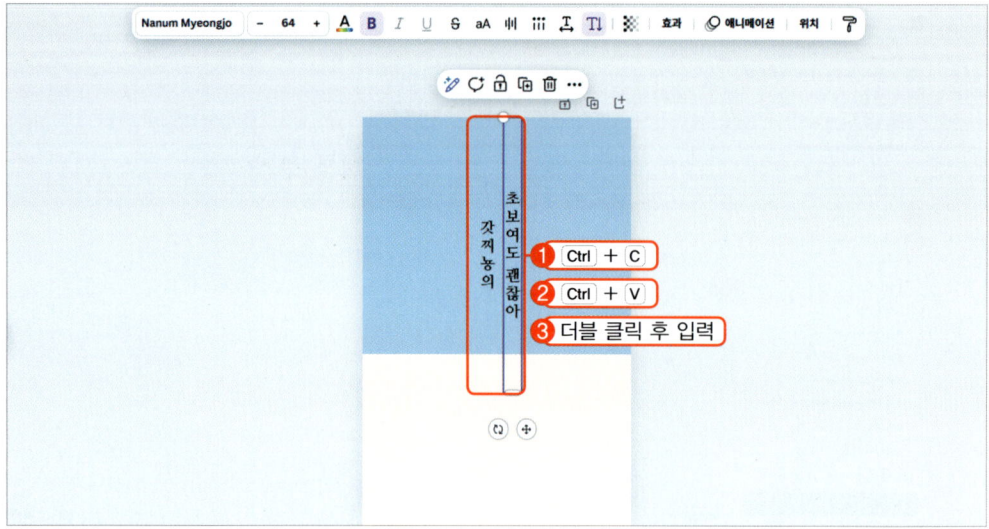

09 Shift 를 누른 채 텍스트 상자를 중복 선택하고 상단의 도구바에서 [정렬(≡)]을 두 번 클릭해 텍스트의 정렬을 맞춰 줍니다.

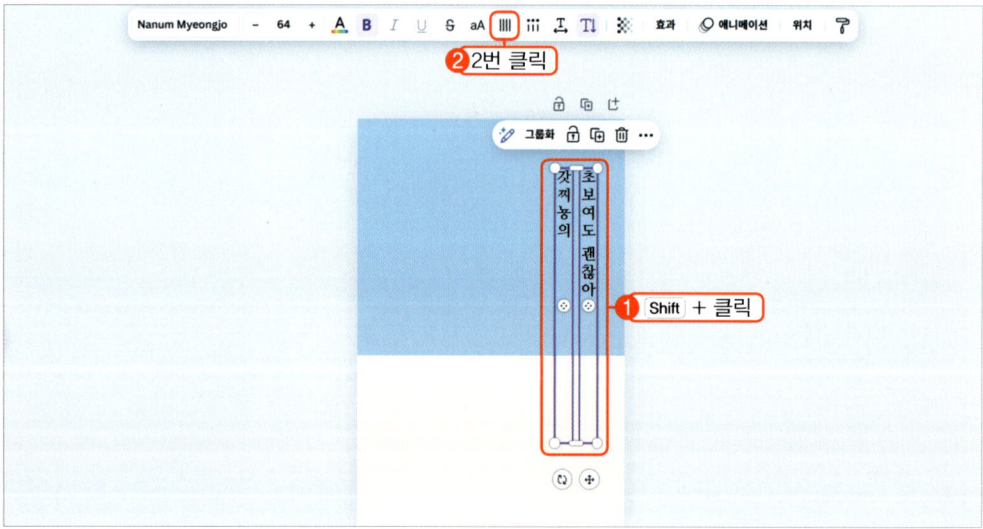

10 제목 텍스트 상자를 살짝 어긋나게 배치하여 디자인 감성을 한 스푼 추가합니다. 다시 텍스트 상자를 복사해 지은이로 텍스트를 수정한 후 상단의 도구바에서 글꼴 크기를 '28'로 설정합니다.

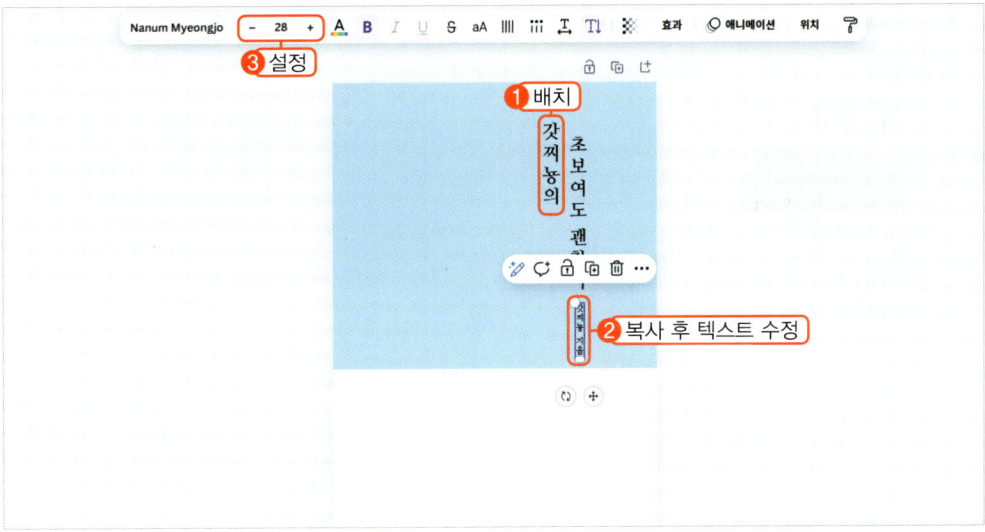

11 텍스트 상자를 복사하고 도구바에서 [세로 텍스트(T∥)]를 클릭해 텍스트의 방향을 가로로 변경합니다. 카피 문구와 출판사명으로 텍스트를 수정하고, 글꼴 크기를 자유롭게 설정합니다.

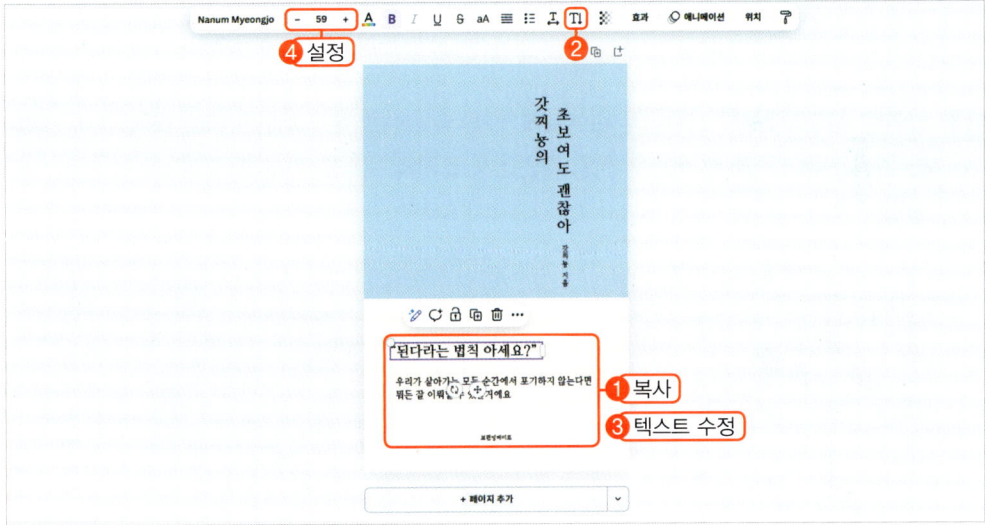

12 Shift 를 누른 채 텍스트 상자를 모두 선택하고 [텍스트 색상(A)]을 클릭합니다. 왼쪽 패널에서 [새로운 색상 추가(⊕)]를 클릭하고 색상 코드 '#6B6B6B'를 입력합니다.

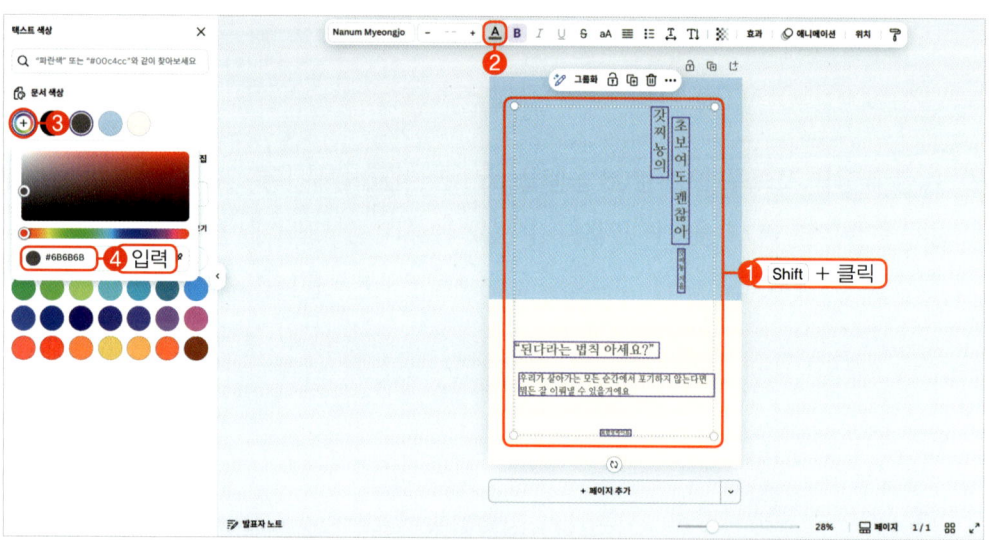

일러스트 요소로 꾸미기

이제 일러스트 요소를 활용해 북 커버 디자인을 꾸며 주겠습니다.

01 왼쪽의 [요소] 메뉴를 클릭하고 검색창에 '연필'을 검색한 후 [그래픽] 탭을 선택합니다. 마음에 드는 연필 일러스트를 선택한 후 작업 화면에서 크기와 위치를 적절히 조절하면 북 커버 디자인 완성입니다!

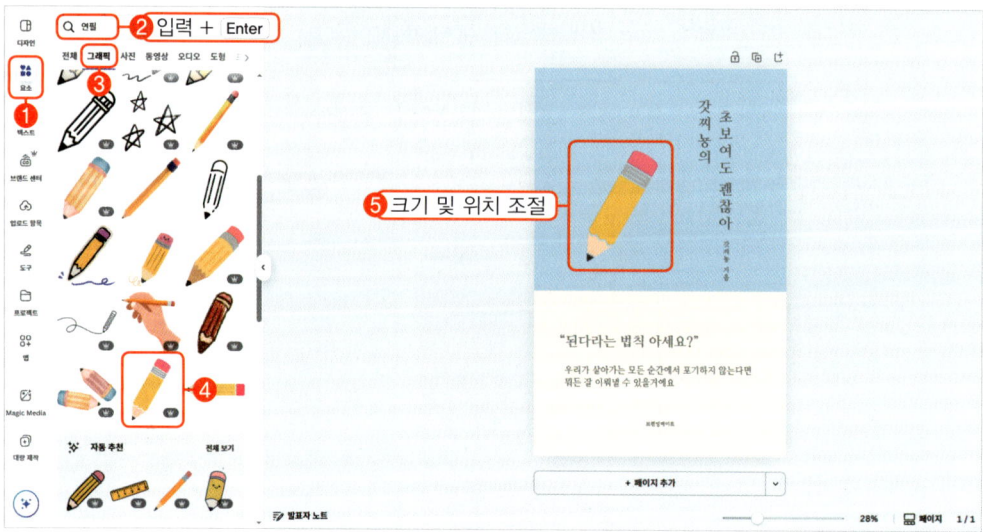

다운로드하기

완성된 북 커버 디자인을 다운로드하는 방법을 알아보겠습니다.

01 오른쪽 상단의 [공유] 버튼 – [다운로드] 버튼을 클릭합니다.

02 원하는 파일 형식으로 설정한 후 [다운로드] 버튼을 클릭하면 디자인이 컴퓨터에 저장됩니다.

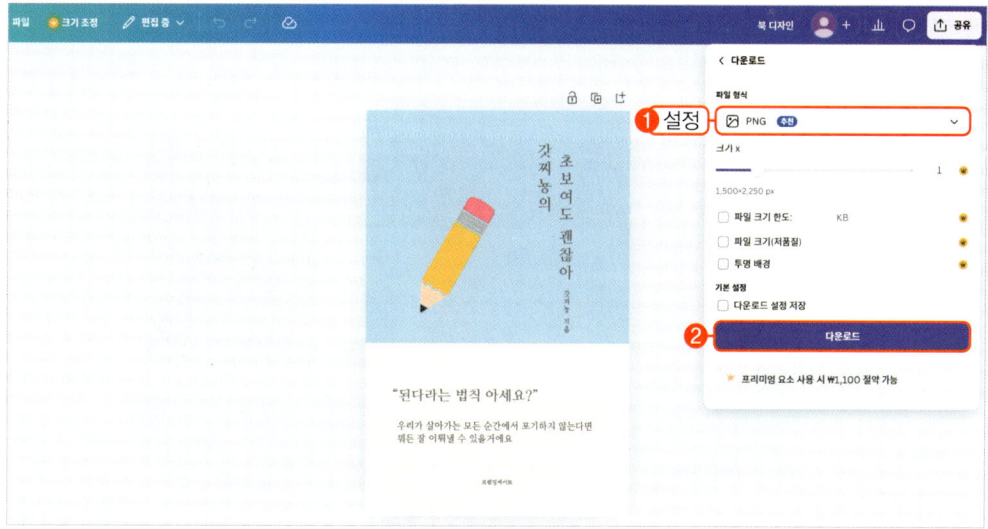

04 브랜드 키트로 작업 효율 높이기

캔바에서 작업을 하다 보면 자주 사용하는 글꼴, 색상, 아이콘 등이 생길 수 있습니다. 이때 작업 속도를 효율적으로 높일 수 있는 '브랜드 키트'의 사용 방법을 함께 알아보겠습니다.

🔍 홈 화면에서 브랜드 키트를 추가하는 방법

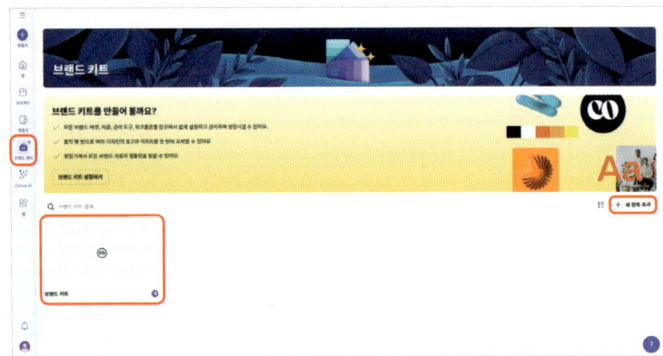

홈 화면에서 브랜드 키트를 추가하려면 왼쪽의 [브랜드 센터] 메뉴를 선택하고 오른쪽의 [+ 새 항목 추가] 버튼을 클릭합니다. 기본으로 생성되어 있는 [브랜드 키트]를 클릭해도 됩니다.

브랜드 키트의 이름을 입력하고 [만들기] 버튼을 클릭하면 나만의 브랜드 키트를 만들 준비가 간단하게 끝이 납니다.

직접 홍보 콘텐츠를 만들어야 하는 자영업자나, 프리랜서라면 브랜드 로고를 키트에 등록해 두는 것이 좋습니다. 자주 사용하는 색상, 글꼴, 그래픽, 아이콘 등의 디자인 요소나 '브랜드 보이스'도 추가해 놓는 것을 권장합니다.

▲ 홈 화면에서 브랜드 키트 추가하기

브랜드 보이스란 광고나 기타 마케팅 목적의 텍스트를 AI가 작성해 주는 기능입니다. '자신감 있고, 편안하며 친근한 어조를 지향합니다.'와 같은 브랜드 보이스를 설정해 두면 AI가 가이드라인에 맞춰 주제에 어울리는 텍스트를 생성해 줍니다. 콘텐츠를 생성할 때마다 일관성 있는 브랜드의 목소리를 담을 수 있어 추천하는 기능입니다.

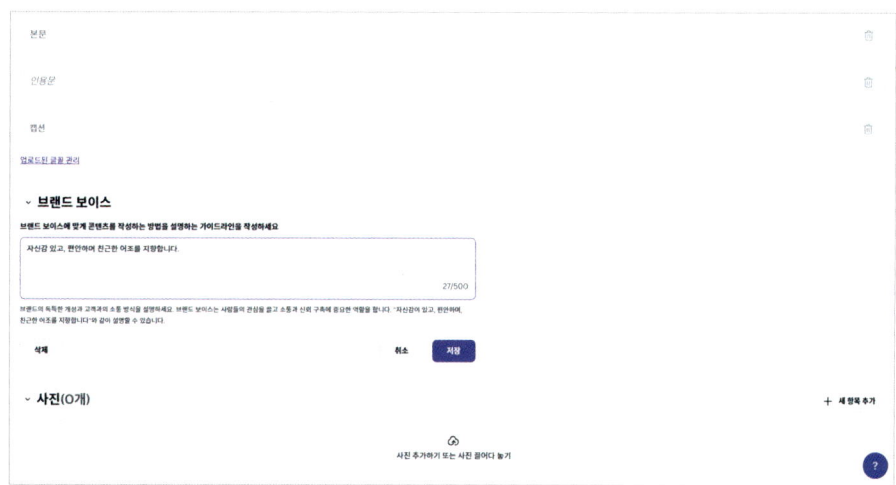

▲ 홈 화면에서 브랜드 보이스 추가하기

디자인 작업 화면에서 브랜드 키트를 추가하는 방법

디자인 작업 화면에서는 왼쪽의 [브랜드 센터] 메뉴를 클릭하면 자주 사용하는 로고, 색상, 글꼴, 그래픽 등의 브랜드 키트를 디자인 작업 중에 추가할 수 있습니다.

▲ 디자인 작업 화면에서 브랜드 키트 추가하기

예를 들어 [브랜드 보이스 추가] 버튼을 클릭해 '우리의 보이스는 자신감 있고 캐주얼하며 친근합니다.'로 브랜드 보이스를 설정하고 [저장] 버튼을 클릭하면 브랜드 보이스가 추가됩니다.

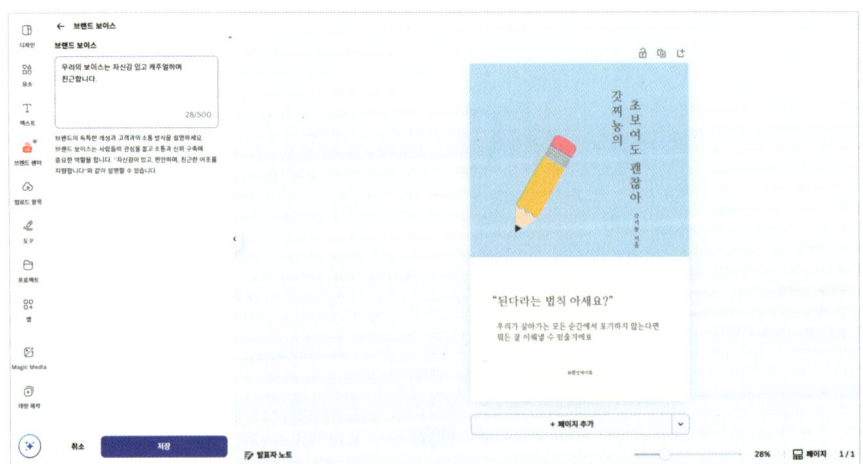

▲ 디자인 작업 화면에서 브랜드 보이스 추가하기

[이 브랜드 보이스를 사용해 생성하기] 버튼을 클릭하고 5개 이상의 단어로 생성하고 싶은 내용을 설명한 후 [생성하기] 버튼을 클릭하면 브랜드 보이스 기능을 사용할 수 있습니다. 예를 들어 '새로운 알람 시계 휴대폰 앱의 제품 출시를 알리는 Twitter 게시물 5건'에 대한 텍스트를 생성해 보았습니다.

▲ 브랜드 보이스를 사용해 텍스트 생성하기

AI가 브랜드 보이스에 맞춰 요청한 텍스트를 생성해 줍니다. 문장이 마음에 들지 않는다면 원하는 어조 스타일을 구체적으로 설명해 AI를 조금 더 브랜드 이미지에 가까워지게 학습시킬 수 있습니다.

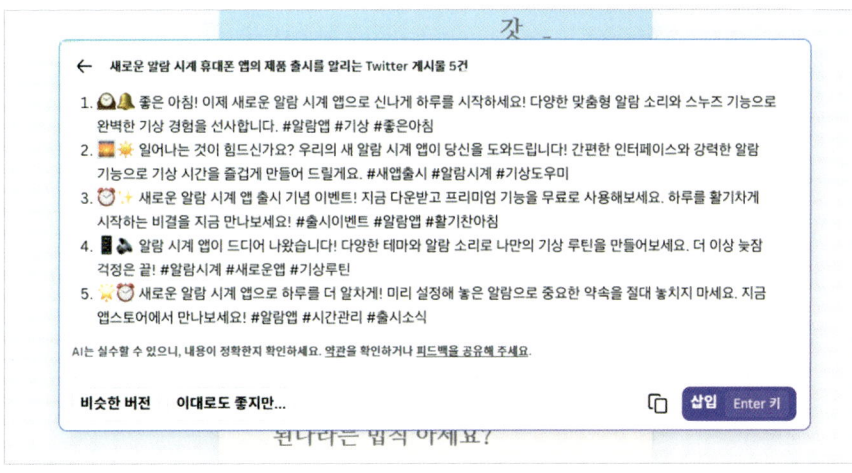

▲ 브랜드 보이스로 생성한 게시물

01 Magic Write로 텍스트 생성하기
02 Magic Studio로 이미지 편집하기
03 Magic Media로 디자인 자료 생성하기

Chapter 03

캔바의 핵심
AI 기능 익히기

이제 캔바의 주요 AI 기능을 살펴볼 차례입니다. 챗GPT의 등장 이후 여러 분야에서 AI가 적극 활용되고 있으며 캔바 역시 문장의 어조를 바꿔 주거나, 설명만으로 새로운 이미지를 만들어 주는 등 다양한 AI 기능을 제공하고 있습니다. 이번 챕터에서는 캔바의 핵심 AI 기능을 간단히 알아보겠습니다.

01 Magic Write로 텍스트 생성하기

Magic Write는 긴 문장의 핵심을 짧게 요약해 주거나, 문장의 어조를 변경해 주는 등 글과 관련된 다양한 작업을 도와주는 AI 도구입니다. 홍보·마케팅 목적의 카피 문구 또는 프레젠테이션 노트, 이메일 초안 등을 Magic Write로 생성할 수 있습니다. 캔바 무료 이용자는 Magic Write를 사용할 수 있는 횟수에 제한이 있으니 참고합니다.

Magic Write 활용하기

간단한 실습 예제를 통해 Magic Write의 기능을 알아보겠습니다.

01 홈 화면 왼쪽 상단의 [+ 만들기] 버튼을 클릭합니다.

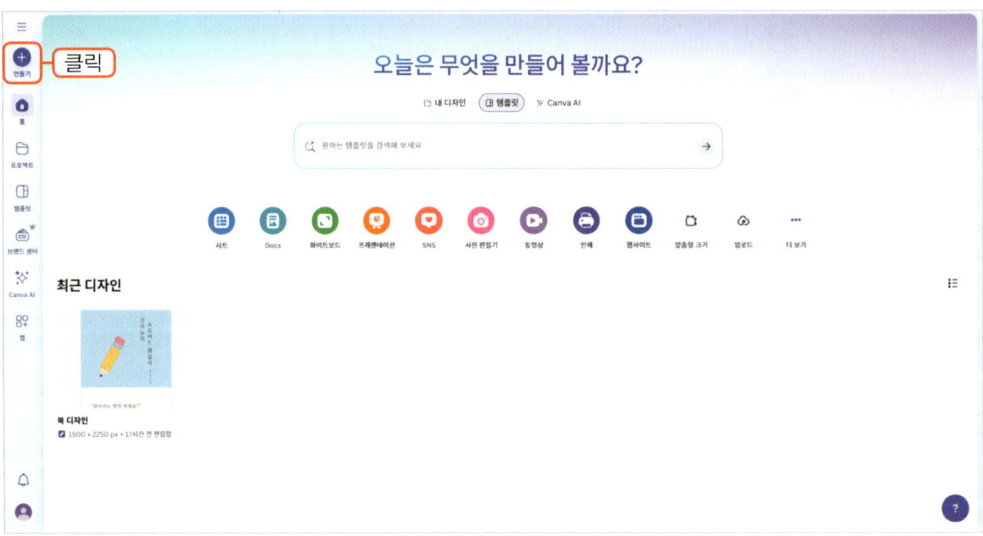

02 '식물 인테리어'를 주제로 한 SNS 콘텐츠를 만들기 위해 '새로 만들기' 카테고리의 [인스타그램 게시물(4:5)]을 클릭합니다.

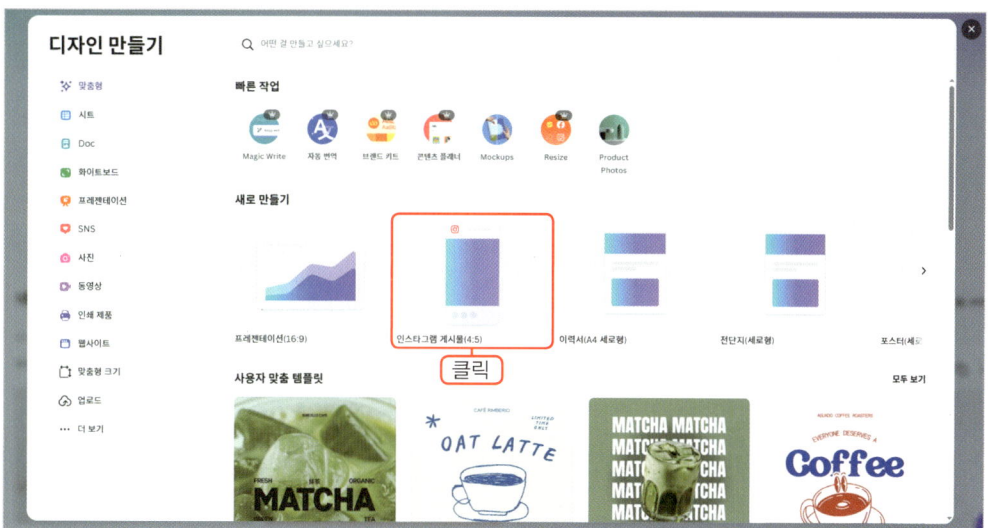

03 주제에 어울리는 템플릿을 불러오기 위해 검색창에 '식물'을 검색한 후 마음에 드는 템플릿을 선택합니다. [두 페이지 모두 적용] 버튼을 클릭해 템플릿을 작업 화면에 적용합니다. 예제에서는 '초록색 연두색 흰색 기하학적인 미니멀한 식물 인테리어 사업 인스타그램 게시물' 템플릿을 선택했습니다.

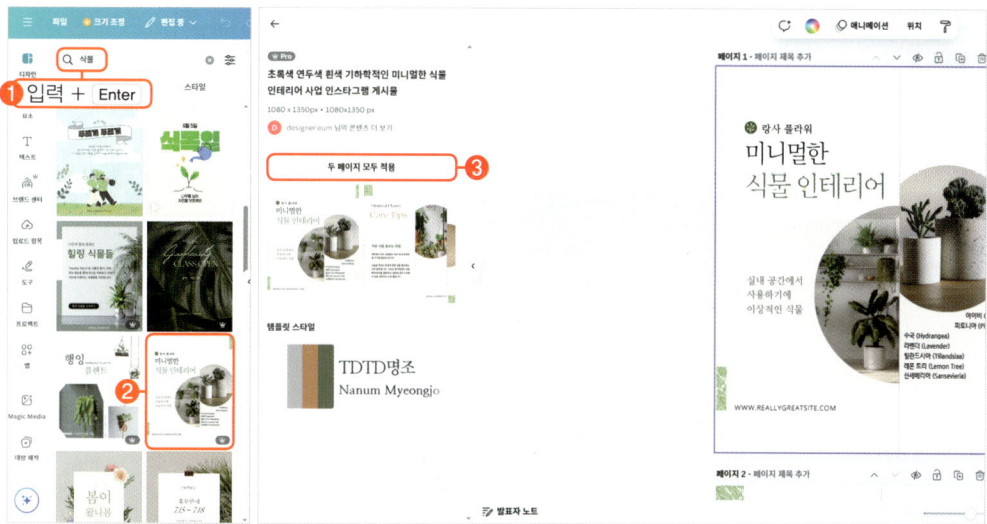

04 왼쪽의 디자인 메뉴에서 [텍스트]를 클릭하고 [Magic Write] 버튼을 클릭합니다. 생성하고 싶은 주제의 내용을 입력하고 [생성하기] 버튼을 클릭합니다.

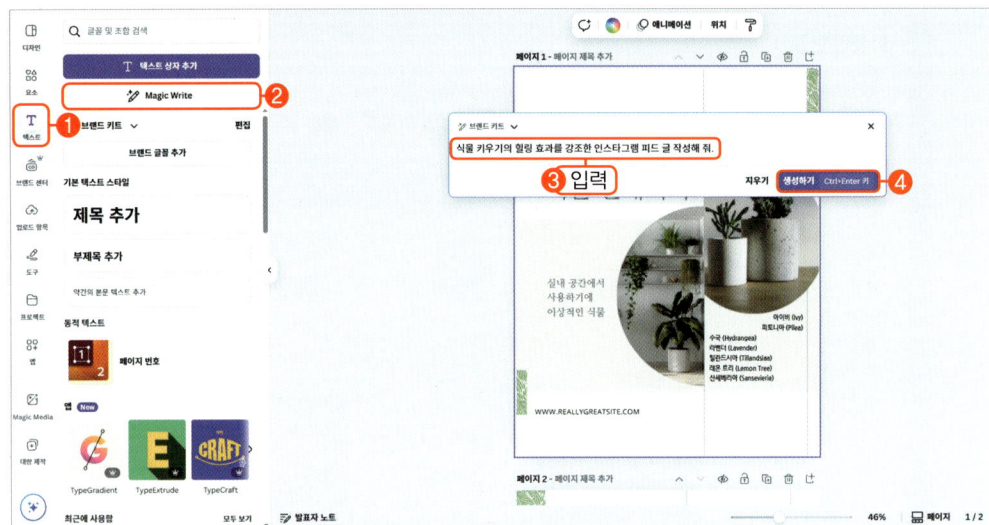

> **프롬프트 예시**
> 식물 키우기의 힐링 효과를 강조한 인스타그램 피드 글 작성해 줘.

05 AI가 요청한 주제에 맞는 문장을 생성해 줍니다. 생성된 문장이 마음에 들지 않는다면 [이대로도 좋지만..] 버튼을 클릭합니다.

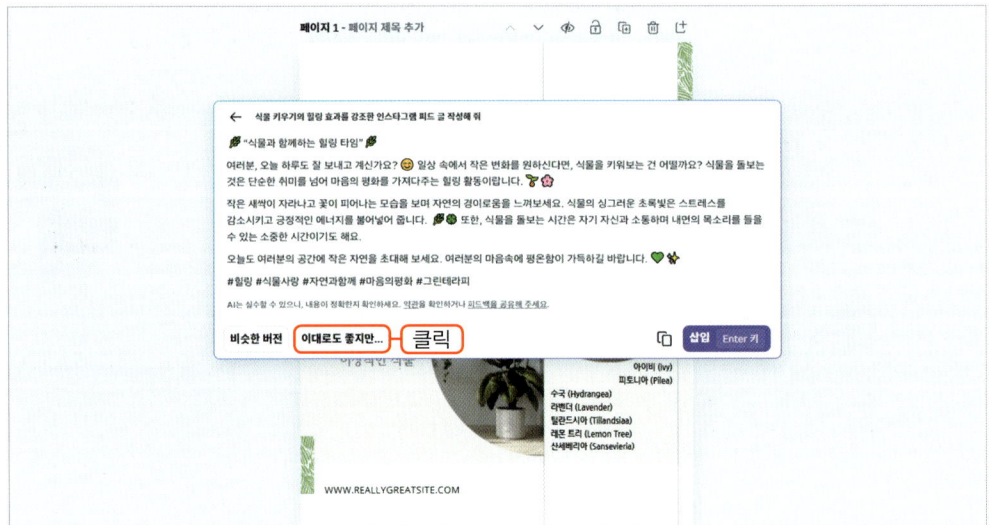

06 요청 사항을 입력한 후 [생성하기] 버튼을 클릭합니다. 예제에서는 생성된 문장이 길기 때문에 조금 더 간략하게 만들어 달라고 요청하였습니다.

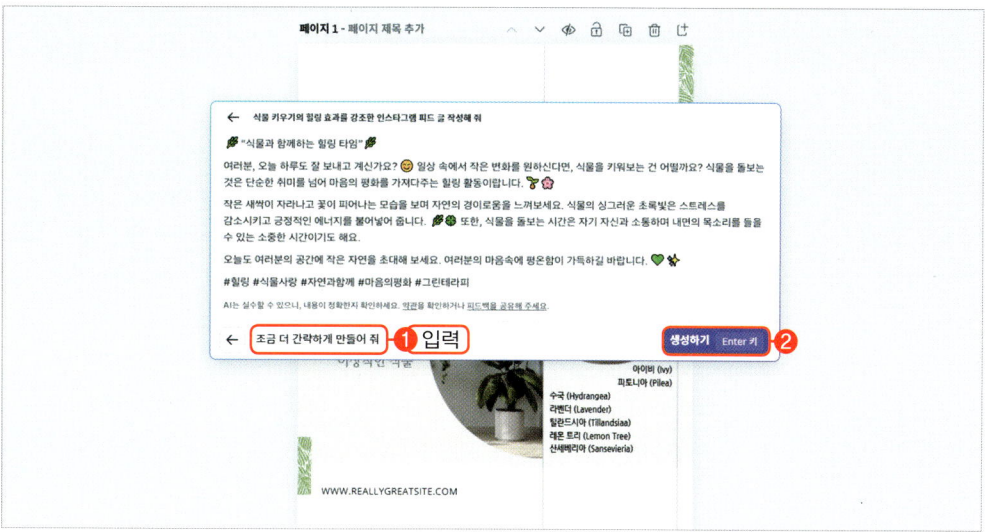

07 오른쪽 하단의 아이콘을 클릭해 생성된 문장을 복사하고 바깥쪽을 클릭합니다.

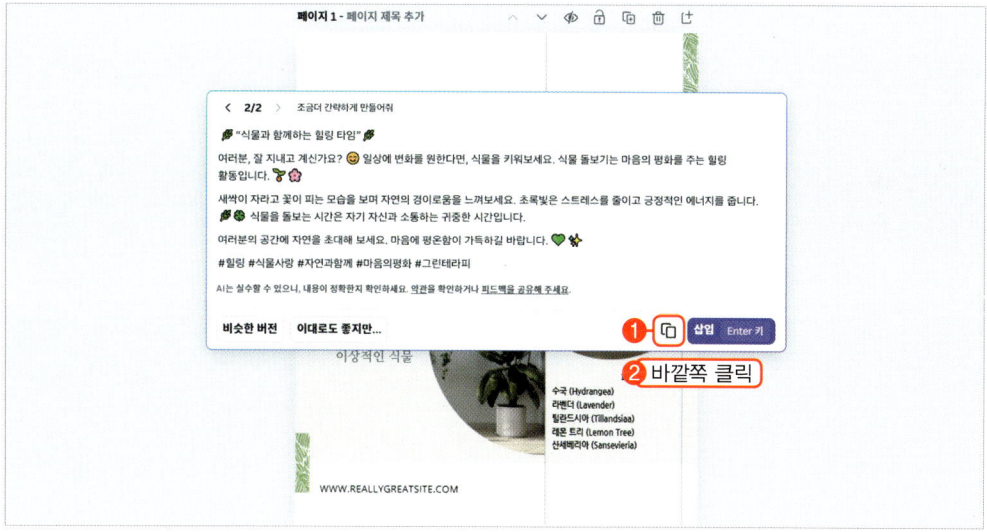

08 2 페이지로 넘어가 본문 텍스트 상자를 더블 클릭한 후 Ctrl + V 를 눌러 복사한 문장을 붙여 넣습니다.

09 붙여 넣은 본문과 제목 텍스트를 수정하고 필요 없는 디자인 요소를 삭제하면 인스타그램에 업로드할 수 있는 게시물을 간단히 완성하였습니다.

새 어조 만들기

Magic Write를 사용할 때 어조를 설정하면 브랜드나 본인만의 스타일을 적용할 수 있고, 일관된 어조로 텍스트를 생성할 수 있어 유용합니다.

01 어조를 설정하기 위해 왼쪽 메뉴의 [텍스트]를 클릭하고 [Magic Write] 버튼을 클릭합니다. 'Magic Write' 창의 목록 버튼 클릭하고 [+ 새 어조 만들기]를 클릭합니다.

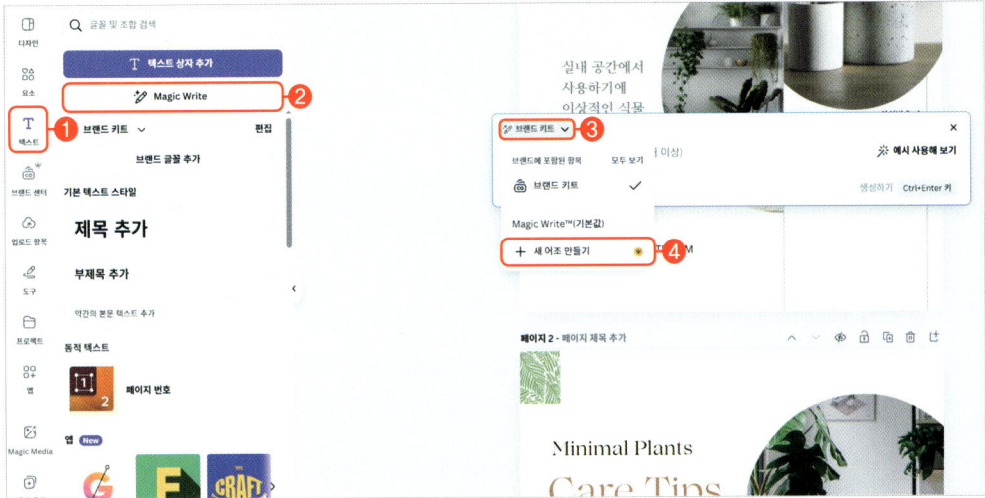

02 '여기에 샘플 텍스트 추가' 입력란에 내가 원하는 어조의 문장을 입력하고 [어조 분석] 버튼을 클릭합니다. 샘플 텍스트는 250자 이상 입력해야 하며, 예제에서는 일전에 복사해 둔 문장을 입력하였습니다.

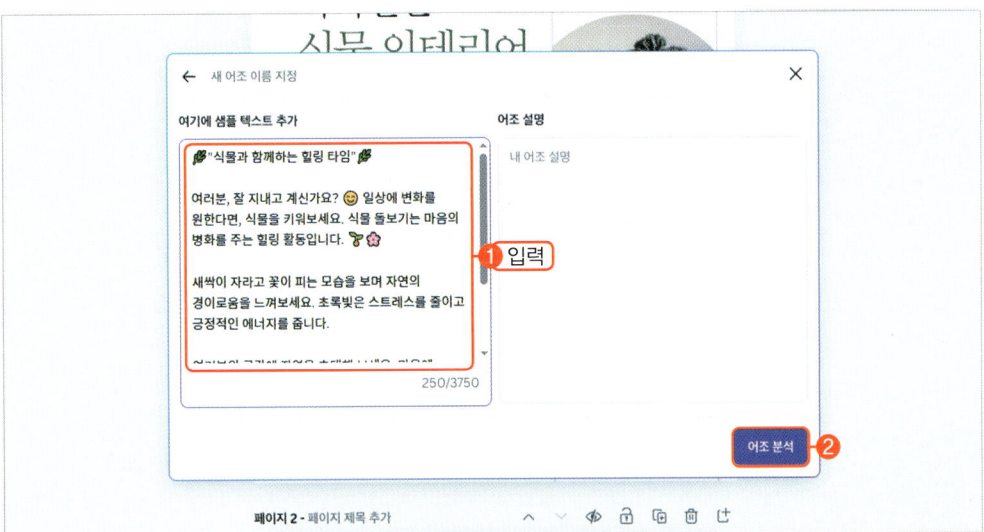

03 AI가 분석해 준 어조를 확인하고 [저장] 버튼을 클릭해 어조를 저장합니다.

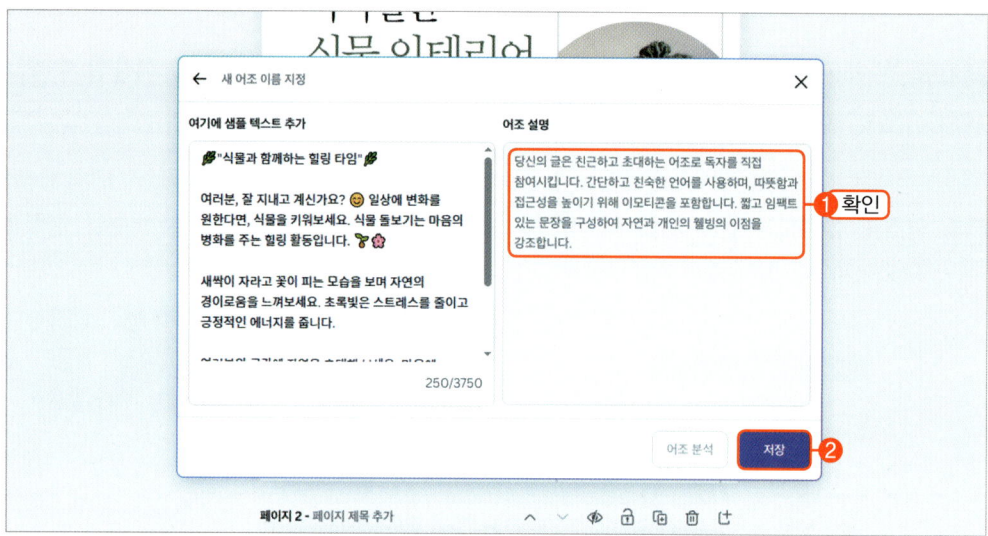

04 어조가 설정된 것을 확인합니다. 생성하고 싶은 주제의 내용을 입력한 후 [생성하기] 버튼을 클릭하면 방금 전 등록한 스타일의 어조로 문장이 생성됩니다. 이렇게 Magic Write와 브랜드 키트를 함께 활용하면 조금 더 원하는 방향성의 문장을 생성할 수 있습니다.

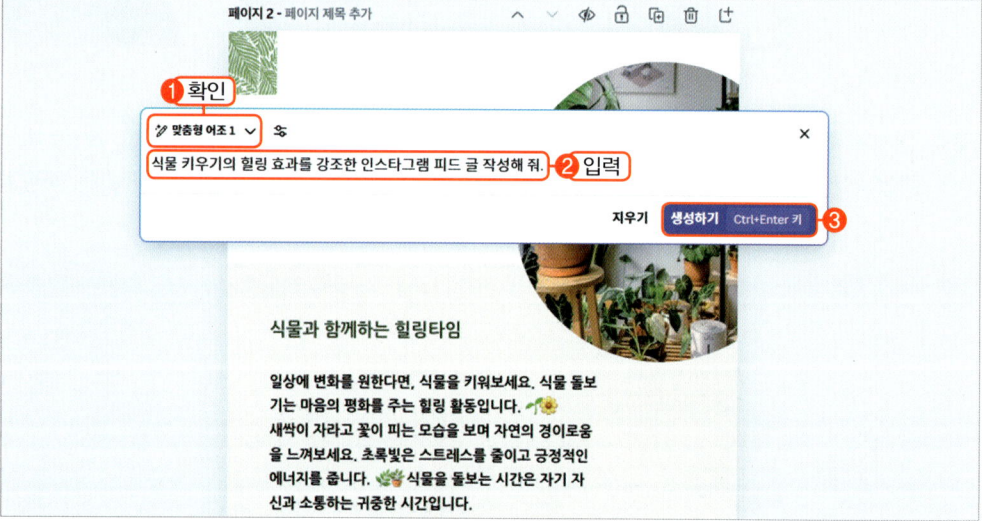

> **프롬프트 예시**
> 식물 키우기의 힐링 효과를 강조한 인스타그램 피드 글 작성해 줘.

02 / Magic Studio로 이미지 편집하기

Magic Studio는 캔바의 AI 도구를 한곳에 모아 둔 강력한 기능입니다. 무료 이용자의 경우 대부분의 기능이 제한되므로, Pro 플랜 업그레이드나 30일 무료 체험을 권장합니다. 책에서는 대표적으로 Magic Grab, Magic Eraser, Magic Expand의 사용법을 알아보겠습니다.

Magic Grab으로 자연스럽게 합성하기

Magic Grab은 이미지의 특정 개체를 선택해 편집, 재배치, 크기 조절 등의 작업을 할 수 있는 도구입니다.

01 캔바 홈 화면 왼쪽 상단의 [+ 만들기] 버튼을 클릭하고 '디자인 만들기' 창에서 [맞춤형 크기]를 선택합니다. 가로는 '1920', 높이는 '1080', 단위는 'px'로 설정하고 [새 디자인 만들기] 버튼을 클릭합니다.

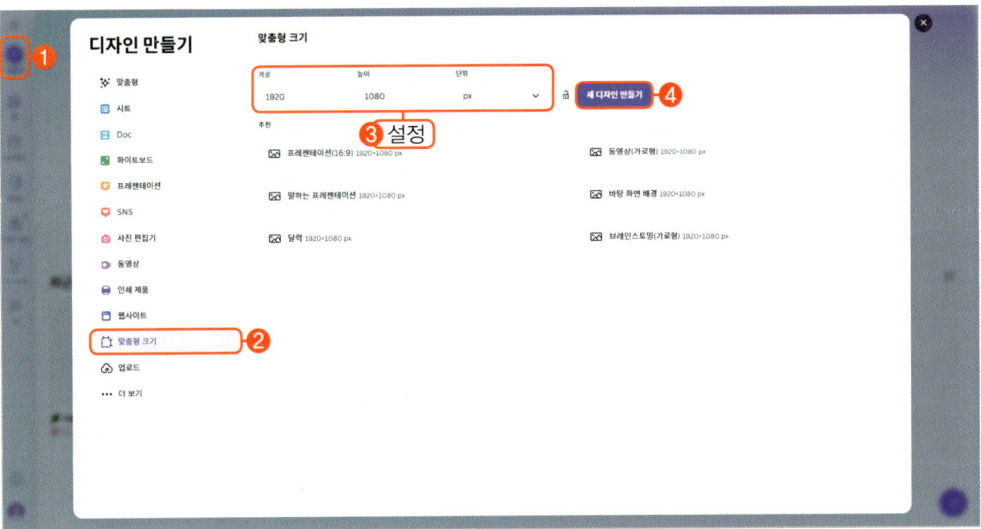

02 먼저 합성하고 싶은 두 장의 이미지를 준비합니다. [요소] 메뉴에서 '우주인'과 '은하'를 검색해 예제와 비슷한 이미지를 사용해도 좋습니다. Magic Grab으로 추출할 이미지를 선택하고 상단의 [편집]을 클릭한 후 왼쪽의 [Magic Grab]을 클릭합니다.

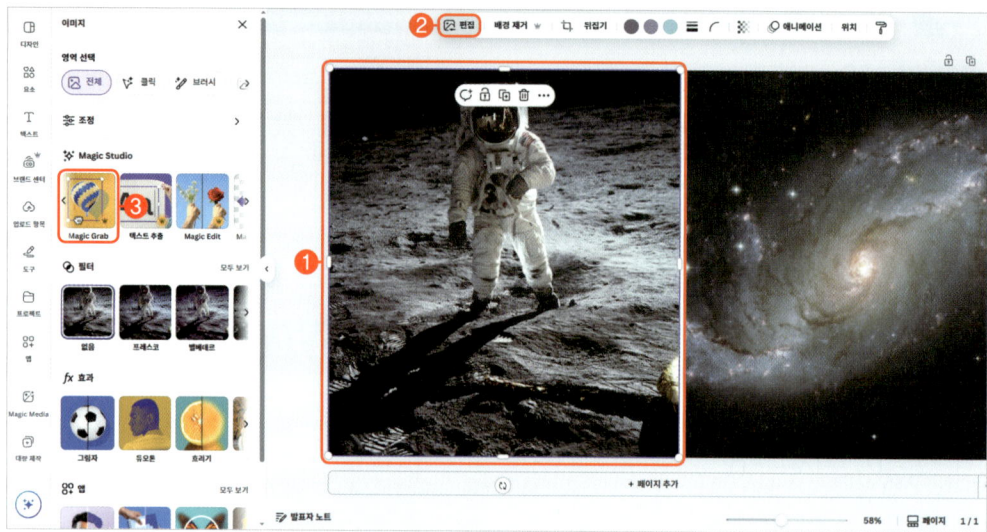

03 개체를 선택하는 방법은 '브러시'와 '클릭' 두 가지가 있습니다. [클릭] 버튼을 선택한 후 추출할 개체를 클릭하고 [추출하기] 버튼을 클릭합니다.

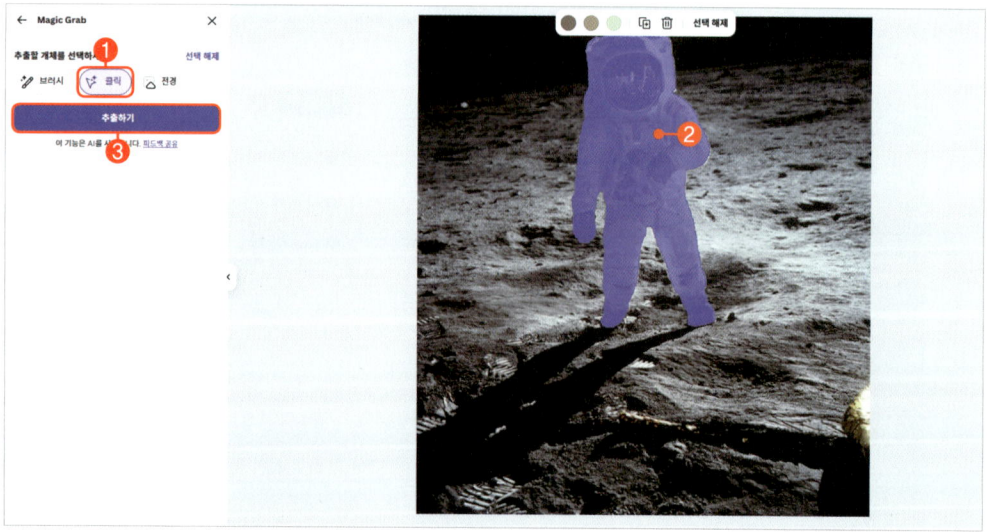

04 개체가 추출되면 준비해 놓은 이미지 위로 드래그하여 자연스럽게 합성합니다. 예제에서는 우주인을 은하수 이미지 위로 드래그하여 합성하였습니다. 하단의 [+ 페이지 추가] 버튼을 클릭해 페이지를 추가합니다.

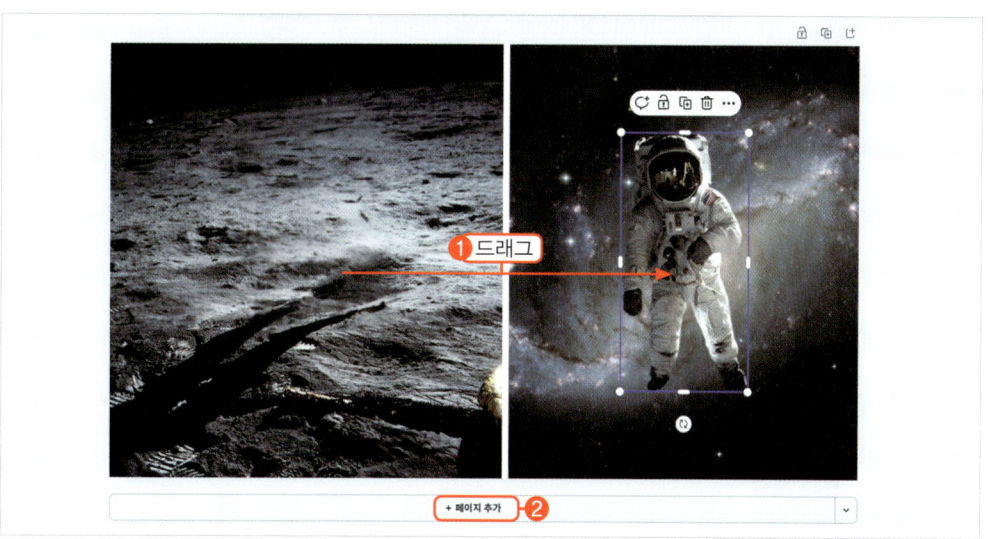

🔍 Magic Eraser로 자연스럽게 지우기

이어서 Magic Eraser로 이미지에서 불필요한 사람이나 사물을 간단히 지워 보겠습니다.

01 Magic Eraser를 사용할 이미지를 한 장 준비합니다. [요소] 메뉴에서 '갈매기'를 검색해 예제와 비슷한 이미지를 준비해도 좋습니다. 이미지를 선택하고 상단의 [편집]을 클릭한 후 왼쪽의 [Magic Eraser]를 클릭합니다.

Chapter 03 캔바의 핵심 AI 기능 익히기 57

02 Magic Grab과 마찬가지로 '브러시'와 '클릭' 두 가지 방법으로 지울 부분을 선택할 수 있습니다. [클릭] 버튼을 선택하고 지울 부분을 클릭한 후 [지우기] 버튼을 클릭합니다.

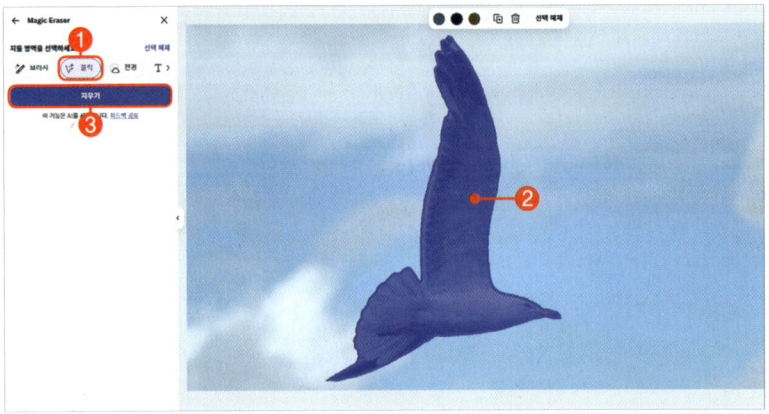

03 잠시 기다리면 클릭한 부분이 깔끔하게 지워진 것을 확인할 수 있습니다.

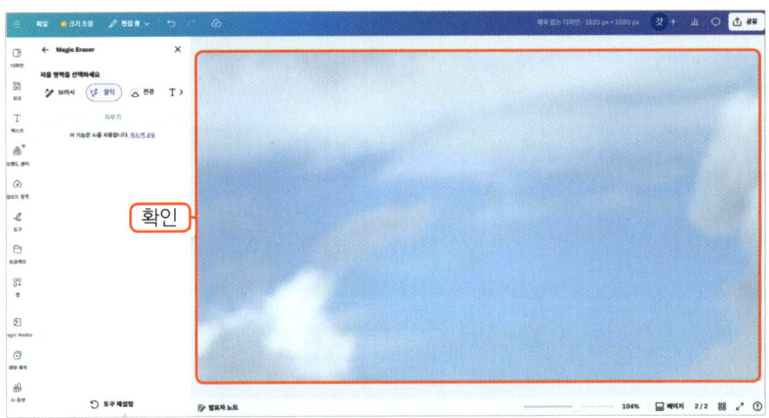

> **TIP**
>
> ### 배경 제거
>
> 만약 이미지의 부분이나 피사체가 아닌 배경을 지우고 싶다면 배경 제거 기능을 사용하면 됩니다. 배경을 제거할 이미지를 선택하고 상단의 [배경 제거]를 클릭하면 배경이 깔끔하게 제거됩니다.
>
>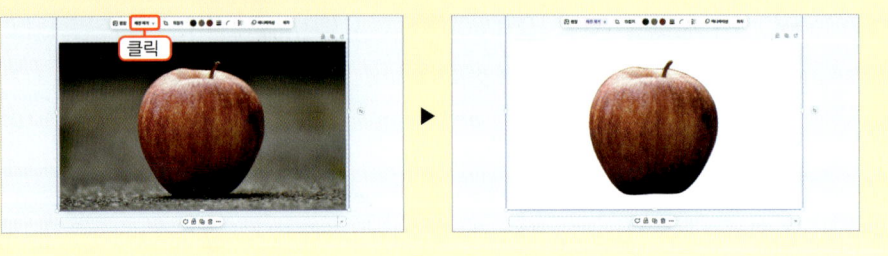

🔍 Magic Expand로 배경 확장하기

Magic Expand는 이미지의 잘린 부분을 자연스럽게 확장해 주는 도구로, 잘린 배경의 디테일을 복구하고 싶을 때 유용하게 사용할 수 있습니다.

01 캔바 홈 화면 왼쪽 상단의 [+ 만들기] 버튼을 클릭하고 '디자인 만들기' 창에서 [맞춤형 크기]를 선택합니다. 가로와 높이를 '1080', 단위는 'px'로 설정하고 [새 디자인 만들기] 버튼을 클릭합니다.

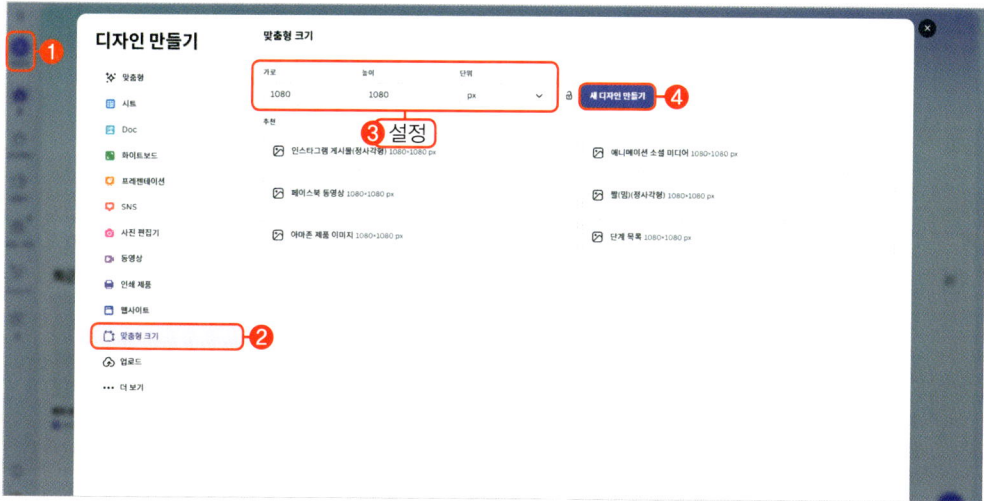

02 배경을 확장할 이미지를 한 장 준비합니다. 예제에서는 [요소] 메뉴에서 '분홍 배경 고양이'를 검색해 다음과 같은 이미지를 준비하였습니다. 이미지를 선택하고 상단의 [편집]을 클릭한 후 왼쪽의 [Magic Expand]를 클릭합니다.

03 이미지의 확장 사이즈를 선택하고 [확장] 버튼을 클릭합니다.

04 잠시 기다리면 총 네 장의 결과물이 나타납니다. 마음에 드는 이미지를 선택하고 [완료] 버튼을 클릭합니다.

> **TIP**
>
> **Magic Expand의 한계점**
>
> Magic Expand의 경우 배경이 투명하거나, 얼굴 또는 손이 포함된 이미지에서는 예상대로 작동하지 않을 수 있습니다. 또 확대한 이미지의 결과물이 부적절하거나, 미흡해 보일 수 있으니 참고합니다.

03 / Magic Media로 디자인 자료 생성하기

Magic Media는 이미지, 그래픽, 동영상을 생성할 수 있는 기능으로 창의적인 작업을 쉽고 빠르게 지원합니다. 무료 이용자는 사용할 수 있는 크레딧이 제한되어 있으니 참고합니다.

🔍 Magic Media로 이미지 생성하기

Magic Media를 사용해 이미지를 생성할 때에는 5개 이상의 단어를 구체적으로 적어야 완성도 있는 결과물을 얻을 수 있습니다.

01 캔바 홈 화면 왼쪽 상단의 [+ 만들기] 버튼을 클릭하고 '디자인 만들기' 창에서 [맞춤형 크기]를 선택합니다. 가로는 '1920', 높이는 '1080', 단위는 'px'로 설정하고 [새 디자인 만들기] 버튼을 클릭합니다.

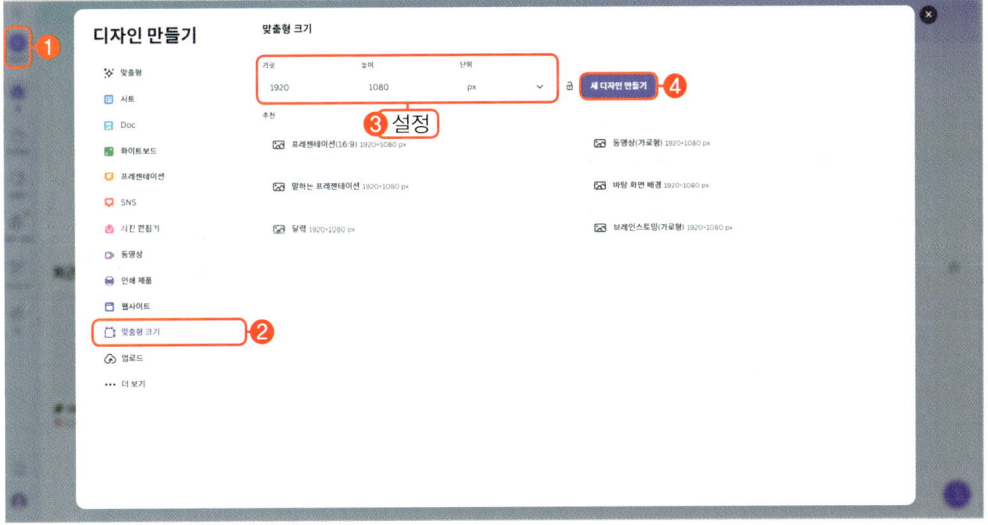

Chapter 03 캔바의 핵심 AI 기능 익히기

02 왼쪽의 [요소] 메뉴를 선택하고 [+ 나만의 이미지 생성]을 클릭합니다.

03 [이미지] 탭에서 만들고 싶은 이미지의 설명을 구체적으로 입력한 후 [이미지 생성하기] 버튼을 클릭합니다. 마음에 드는 이미지를 선택한 후 [+ 페이지 추가] 버튼을 클릭합니다.

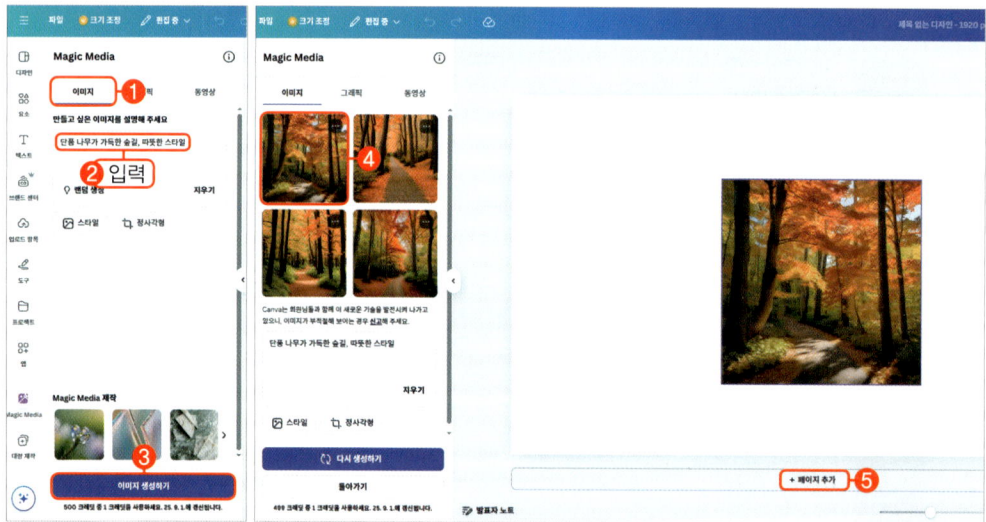

프롬프트 예시
단풍 나무가 가득한 숲길, 따뜻한 스타일

이미지 보정하기

TIP

생성한 이미지의 밝기, 분위기 등을 조금 더 콘텐츠와 어울리게 변경하고 싶다면 필터를 씌워 간단히 보정할 수 있습니다. 편집할 이미지를 선택하고 도구바의 [편집]을 클릭한 후 왼쪽 '필터' 카테고리의 [모두 보기]를 클릭해 원하는 필터를 선택합니다.

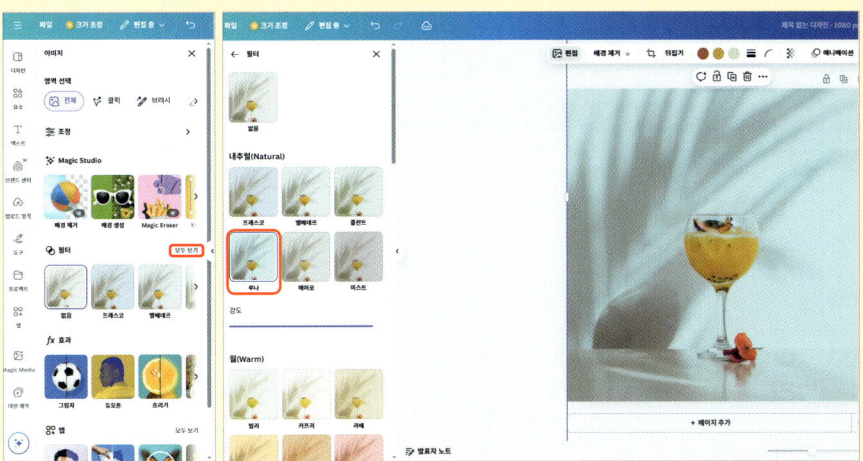

만약 이미지의 초점을 일부러 흐리게 하고 싶거나, 반대로 초점을 또렷하게 맞추고 싶다면 자동 초점 기능을 사용할 수 있습니다. 이미지 클릭하고 도구바의 [편집]을 선택한 후 왼쪽 패널에서 'fx 효과' 카테고리의 [자동 초점]을 선택합니다. '강도 흐리기'와 '중심 위치'의 조절바를 드래그해 이미지의 초점을 조정할 수 있습니다.

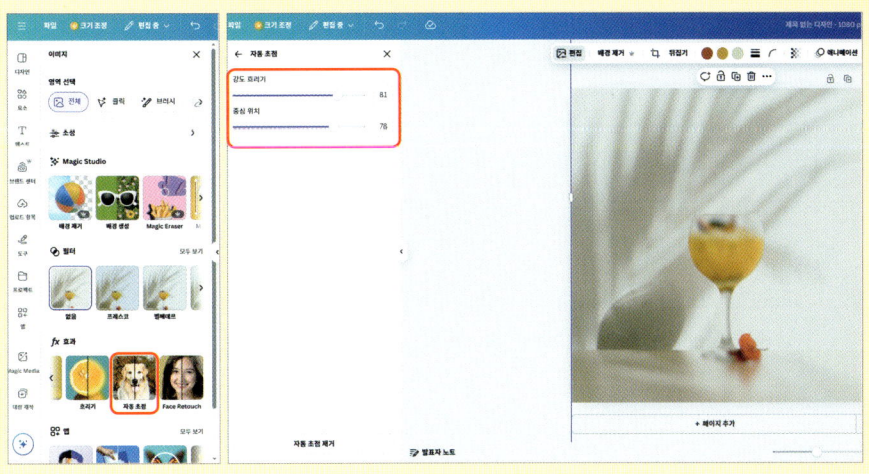

Magic Media로 그래픽 생성하기

이번에는 Magic Media를 사용해 그래픽을 생성해 보겠습니다. 마찬가지로 5개 이상의 단어를 입력해 만들고 싶은 그래픽을 설명합니다.

01 [그래픽] 탭을 클릭해 만들고 싶은 그래픽을 설명한 후 [스타일] 버튼을 클릭합니다. 원하는 스타일을 선택합니다. 예제에서는 [핸드드로잉]을 선택했습니다. [그래픽 생성] 버튼을 클릭합니다.

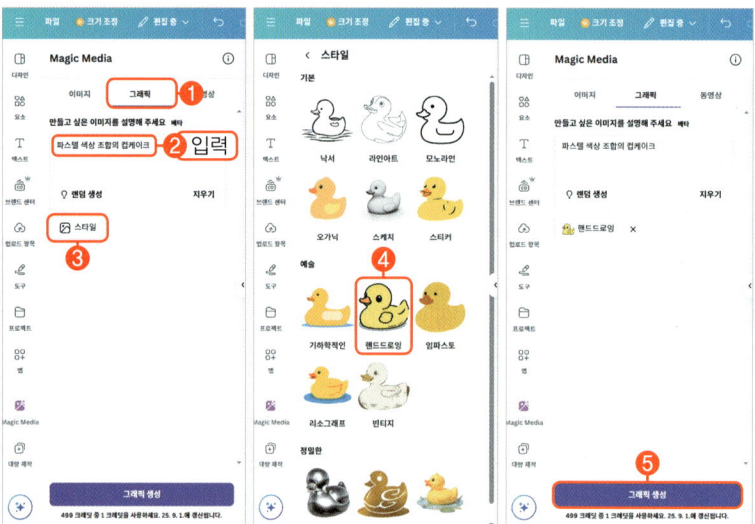

프롬프트 예시
파스텔 색상 조합의 컵케이크

TIP

랜덤 생성
프롬프트 입력란의 [랜덤 생성] 버튼은 여러 가지 주제로 프롬프트를 입력해 주는 기능입니다. 아이디어가 떠오르지 않을 때 유용하게 사용할 수 있습니다.

02 잠시 기다리면 입력한 내용을 토대로 AI가 그래픽을 생성해 줍니다. 마음에 드는 그래픽을 선택한 후 [+ 페이지 추가] 버튼을 클릭합니다.

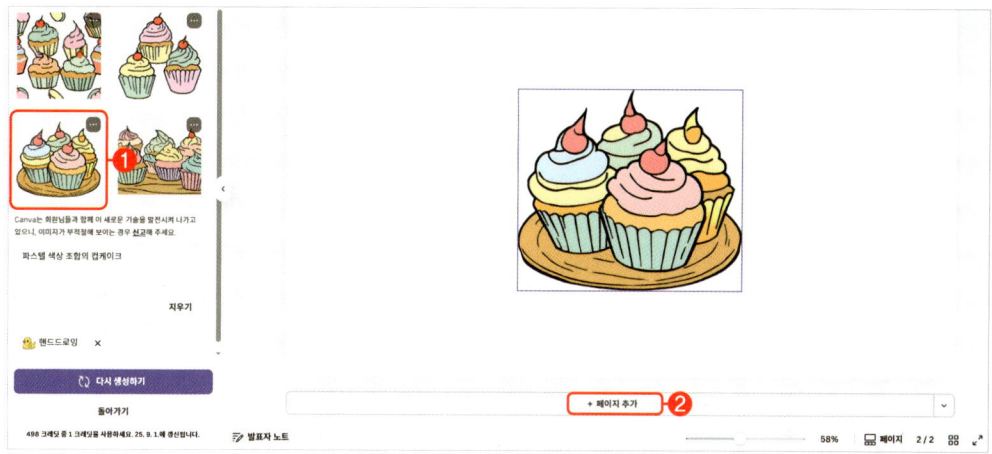

Magic Media로 동영상 생성하기

이어서 Magic Media를 사용해 동영상을 생성해 보겠습니다.

01 [동영상] 탭을 클릭해 만들고 싶은 동영상을 설명한 후 [동영상 생성하기] 버튼을 클릭합니다. 동영상을 재생해 마음에 드는지 확인한 후 클릭하여 작업 화면에 적용합니다.

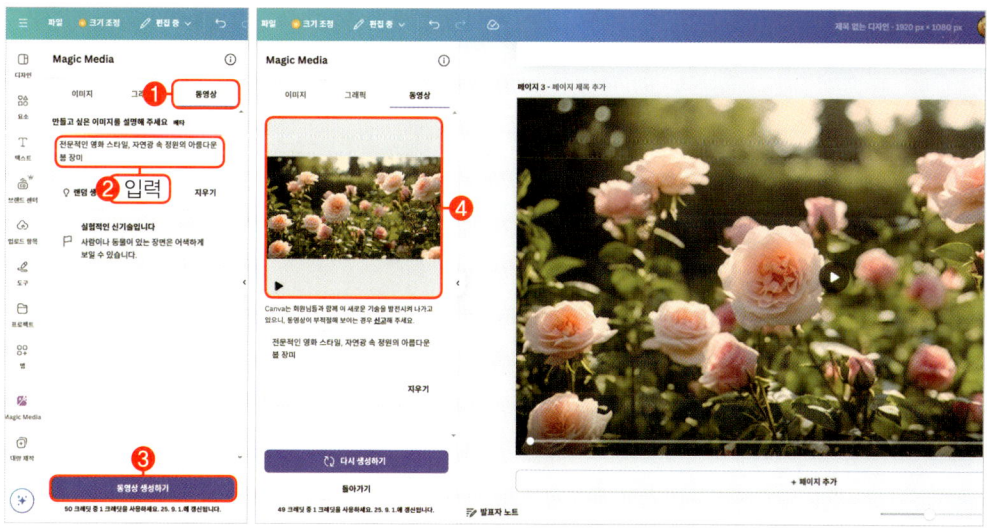

> **프롬프트 예시**
> 전문적인 영화 스타일, 자연광 속 정원의 아름다운 봄 장미

캔바의 앱 마켓

TIP

캔바는 외부 앱을 내부에서 연동할 수 있는 기능을 제공합니다. 홈 화면 왼쪽의 [앱]을 클릭하거나 디자인 작업 화면에서 [앱] 메뉴를 선택하면 앱 마켓이 열립니다. 키워드를 검색해 다양한 앱을 활용할 수 있으며, 앱 마켓은 계속 업데이트되므로 새로운 앱과 인기 앱을 수시로 확인하는 것이 좋습니다.

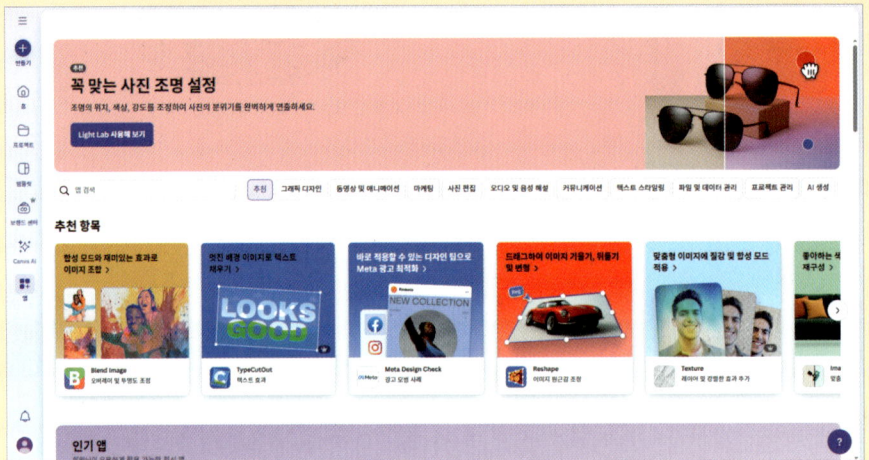

▲ 홈 화면에서 실행한 앱 마켓

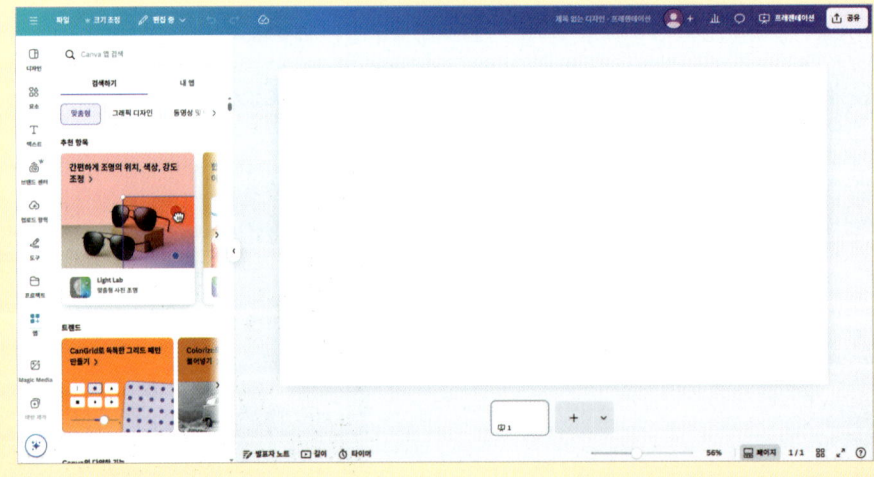

▲ 디자인 작업 화면에서 실행한 앱 마켓

Part 02
캔바 AI로 뚝딱 완성하는 콘텐츠 디자인

Chapter 04 레시피 소개 카드뉴스 만들기
Chapter 05 깔끔한 디자인의 상세페이지 만들기
Chapter 06 유튜브 쇼츠 영상 만들기
Chapter 07 프레젠테이션 자료 만들기
Chapter 08 북 디자인 완성하기
Chapter 09 나만의 디자인 목업 만들기
Chapter 10 일상과 업무 관리 도구 만들기

01 Magic Write로 카드뉴스 초안 만들기
02 카드뉴스 디자인하기
03 대량 제작 기능으로 카드뉴스 완성하기

Chapter 04
레시피 소개
카드뉴스 만들기

카드뉴스는 간결한 텍스트와 시각적인 디자인을 결합해 여러 장의 카드 형식으로 정보를 전달하는 콘텐츠입니다. 이번 챕터에서는 Magic Write로 카드뉴스의 초안을 만들고, 템플릿과 대량 제작 기능을 활용해 카드뉴스 디자인을 완성해 보겠습니다.

01 / Magic Write로 카드뉴스 초안 만들기

카드뉴스는 SNS에서 정보를 전달할 때 많이 사용하는 콘텐츠로 뉴스 요약, 제품 소개, 팁 공유 등 다양한 주제를 카드뉴스 형식으로 표현할 수 있습니다. 이번 예제에서는 '여름철 홈 카페 레시피'를 주제로 카드뉴스 초안을 만들어 보겠습니다.

🔍 카드뉴스 초안 만들기

먼저 Magic Write로 카드뉴스에 짤막하게 들어갈 텍스트를 생성해 보겠습니다.

01 캔바 홈 화면 왼쪽 상단의 [+ 만들기] 버튼을 클릭하고 '디자인 만들기' 창에서 '새로 만들기' 카테고리의 [인스타그램 게시물(4:5)]을 클릭합니다.

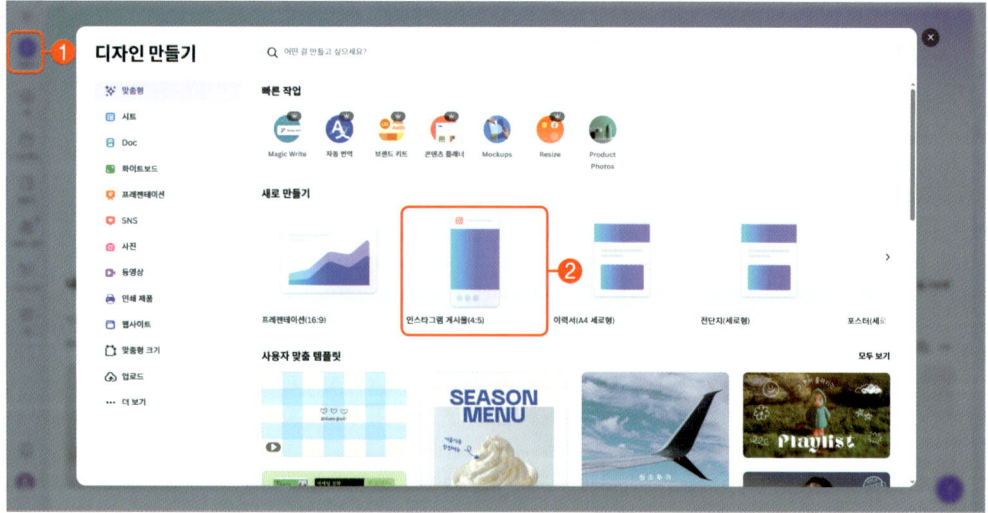

02 왼쪽의 [텍스트] 메뉴 – [Magic Write] 버튼을 클릭한 후 어조를 'Magic Write(기본값)'로 선택합니다.

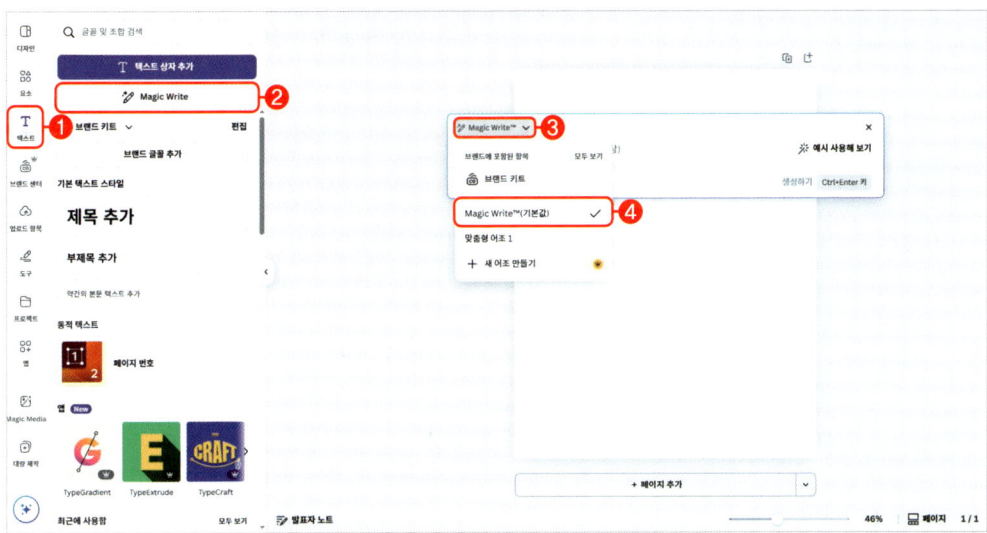

03 생성하고 싶은 주제의 프롬프트를 입력하고 [생성하기] 버튼을 클릭합니다. 프롬프트를 입력할 때 행동을 구체적으로 유도하는 'CTA(Call To Action)' 문구를 넣어 달라고 요청해 봅니다.

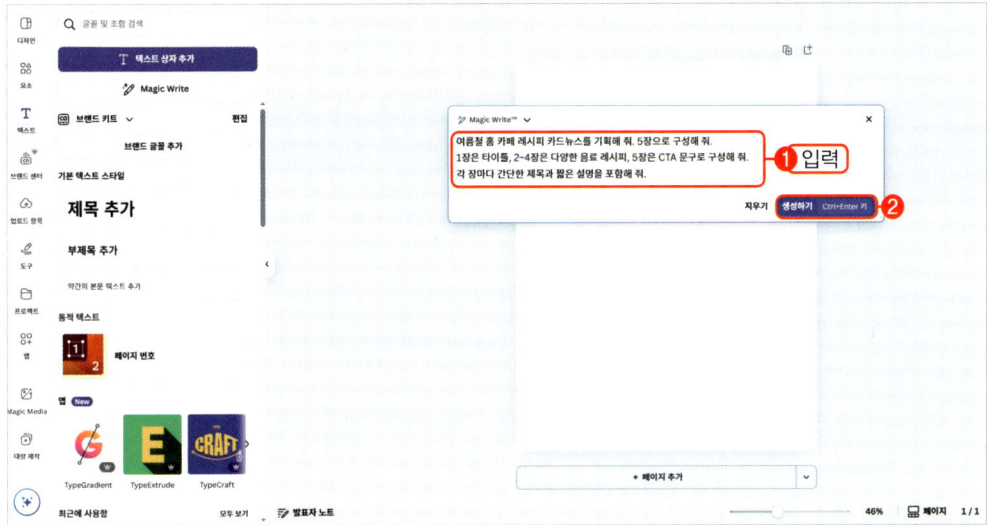

프롬프트 예시
여름철 홈 카페 레시피 카드뉴스를 기획해 줘. 5장으로 구성해 줘.

1장은 타이틀, 2~4장은 다양한 음료 레시피, 5장은 CTA 문구로 구성해 줘.

각 장마다 간단한 제목과 짧은 설명을 포함해 줘.

카드뉴스 초안 수정하기

Magic Write로 생성한 카드뉴스 초안을 수정해 보겠습니다.

01 총 5장의 카드뉴스 초안이 생성되었습니다. 내용을 조금 더 간략하게 수정하기 위해 [이대로도 좋지만...] 버튼을 클릭합니다.

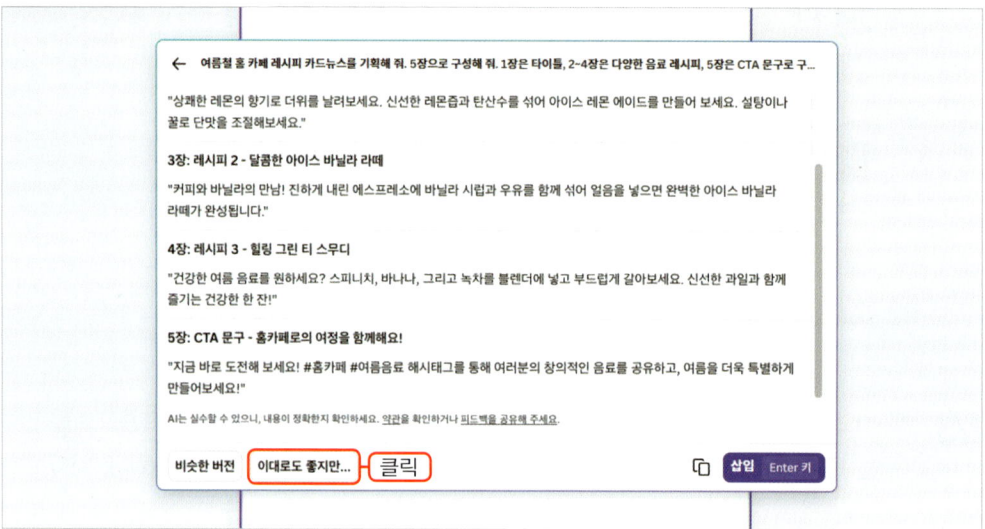

02 본문 내용을 조금 더 간략하게 수정해 달라고 입력한 후 [생성하기] 버튼을 클릭합니다.

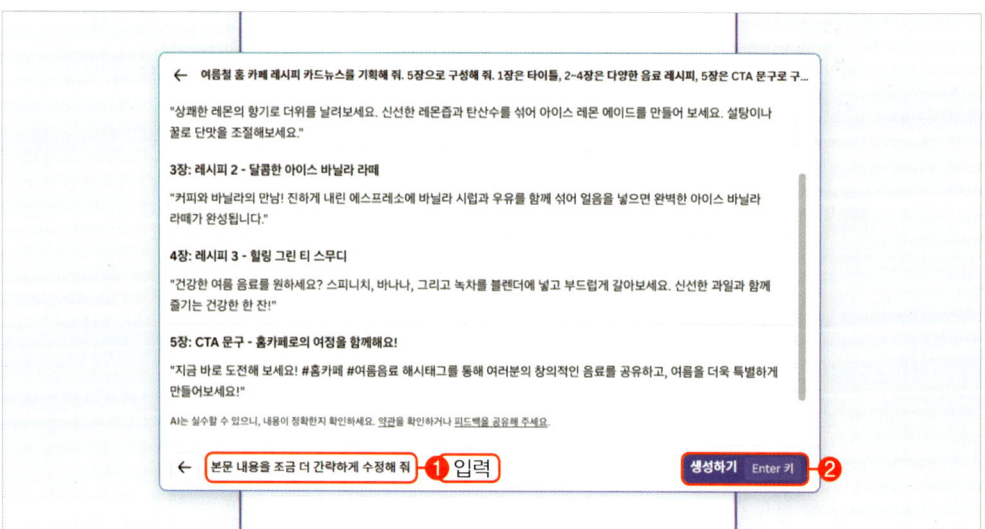

03 AI가 카드뉴스 초안을 수정해 줍니다. 왼쪽 상단의 < 아이콘을 클릭하면 이전에 생성한 내용을 확인할 수 있습니다. 카드뉴스를 만들 때 참고할 수 있도록 오른쪽 하단의 🗐 아이콘을 클릭한 후 메모장이나 새로운 페이지에 Ctrl + V 를 눌러 내용을 붙여 넣습니다.

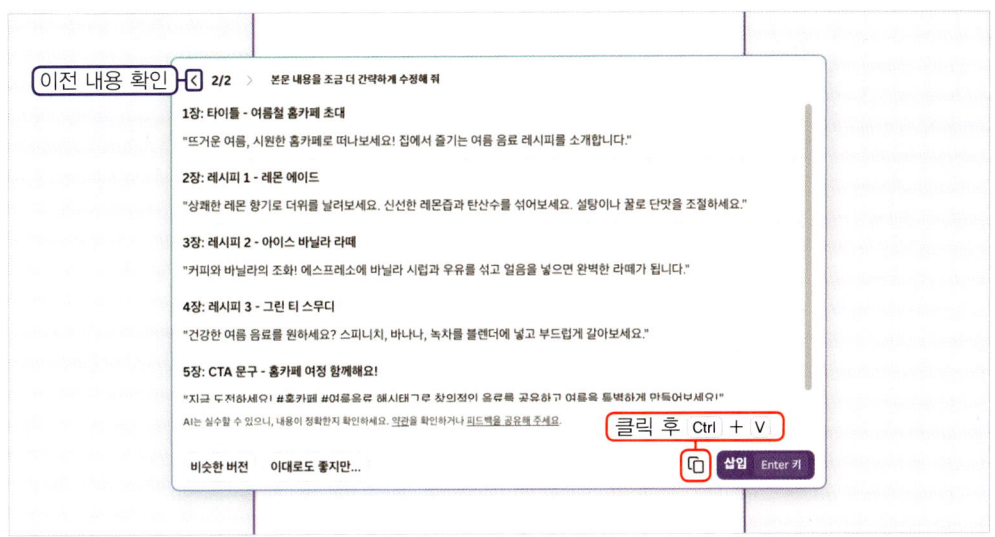

> **TIP**
>
> ### 문장의 톤 앤 매너 최종 점검하기
>
> Magic Write로 만든 초안을 그대로 사용해도 되지만, AI가 생성한 문장이기 때문에 정보의 균형이 부족하거나 톤 앤 매너가 일관되지 않을 수 있습니다. 아래 표를 참고하여 문장의 톤 앤 매너를 최종 점검해 봅니다.
>
> | 체크 포인트 | 점검 내용 |
> |---|---|
> | 톤 일관성 | 이전의 슬라이드와 이후의 슬라이드가 같은 말투인가요?
(예: 모두 반말 or 모두 존댓말) |
> | 정보의 균형 | 각 슬라이드마다 문장의 길이가 일정한가요? |
> | 제목 & 본문 구분 | 제목은 1줄, 본문은 2줄 이하인가요? |
> | 브랜드 스타일 | 텍스트의 분위기가 브랜드와 어울리나요? (예: 친근, 유쾌, 감성 등) |

02 카드뉴스 디자인하기

캔바의 디자인 템플릿을 활용해 카드뉴스 표지와 본문의 기본 프레임을 디자인해 보겠습니다. 본문의 레이아웃은 일관성 있게 유지하고, 표지에는 변화를 주어 사람들의 시선을 사로잡는 카드뉴스를 만들어 봅니다.

카드뉴스 표지 디자인하기

표지에 사용할 디자인 템플릿을 선택해 봅니다. 예제에서는 '여름철 홈 카페 레시피'와 관련된 디자인 템플릿을 선택하지만, 카드뉴스 주제에 맞춰 다른 디자인 템플릿을 사용해도 좋습니다.

01 왼쪽의 [디자인] 메뉴를 클릭하고 검색창에 '음료 레시피'를 검색합니다.

02 원하는 템플릿을 선택해 적용한 후 필요 없는 요소는 Delete 를 눌러 삭제합니다. 예제에서는 'Orange Blue and Cream Modern Iced Coffee Instagram Post' 템플릿을 사용했습니다.

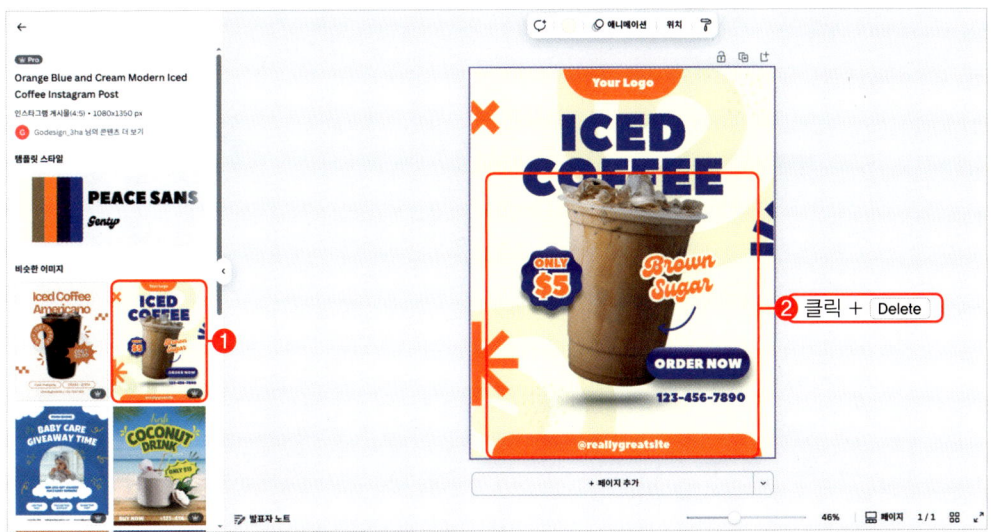

> **TIP** 레이어 보기
>
> 디자인 요소를 마우스 오른쪽 버튼으로 클릭해 [레이어] – [레이어 보기]를 선택하면 레이어 패널에서 요소를 개별로 선택할 수 있습니다.

03 텍스트를 다음과 같이 수정하고 글꼴을 자유롭게 설정합니다. 왼쪽의 [요소] 메뉴를 클릭하고 '도형' 카테고리의 [모서리가 둥근 사각형]을 클릭해 본문 영역을 만들어 줍니다. '본문' 텍스트는 텍스트 상자에 입력해 주세요.

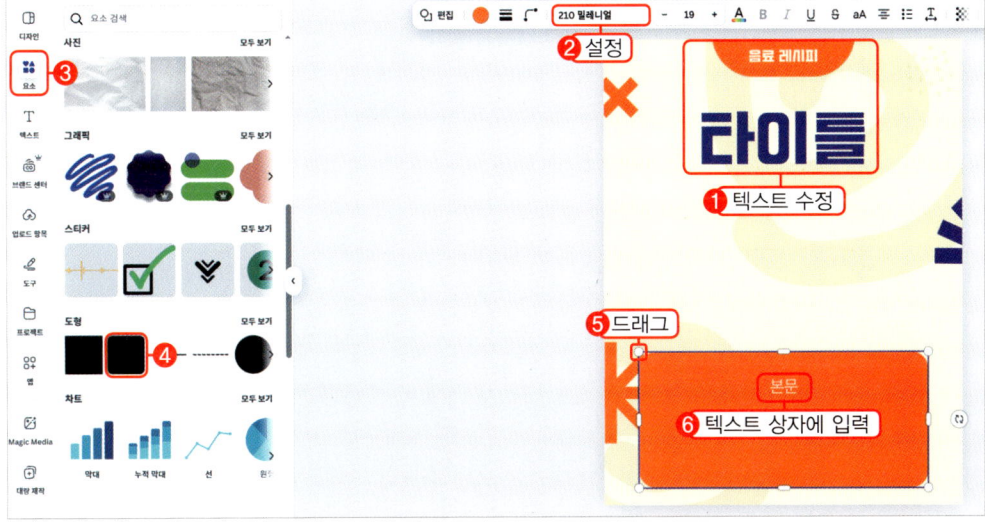

Chapter 04 레시피 소개 카드뉴스 만들기 75

04 카드뉴스 표지에 이미지를 넣기 위해 [요소] 메뉴에서 '프레임' 카테고리의 [원형 프레임]을 선택한 후 그림과 같이 배치합니다.

카드뉴스 본문 디자인하기

이어서 카드뉴스의 본문 슬라이드를 디자인해 보겠습니다.

01 왼쪽 상단의 [파일]을 클릭해 프로젝트명을 수정하고 본문 슬라이드를 만들기 위해 [복사]를 클릭합니다. 복사된 내용이 새 탭으로 나타납니다.

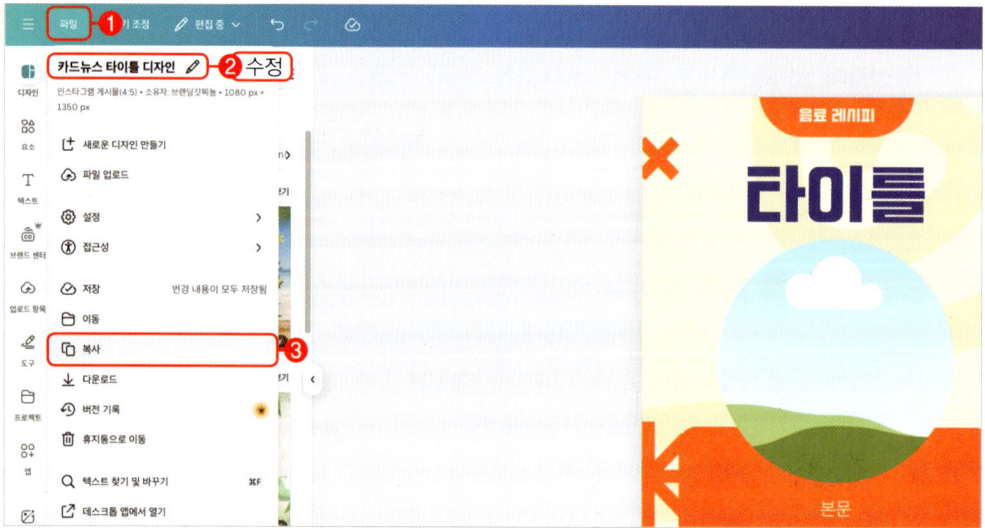

02 오른쪽 상단의 프로젝트명을 '카드뉴스 서브 디자인'으로 수정하고, 내지 슬라이드 상단의 텍스트를 '번호'로 수정합니다. 왼쪽의 [요소] 메뉴를 클릭하고 '프레임' 카테고리의 [모서리가 둥근 사각형 프레임]을 선택해 그림과 같이 배치한 후 이전의 원형 프레임은 삭제해 주세요.

03 왼쪽의 [업로드 항목] - [파일 업로드] 버튼을 클릭해 카드뉴스 표지와 내지에 넣을 이미지를 업로드합니다.

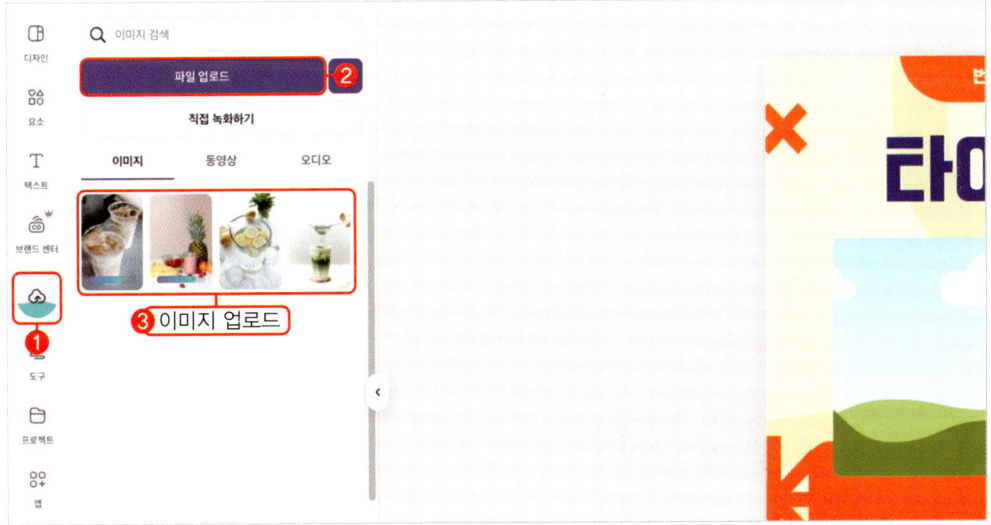

> **TIP**
>
> **무료 이미지 추천 사이트**
>
> '픽사베이(pixabay.com)', '픽셀스(pexels.com)', '언스플래쉬(unsplash.com)' 등의 사이트에서 필요한 이미지를 다운로드한 후 파일을 업로드해 봅니다.

Magic Media로 카드뉴스 이미지 생성하기

> **TIP**
>
> 만약 외부에서 이미지를 가져오기 번거롭다면 캔바 AI로 카드뉴스 주제에 어울리는 이미지를 생성할 수 있습니다.

01 왼쪽의 [Magic Media] 메뉴를 클릭하고 [이미지] 탭에서 표지에 넣을 이미지를 설명한 후 [이미지 생성하기] 버튼을 클릭합니다.

> **프롬프트 예시**
>
> 스무디와 바나나, 딸기, 파인애플 등의 과일이 식탁 위에 놓여 있는 연분홍색 배경의 이미지

02 조금 기다리면 AI가 이미지를 생성해 줍니다. 마음에 드는 이미지를 선택하여 작업 화면에 적용합니다.

03 F5 를 눌러 새로고침한 후 [업로드 항목] 메뉴를 클릭하면 이미지가 추가된 것을 확인할 수 있습니다. 작업 화면의 이미지를 선택해 Delete 를 눌러 삭제합니다.

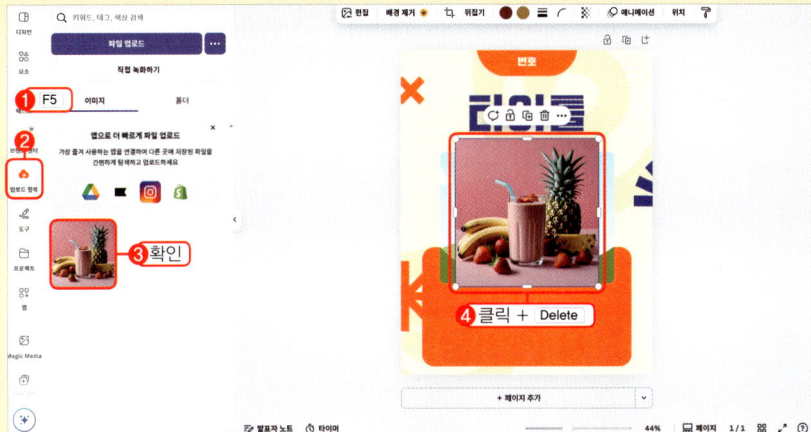

04 작업 화면의 이미지를 삭제해도 [업로드 항목]에 추가된 이미지는 삭제되지 않습니다. 같은 방법으로 본문에 넣을 나머지 이미지를 생성합니다. 예제에서는 '레모네이드', '아이스 바닐라 라떼', '그린티 스무디' 이미지를 생성하였습니다.

프롬프트 예시
- 얼음 컵에 레몬 슬라이스와 탄산수가 담겨 있는 밝은 배경의 실사 이미지
- 위에서 내려다본 테이크아웃 컵에 담겨 있는 아이스 바닐라 라떼
- 우유 거품과 녹차 파우더가 올려져 있는 그린티 스무디

03 / 대량 제작 기능으로 카드뉴스 완성하기

카드뉴스 표지와 내지의 디자인 프레임을 잡아 놓았으니 이제 대량 제작 기능을 활용해 카드뉴스를 빠르게 완성하는 방법을 알아보겠습니다. 카드뉴스 템플릿에 기획한 내용을 하나하나 입력해도 좋지만, 대량 제작 기능을 활용하면 카드뉴스를 훨씬 더 간단히 완성할 수 있습니다.

🔍 카드뉴스 표지 데이터 연결하기

먼저 카드뉴스 표지 데이터를 연결하겠습니다.

01 카드뉴스 표지 데이터를 연결하기 위해 표지 디자인 템플릿 화면으로 돌아온 후 왼쪽의 [앱] 메뉴를 클릭하고 [대량 제작]을 선택합니다. '대량 제작'이 디자인 메뉴에 추가된 것을 확인한 후 [데이터 수동 입력] 버튼을 클릭합니다.

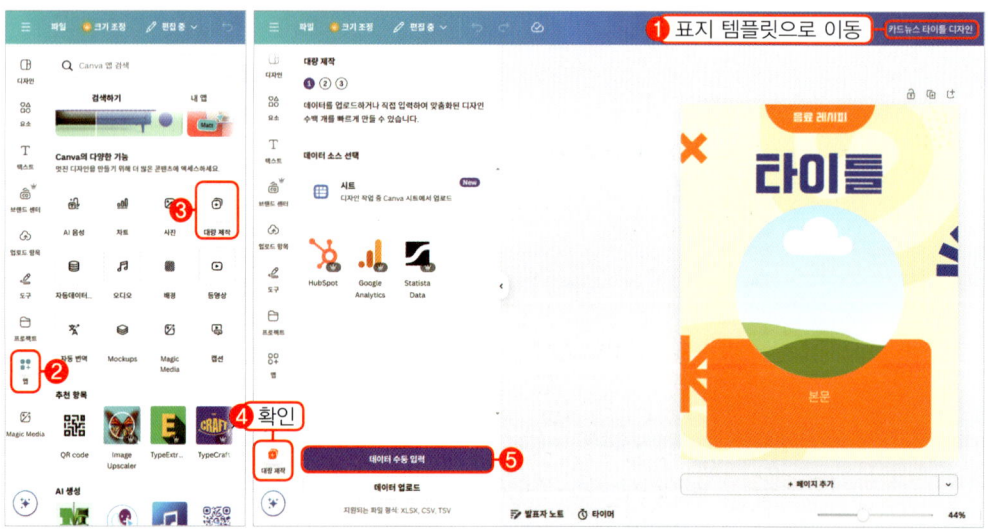

02 '데이터 추가' 창의 칸을 더블 클릭해 Magic Write로 생성한 카드뉴스 표지의 초안을 입력합니다. 예제에서는 '타이틀 – 여름홈카페', '본문 – 뜨거운 여름, 시원한 홈카페로 떠나보세요! 집에서 즐기는 여름 음료 레시피를 소개합니다.'를 입력하겠습니다. 나머지 데이터는 삭제합니다.

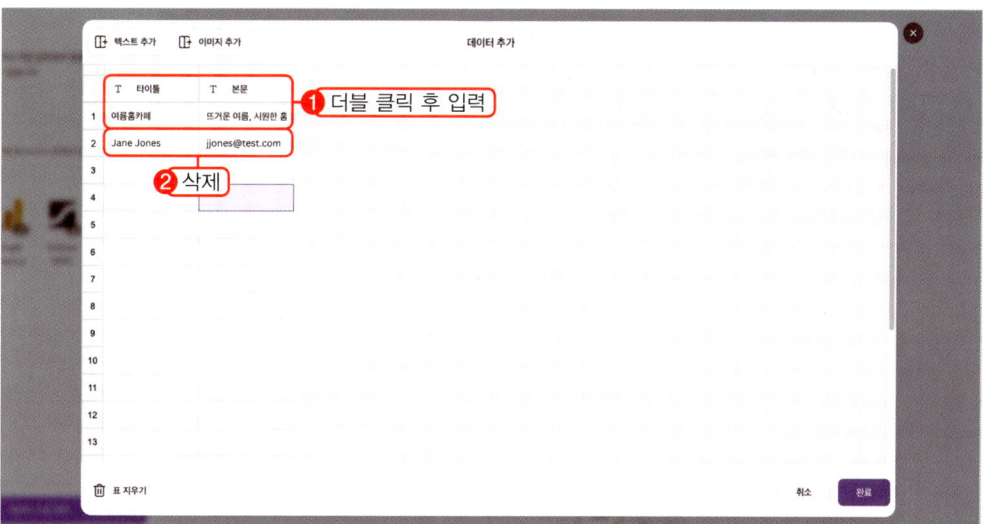

03 왼쪽 상단의 [이미지 추가] 버튼을 클릭한 후 [+]를 클릭합니다. 업로드해 놓은 카드뉴스 표지 이미지를 선택하고 [완료] 버튼을 클릭합니다.

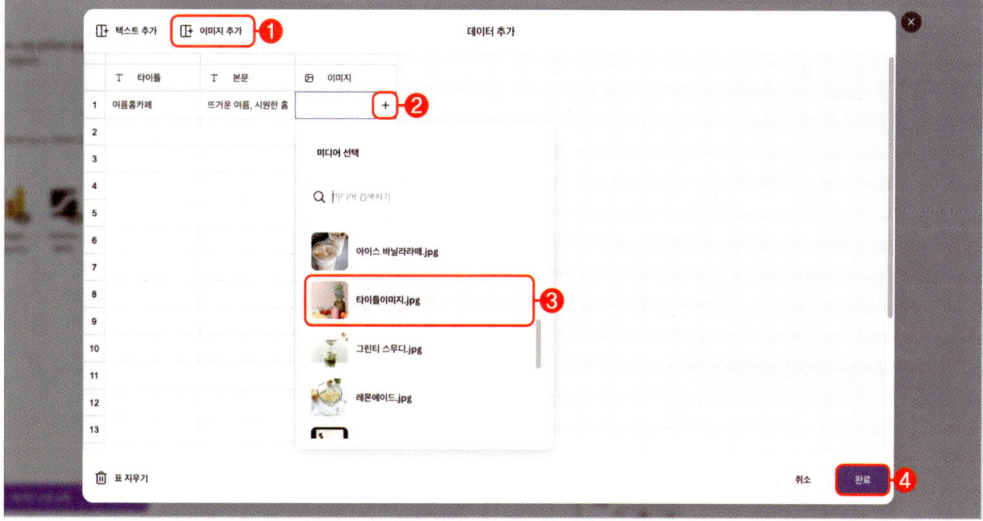

04 이제 디자인 요소에 데이터를 연결하겠습니다. 먼저 '타이틀' 텍스트 상자를 선택하고 도구바의 [데이터 연결]을 클릭한 후 '데이터 연결' 창에서 [타이틀]을 선택합니다.

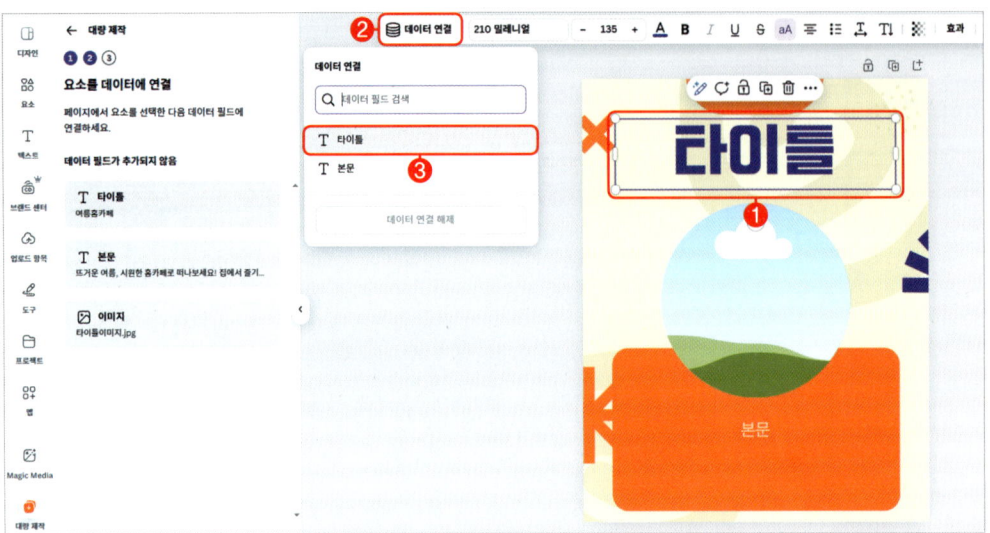

05 같은 방법으로 '이미지' 데이터와 '본문' 데이터를 연결한 후 [계속] 버튼을 클릭합니다.

> **TIP**
>
> **텍스트 데이터를 연결할 때 주의할 점**
>
> 텍스트 데이터는 텍스트 상자에만 연결할 수 있습니다. 도형 요소에는 데이터를 연결할 수 없으므로 주의합니다.

06 '모두 선택'이 체크되어 있는 상태에서 [디자인 1개 생성] 버튼을 클릭합니다.

07 디자인이 생성되어 '내 프로젝트'에 저장되었다는 안내창이 나타나면 [디자인 보기] 버튼을 클릭합니다. 대량 제작 기능을 활용해 카드뉴스 표지를 완성하였습니다.

카드뉴스 본문 데이터 연결하기

이어서 카드뉴스 본문 데이터를 연결하겠습니다.

01 복사해 둔 본문 템플릿으로 이동한 후 왼쪽의 [대량 제작] 메뉴를 클릭하고 [데이터 수동 입력] 버튼을 클릭합니다.

02 카드뉴스 초안을 참고하여 '번호', '타이틀', '본문'의 내용을 차례대로 입력하고 '이미지'를 추가한 후 [완료] 버튼을 클릭합니다. [텍스트 추가] 버튼을 클릭하면 열을 추가할 수 있습니다.

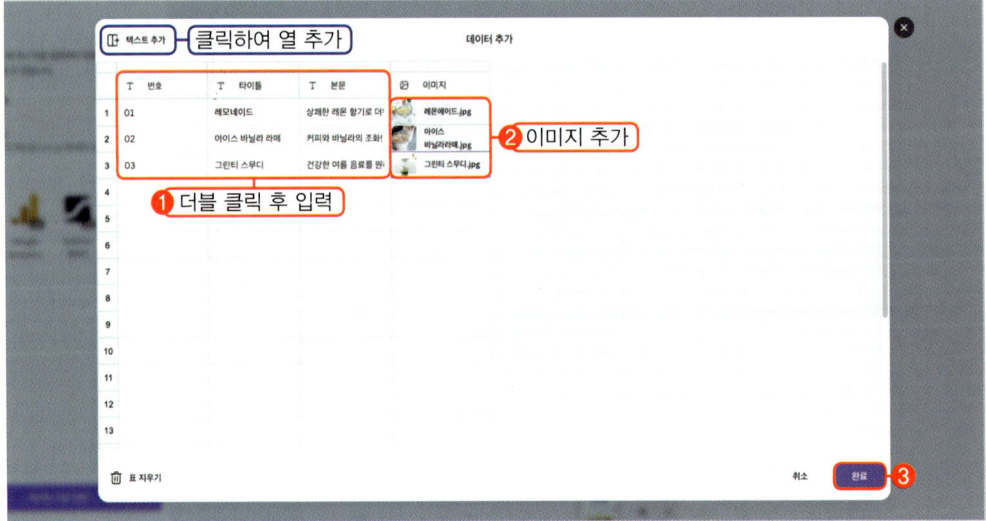

03 '번호' 텍스트 상자를 선택하고 도구바의 [데이터 연결]을 클릭한 후 '데이터 연결' 창에서 [번호]를 선택합니다.

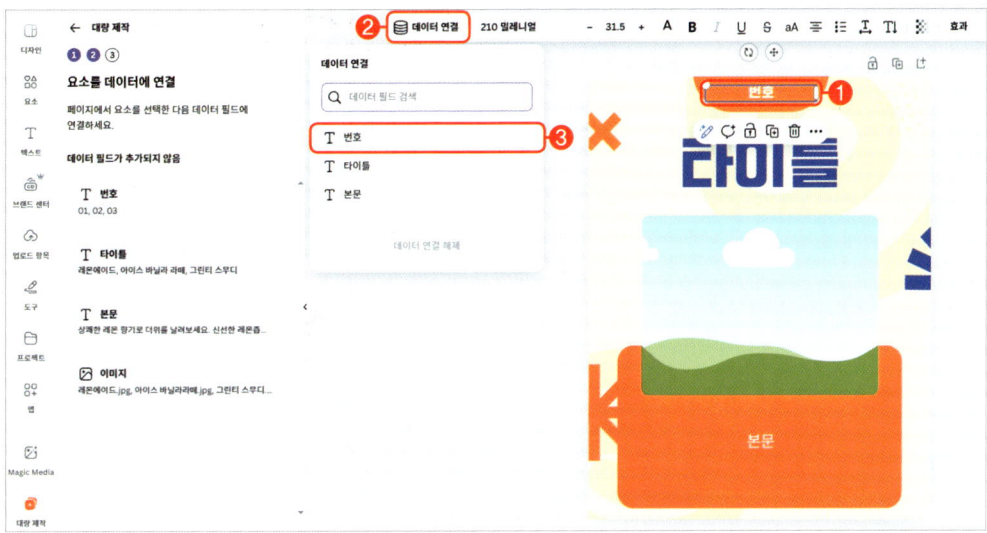

04 같은 방법으로 '타이틀', '이미지', '본문' 데이터를 연결한 후 [계속] 버튼을 클릭합니다.

05 '모두 선택'이 체크되어 있는 상태에서 [디자인 3개 생성] 버튼을 클릭합니다. 디자인이 생성되어 '내 프로젝트'에 저장되었다는 안내창이 나타나면 [디자인 보기] 버튼을 클릭합니다.

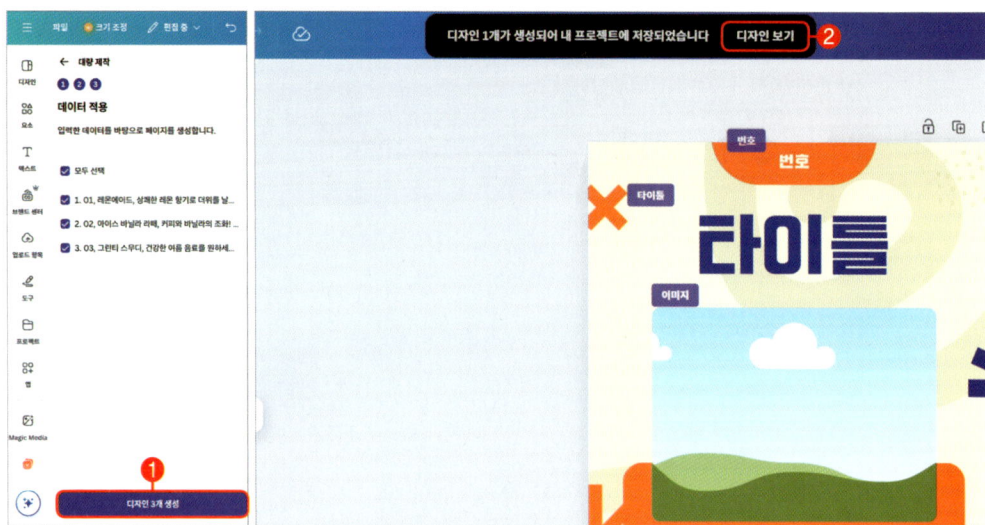

06 대량 제작 기능을 활용해 카드뉴스 본문을 완성하였습니다. 오른쪽 상단의 [공유] 버튼 - [다운로드] 버튼을 클릭해 'PNG' 파일 형식으로 다운로드합니다.

TIP

텍스트 길이 조절하기

대량 제작 기능을 사용할 때에는 '타이틀'이나 '본문'의 텍스트 분량에 따라 글꼴 크기나 줄 간격을 조정해야 합니다.

01 분량이 넘치는 텍스트 상자를 클릭하고 글꼴 크기를 '96'으로 선택합니다.

02 상단의 도구바에서 [고급 설정(↕)]을 클릭하고 조절바를 드래그해 줄 간격을 조정합니다.

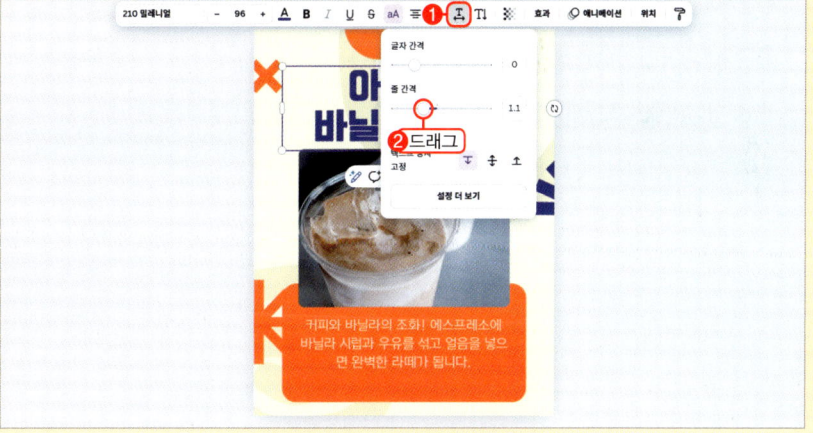

01 상세페이지 초안 만들기
02 Magic Write로 카피 문장 만들기
03 Magic Media로 제품 이미지 생성하기
04 일체형 상세페이지 만들기

Chapter 05

깔끔한 디자인의 상세페이지 만들기

상세페이지는 제품이나 서비스를 매력적으로 소개하는 디자인 페이지입니다. 이번 챕터에서는 Magic Write를 활용해 임팩트 있는 카피 문장을 만들고, Magic Media로 이미지를 생성하여 실제 판매에 활용할 수 있는 일체형 상세페이지를 제작해 보겠습니다.

01 상세페이지 초안 만들기

요즘에는 대부분의 제품을 온라인에서 구매하기 때문에 상세페이지는 거의 모든 분야에 필수적으로 활용되고 있습니다. 상세페이지는 제품의 특징, 장점, 사용 방법, 가격 정보 등이 한눈에 들어오게 만들어야 하고, 브랜드의 콘셉트와 컬러가 명확하게 드러나야 소비자에게 강한 인상을 남길 수 있습니다. 그럼 지금부터 매력적인 상세페이지를 함께 만들어 볼까요?

제품의 특징 정리하기

먼저 아래 표를 참고하여 상세페이지로 제작할 제품의 특징을 정리해 봅니다. 예제에서는 '무선 핸디 청소기'를 판매한다고 가정하고 판매 타깃, 소재 및 디자인 등의 특징을 다음과 같이 정리해 보았습니다.

제품명	크리스탈 무선 핸디 청소기
판매 타깃	반려동물 가정, 원룸 거주자
제품 특징	– 1.2kg 초경량 – LED 헤드 조명 – 3단 흡입 모드 – 미니멀한 감성 디자인
소재 및 디자인	– 무광 화이트 + 크롬 포인트 – 인체공학적 손잡이
구성품	본체, 브러시 노즐, 틈새 노즐, 벽걸이형 거치대, 충전 케이블
A/S 및 보증	1년 무상 A/S 제공
인증 정보	– KC 전기 용품 안전 인증 – 저소음 인증

▲ 무선 핸디 청소기 제품의 특징

🔍 상세페이지 디자인 템플릿 선택하기

제품에 어울리는 간단하지만 심플한 디자인의 템플릿을 선택해 봅니다.

01 캔바 홈 화면에서 [템플릿] 버튼을 클릭하고 검색창에 '상세페이지'를 검색한 후 마음에 드는 디자인 템플릿을 선택합니다.

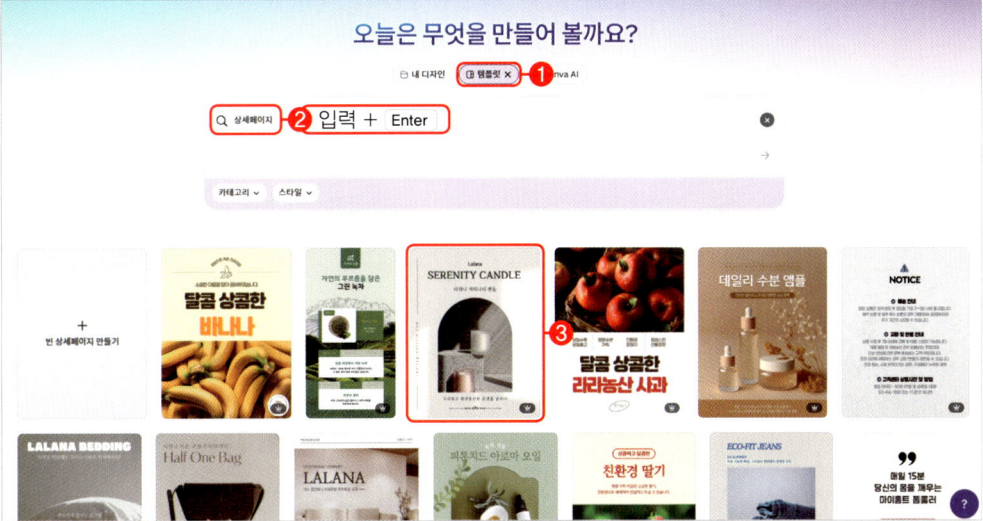

02 [이 템플릿 맞춤 편집하기] 버튼을 클릭해 작업 화면에 적용합니다. 예제에서는 '베이지 블랙 미니멀리스트 제품소개 상세페이지' 템플릿을 선택했습니다.

03 템플릿을 살펴본 후 필요 없는 페이지는 삭제하고 순서를 변경합니다.

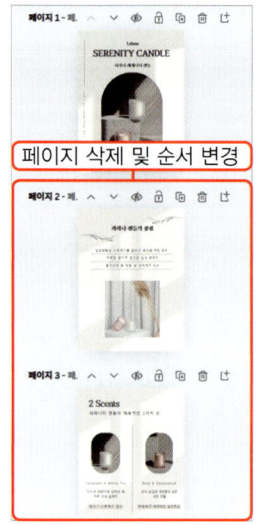

TIP 페이지 편집 아이콘 알아보기
- ︿ : 페이지 위로 이동
- ﹀ : 페이지 아래로 이동
- : 1 페이지 숨김
- : 1 페이지 숨김 해제
- : 페이지를 완전히 잠금(요소 이동 및 편집 불가)
- : 페이지 내 요소의 위치만 잠금(요소 이동 및 편집 가능)
- : 페이지 잠금 해제
- : 페이지 복제
- : 페이지 삭제
- : 페이지 추가

04 예제에서는 '상세페이지 메인 - 리뷰 - 소구점(제품의 차별성) - 제품 정보' 순서로 제작하기 위해 페이지의 순서를 다음과 같이 변경하였습니다.

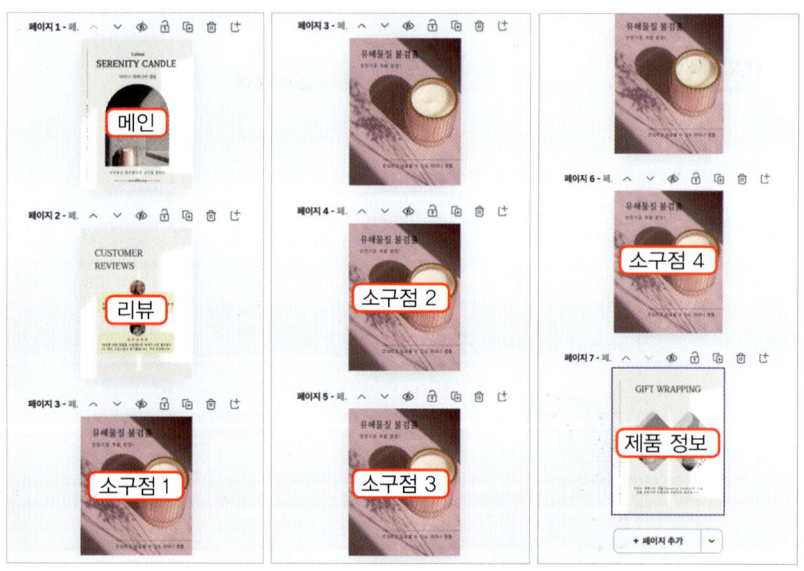

TIP 소구점이란?
소구점이란 마케팅 용어로 제품의 장점과 혜택, 차별화된 특징 등을 강조하여 소비자가 구매하도록 유도하는 전략입니다.

02 / Magic Write로 카피 문장 만들기

Magic Write로 상세페이지의 카피 문장을 생성해 봅니다. 카피 문장은 소비자의 구매 욕구를 불러일으킬 만큼 매력적이어야 합니다.

🔍 메인 페이지 카피 문장 만들기

메인 페이지에 들어갈 카피 문장을 생성해 봅니다.

01 왼쪽의 [텍스트] 메뉴 – [Magic Write] 버튼을 클릭합니다. 카피 문장으로 생성하고 싶은 내용을 입력하고 [생성하기] 버튼을 클릭합니다.

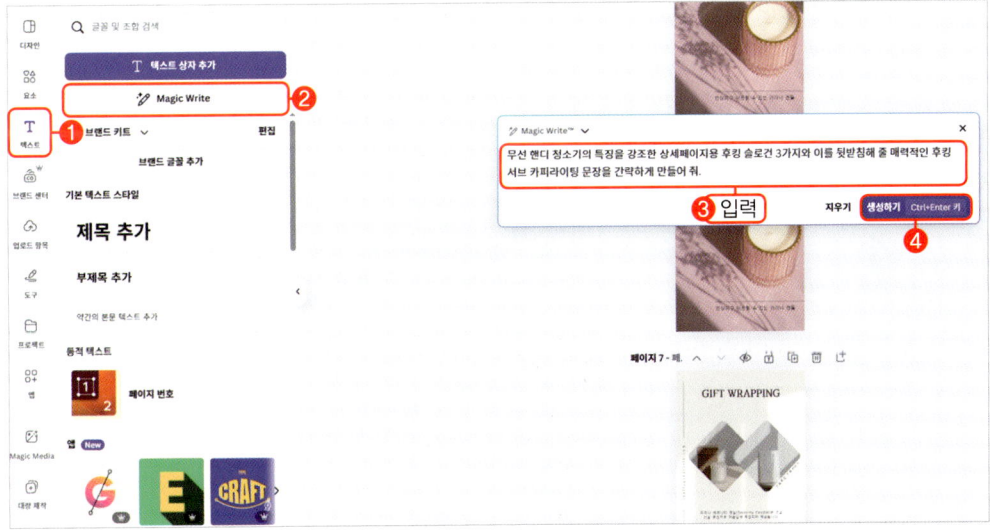

> **프롬프트 예시**
> 무선 핸디 청소기의 특징을 강조한 상세페이지용 후킹 슬로건 3가지와 이를 뒷받침해 줄 매력적인 후킹 서브 카피라이팅 문장을 간략하게 만들어 줘.

02 메인 페이지에 들어갈 카피 문장이 생성되었습니다. 오른쪽 하단의 아이콘을 클릭해 문장을 복사하고 텍스트를 수정하기 위해 [+ 페이지 추가] 버튼을 클릭합니다.

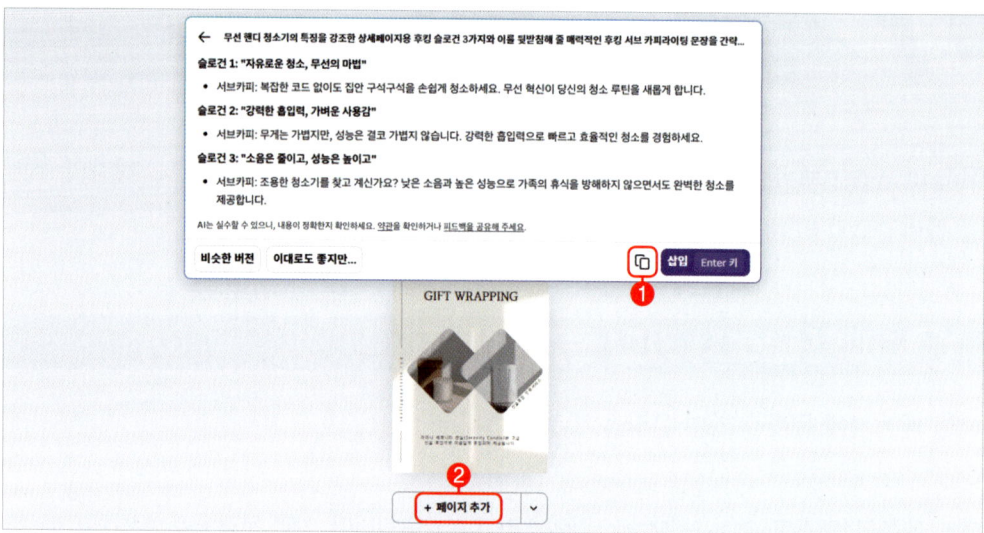

03 Ctrl + V 를 눌러 텍스트를 붙여 넣고 텍스트 상자 상단의 [Magic Write( )]를 클릭한 후 [더 재미있게]를 선택합니다.

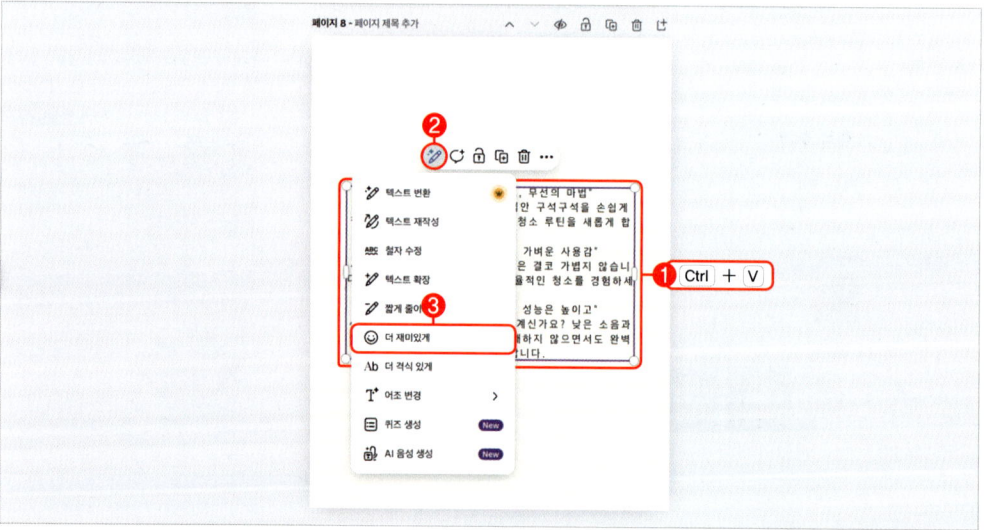

04 텍스트가 새로 생성되면 [바꾸기] 버튼을 클릭해 카피 문장을 삽입합니다.

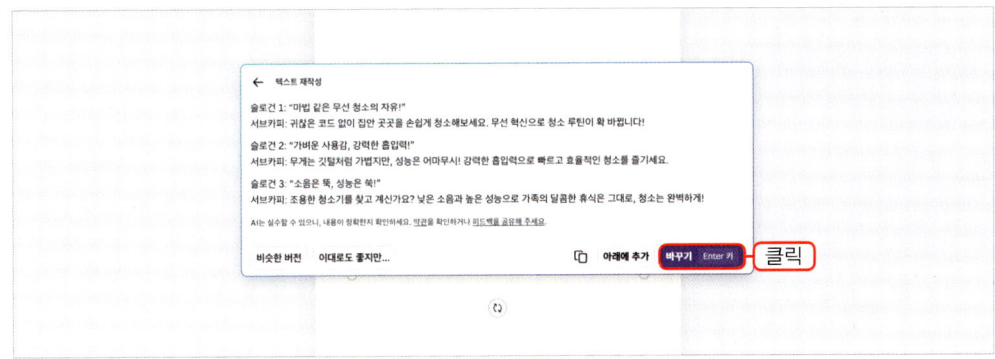

05 핵심 내용만 남기고 문장을 다듬어 줍니다.

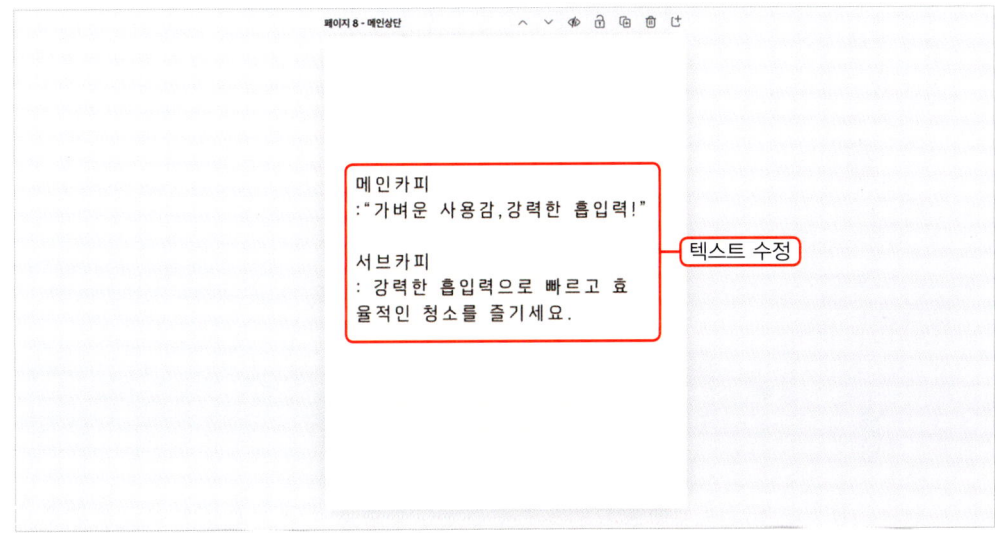

> **TIP**
>
> ### 메인 카피와 서브 카피
>
> 상세페이지의 카피라이팅 문장을 '메인 카피'와 '서브 카피'로 나눠서 정리해 봅니다.
>
> - **메인 카피:** 상세페이지 첫 화면에 배치되어 제품의 핵심 가치(빠름, 편리함, 혁신 등)를 짧고 임팩트 있게 표현합니다. '왜 이 제품을 써야 하는가'를 직관적으로 보여 주는 것이 좋습니다.
>
> - **서브 카피:** 서브 카피는 메인 카피 문장을 보완하며, 제품의 주요 장점이나 차별화 포인트를 추가로 설명합니다. 중간 섹션마다 반복적으로 사용하여 상세페이지의 흐름을 연결해 주는 것이 좋습니다.

🔍 리뷰 페이지 카피 문장 만들기

다음은 리뷰 페이지에 들어갈 카피 문장을 생성해 보겠습니다.

01 [텍스트] 메뉴의 [Magic Write] 버튼을 클릭하고 리뷰 관련 카피라이팅 문장을 요청한 후 [생성하기] 버튼을 클릭합니다.

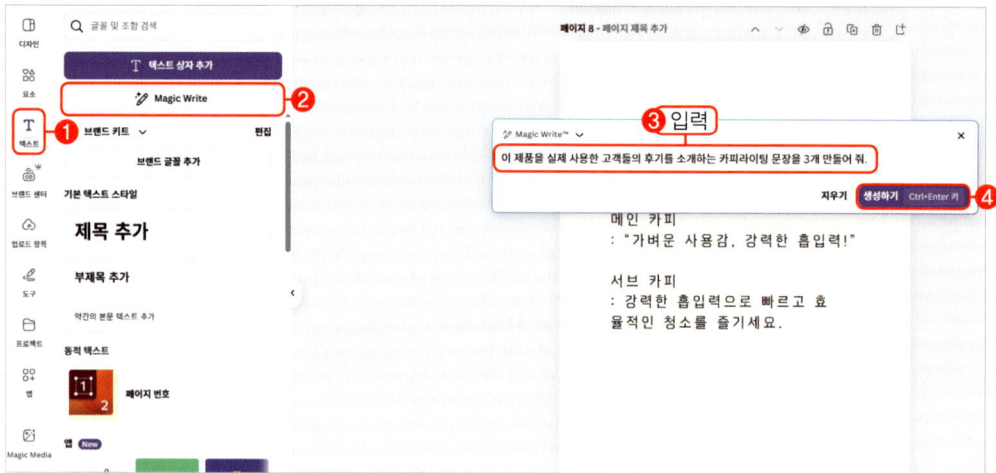

> **프롬프트 예시**
> 이 제품을 실제 사용한 고객들의 후기를 소개하는 카피라이팅 문장을 3개 만들어 줘.

02 마음에 드는 문장을 드래그해 Ctrl + C 를 눌러 복사한 후 [+ 페이지 추가] 버튼을 클릭합니다.

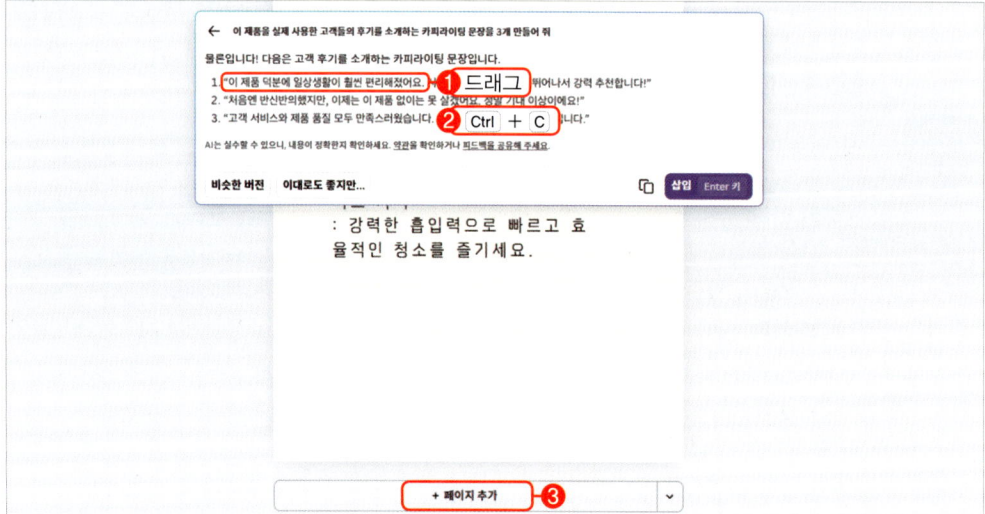

03 Ctrl + V 를 눌러 복사한 문장을 붙여 넣습니다.

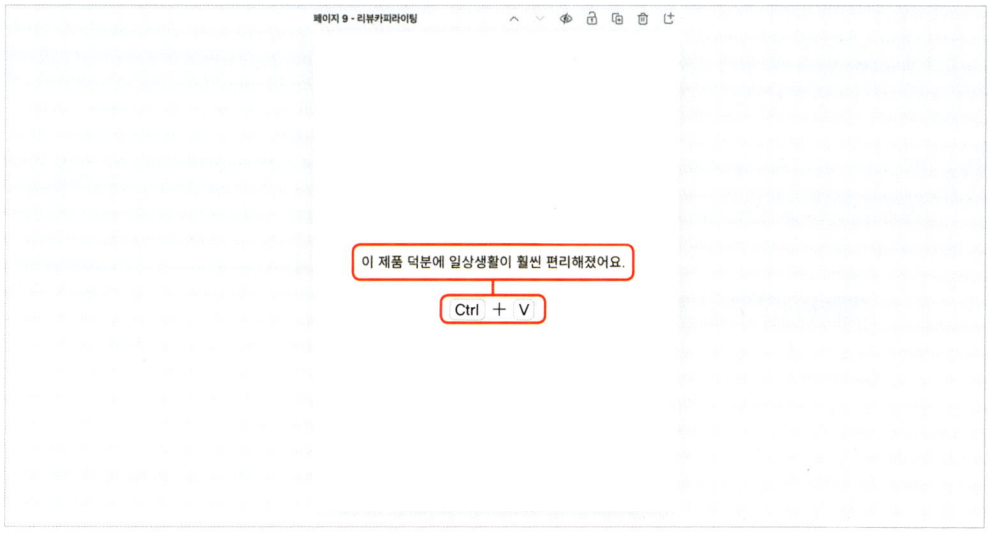

04 핵심 내용만 남기고 문장을 간략히 다듬은 후 [+ 페이지 추가] 버튼을 클릭합니다.

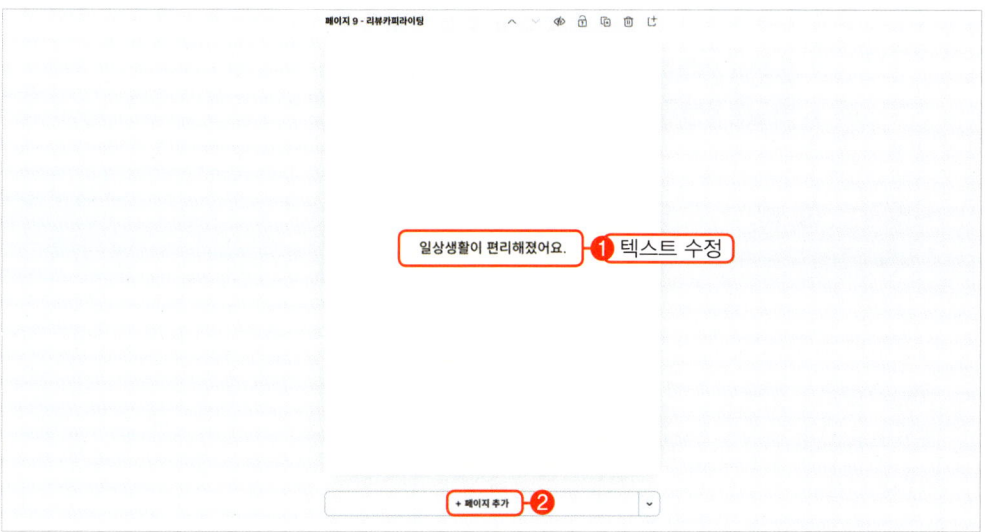

소구점 페이지 카피 문장 만들기

표로 정리해 놓은 제품의 특징을 참고하여 소구점 페이지에 들어갈 카피 문장을 생성해 봅니다.

01 [텍스트] 메뉴의 [Magic Write] 버튼을 클릭합니다. 제품의 특징별 카피라이팅 문장과 설명을 만들어 달라고 요청한 후 [생성하기] 버튼을 클릭합니다.

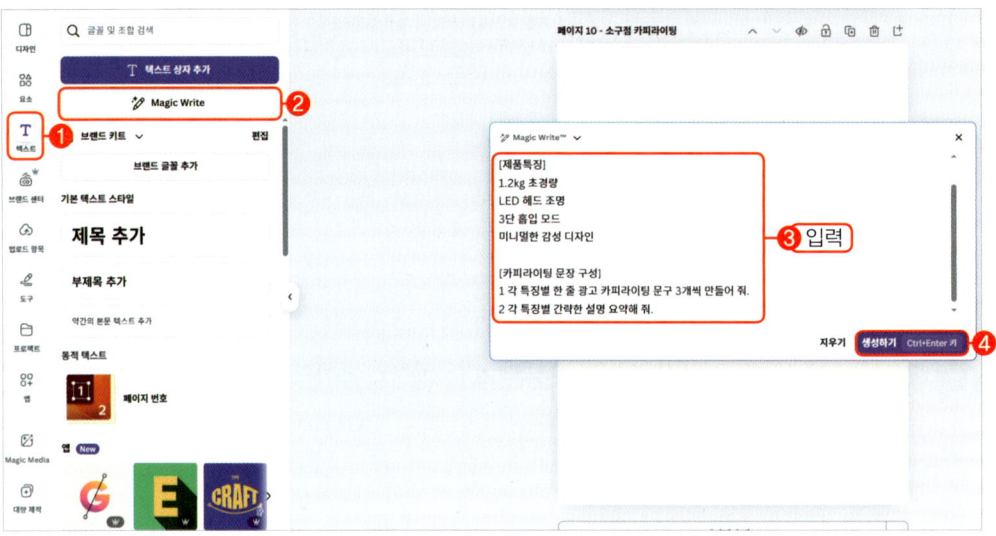

프롬프트 예시
각각의 특징을 다음 카피라이팅 문장 구성에 맞게 만들어 줘.

[제품특징]
1.2kg 초경량
LED 헤드 조명
3단 흡입 모드
미니멀한 감성 디자인

[카피라이팅 문장 구성]
1 각 특징별 한 줄 광고 카피라이팅 문구 3개씩 만들어 줘.
2 각 특징별 간략한 설명 요약해 줘.

02 문장이 생성되면 [삽입] 버튼을 클릭합니다.

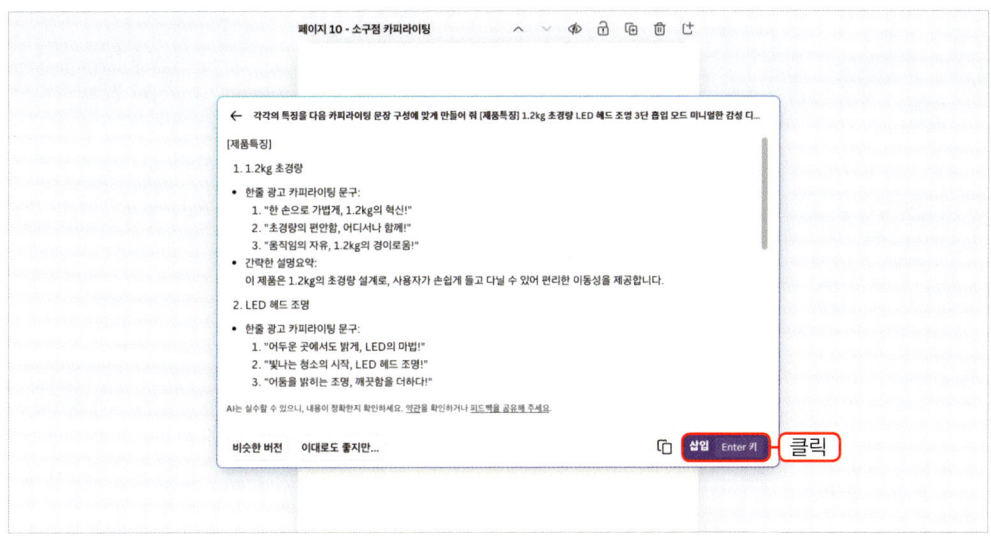

03 핵심 내용만 남기고 문장을 정리한 후 [+ 페이지 추가] 버튼을 세 번 클릭해 소구점을 각각 배치합니다.

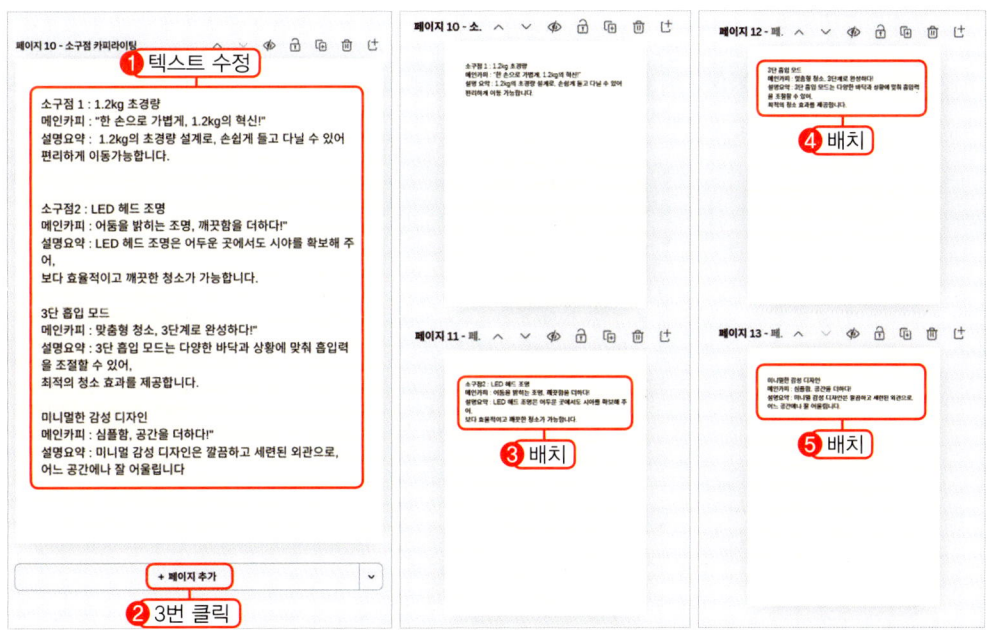

Chapter 05 깔끔한 디자인의 상세페이지 만들기

03 / Magic Media로 제품 이미지 생성하기

상세페이지의 핵심은 제품의 특징이 잘 드러나는 이미지를 사용하는 것입니다. Magic Media로 상세페이지와 잘 어울리는 제품 이미지를 생성해 보겠습니다.

🔍 메인 페이지 이미지 생성하기

먼저 메인 페이지에 들어갈 이미지를 생성해 봅니다. 이미지를 생성할 때에는 프롬프트를 디테일하게 입력하는 것이 중요합니다.

01 왼쪽의 [Magic Media] 메뉴 - [이미지] 탭을 클릭하고 생성하고 싶은 이미지를 설명한 후 [이미지 생성하기] 버튼을 클릭합니다. 가장 마음에 드는 이미지를 선택해 8 페이지(메인)에 배치하고 [돌아가기] 버튼을 클릭합니다.

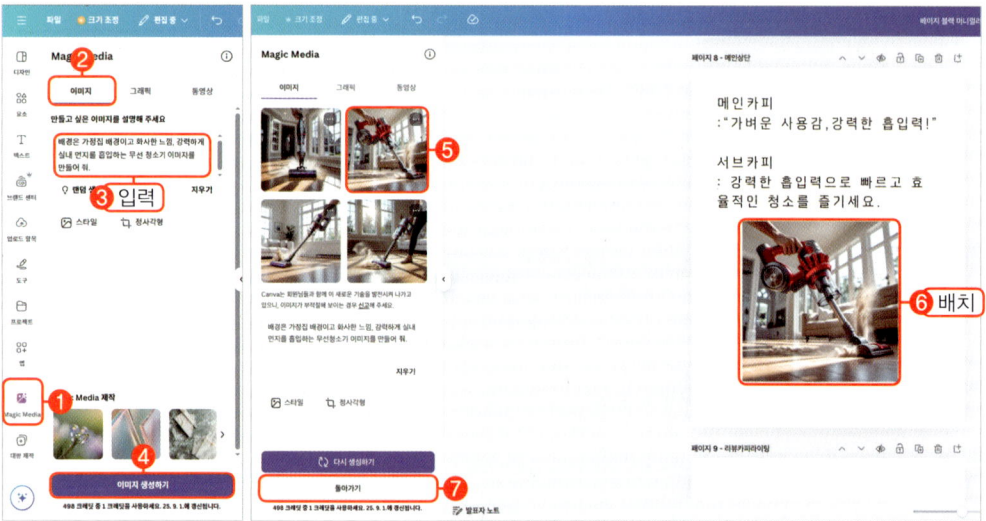

> **프롬프트 예시**
> 배경은 가정집 배경이고 화사한 느낌, 강력하게 실내 먼지를 흡입하는 무선 청소기 이미지를 만들어 줘.

소구점 페이지 이미지 생성하기

이번에는 Magic Write로 이미지 생성 프롬프트를 추천 받아 소구점 페이지에 들어갈 이미지를 생성해 보겠습니다.

01 왼쪽의 [텍스트] 메뉴 – [Magic Write] 버튼을 클릭하고 프롬프트를 입력한 후 [생성하기] 버튼을 클릭합니다.

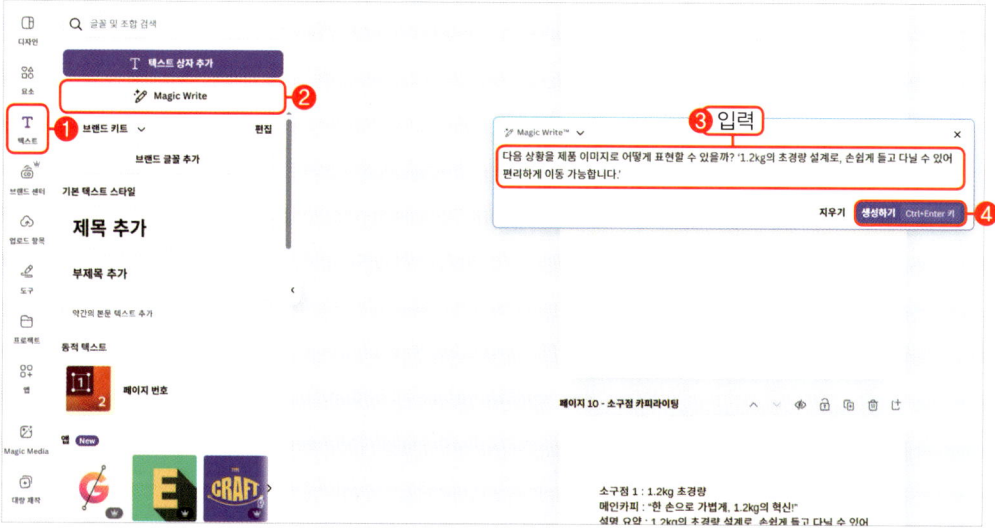

프롬프트 예시
다음 상황을 제품 이미지로 어떻게 표현할 수 있을까? '1.2kg의 초경량 설계로, 손쉽게 들고 다닐 수 있어 편리하게 이동 가능합니다.'

TIP 소구점 페이지 특징
소구점 페이지의 특징을 참고해 이미지를 생성해 봅니다.

- **핵심만 강조하기**: 소구점의 메시지를 임팩트 있게 표현합니다.
- **비교 사례 활용**: 전후 이미지나, 타사 제품과 비교한 이미지를 보여 주면 설득력이 높아집니다.
- **모바일 가독성 고려**: 작은 화면에서도 메시지가 잘 보이도록 단순하고 크게 디자인합니다.

02 AI가 생성해 준 내용이 조금 부족한 것 같다면 [이대로도 좋지만...] 버튼을 클릭해 프롬프트를 다시 입력한 후 [생성하기] 버튼을 클릭합니다.

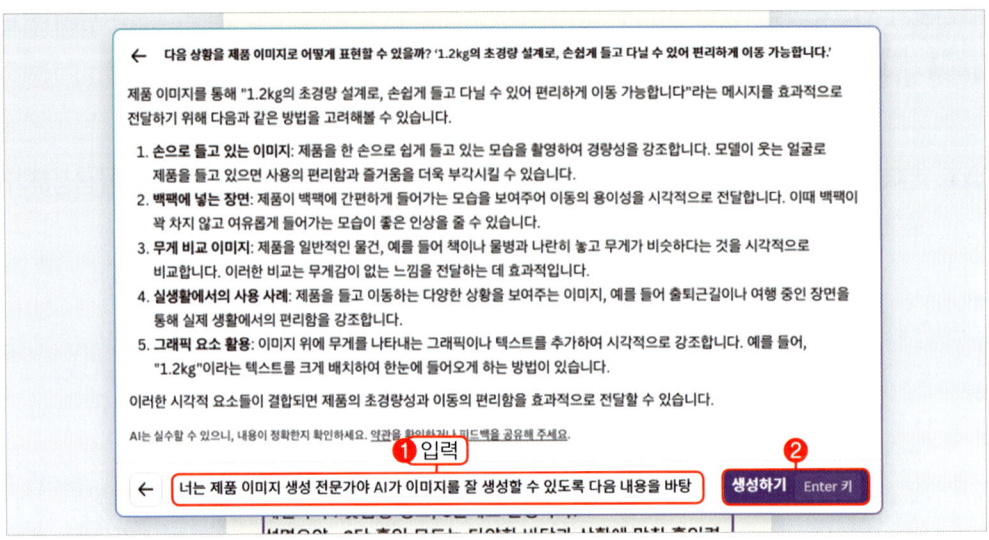

> **프롬프트 예시**
> 너는 제품 이미지 생성 전문가야 AI가 이미지를 잘 생성할 수 있도록 다음 내용을 바탕으로 프롬프트 질문을 만들어 줘.

03 생성된 문장을 참고하여 이미지 생성 프롬프트를 입력하겠습니다.

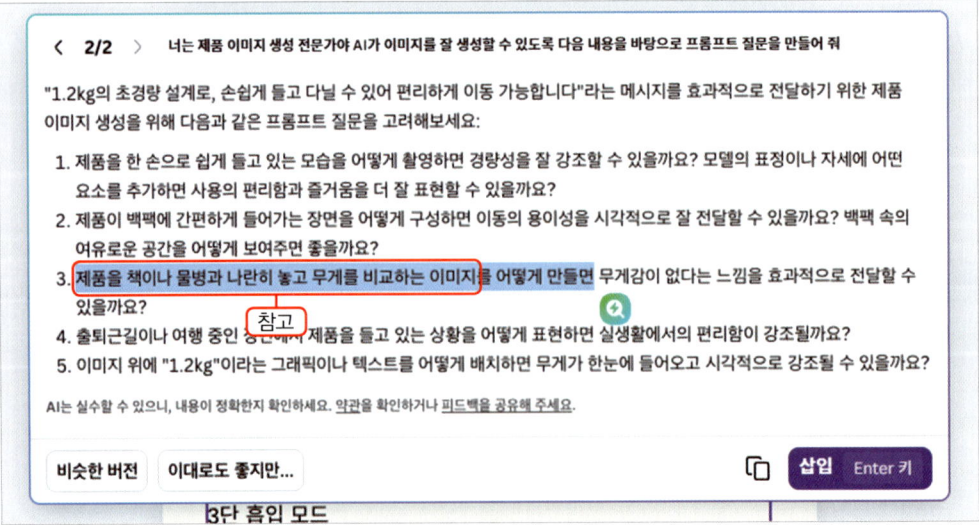

04 [Magic Media] 메뉴 - [이미지] 탭을 클릭해 프롬프트를 입력하고 [이미지 생성하기] 버튼을 클릭합니다. 되도록 메인 페이지의 이미지 컬러와 통일되게 생성하는 것이 좋습니다. 마음에 드는 이미지를 선택해 10 페이지(소구점 1)에 배치합니다.

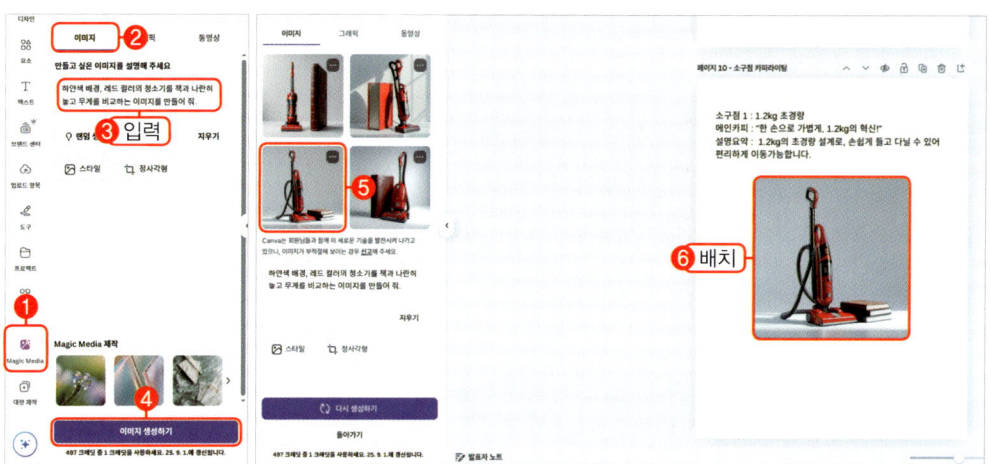

> **프롬프트 예시**
> 하얀색 배경, 레드 컬러의 청소기를 책과 나란히 놓고 무게를 비교하는 이미지를 만들어 줘.

05 이어서 두 번째 소구점에 대한 프롬프트를 입력한 후 [다시 생성하기] 버튼을 클릭하고 마음에 드는 이미지를 선택하여 배치합니다. 같은 방법으로 나머지 소구점 이미지도 제작해 봅니다.

> **프롬프트 예시**
> 침대 밑을 LED 조명을 켠 무선 청소기로 청소하는 모습

Chapter 05 깔끔한 디자인의 상세페이지 만들기 103

04 일체형 상세페이지 만들기

Magic Write로 만든 카피 문장과 Magic Media로 제작한 이미지를 활용해 일체형 상세페이지를 완성해 보겠습니다. 상세페이지는 플랫폼마다 사이즈가 조금씩 다르지만 일반적으로 세로 길이에 제약이 없고, 가로 너비만 규정되어 있습니다. 상세페이지 제작 전에 등록할 플랫폼의 규정을 확인해 보는 것을 추천합니다.

일체형 상페이지 레이아웃 잡기

일체형 상세페이지를 만들기 위해 상세페이지의 사이즈를 재설정하고 레이아웃을 잡아 보겠습니다.

01 왼쪽 상단의 [파일] - [새로운 디자인 만들기]를 클릭합니다.

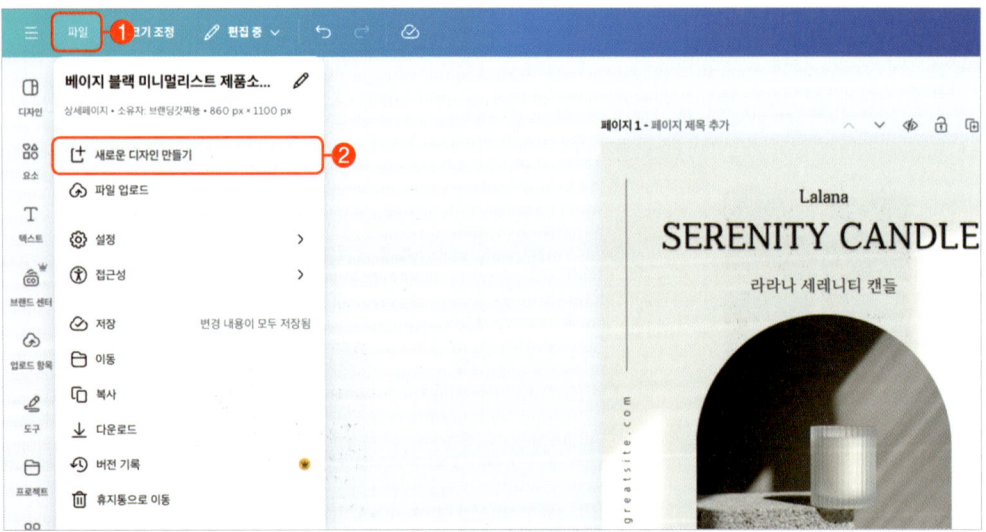

02 '디자인 만들기' 창에서 [맞춤형 크기]를 클릭하고 사이즈를 설정한 후 [새 디자인 만들기] 버튼을 클릭합니다. 상세페이지를 등록할 플랫폼의 가로 너비 규정을 먼저 확인하는 것이 좋습니다. 예제에서는 너비를 '860', 높이를 '7700', 단위는 'px'로 설정하였습니다.

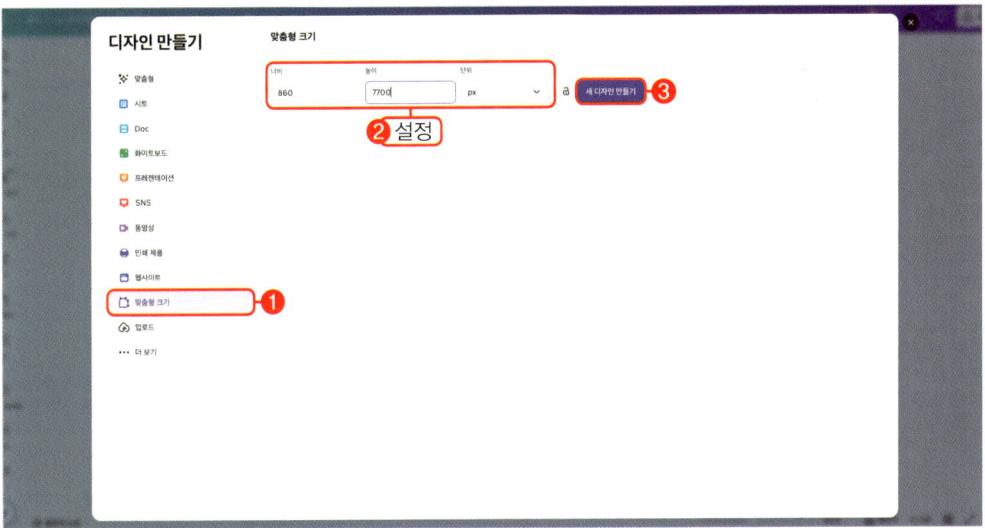

03 작업 화면이 생성되면 다시 디자인 템플릿 화면으로 돌아옵니다. 그림과 같이 드래그하여 메인 페이지의 요소를 모두 선택한 후 Ctrl + C 를 눌러 복사합니다.

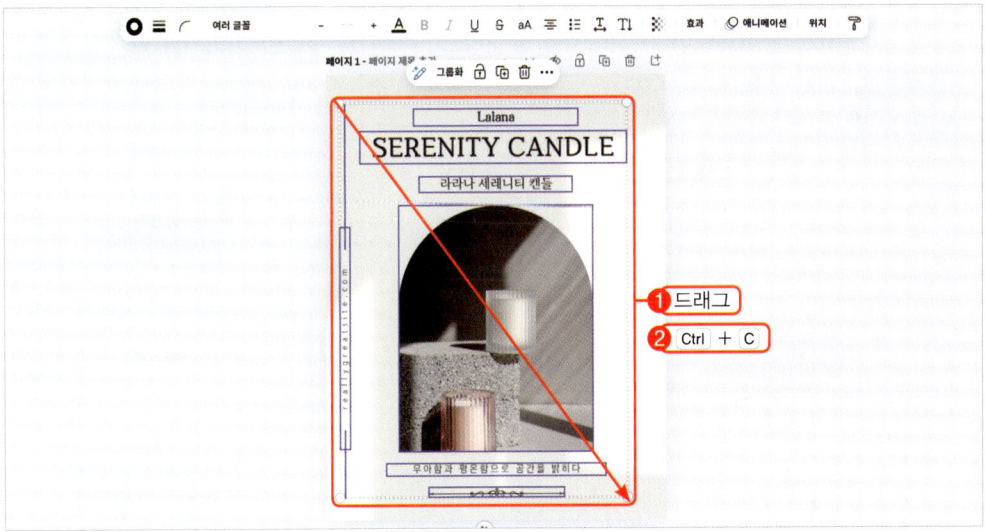

04 맞춤형 작업 화면에 Ctrl + V 를 눌러 복사한 내용을 붙여 넣습니다. 나머지 페이지의 스타일도 복사한 후 배치를 수정하고, 필요한 경우 프레임을 삽입합니다.

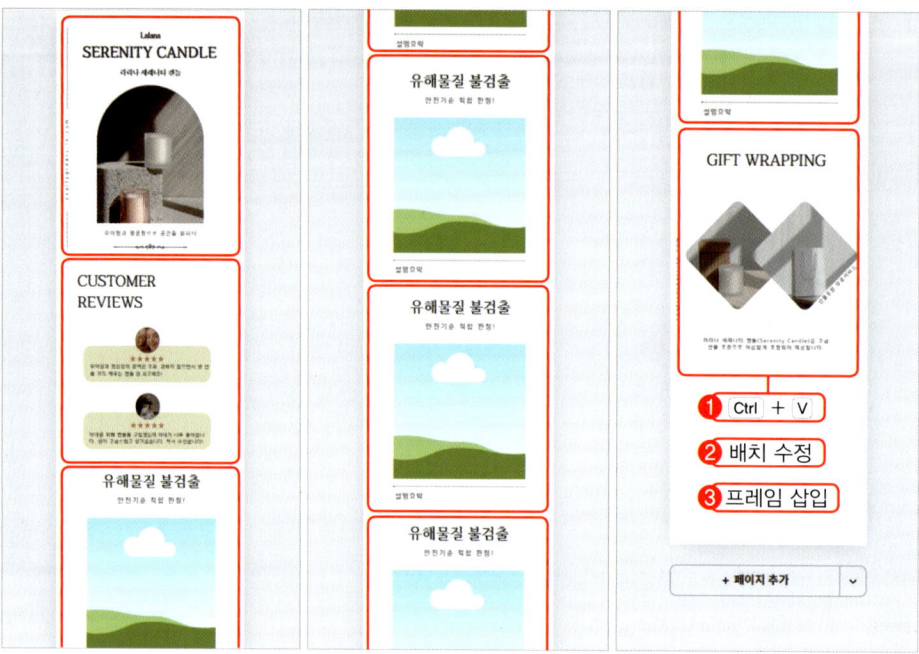

05 대량 제작 기능을 사용하기 위해 텍스트를 '메인카피', '서브카피' 등의 데이터 변수로 수정하고 필요 없는 요소를 삭제합니다. 이미지를 클릭하고 Delete 를 누르면 이미지를 프레임으로 비워 둘 수 있습니다.

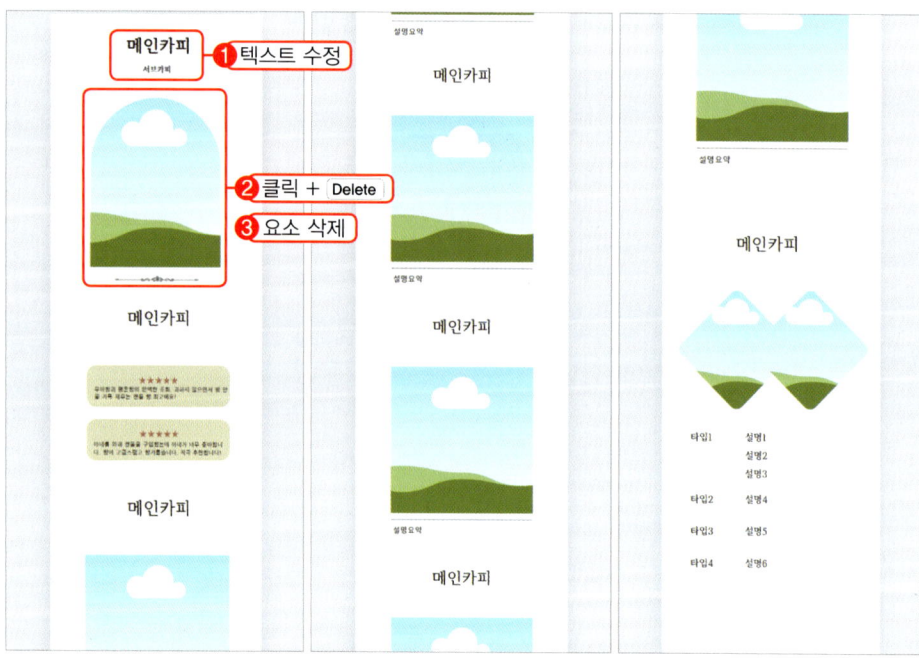

06 왼쪽의 [대량 제작] 메뉴를 클릭하고 상세페이지의 데이터를 입력하기 위해 [데이터 수동 입력] 버튼을 클릭합니다.

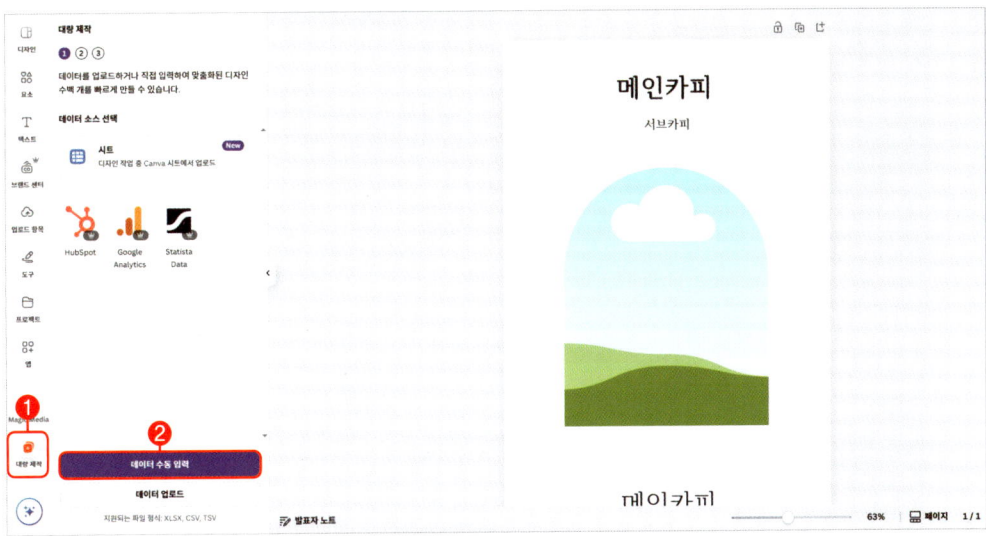

07 Magic Write로 생성한 카피 문장과 표로 정리해 놓은 내용을 참고하여 상세페이지의 순서대로 입력한 후 [이미지 추가] 버튼을 일곱 번 클릭합니다.

08 이미지 칸에 각각 번호를 입력하고 Magic Media로 생성한 이미지를 차례대로 불러온 후 [완료] 버튼을 클릭합니다.

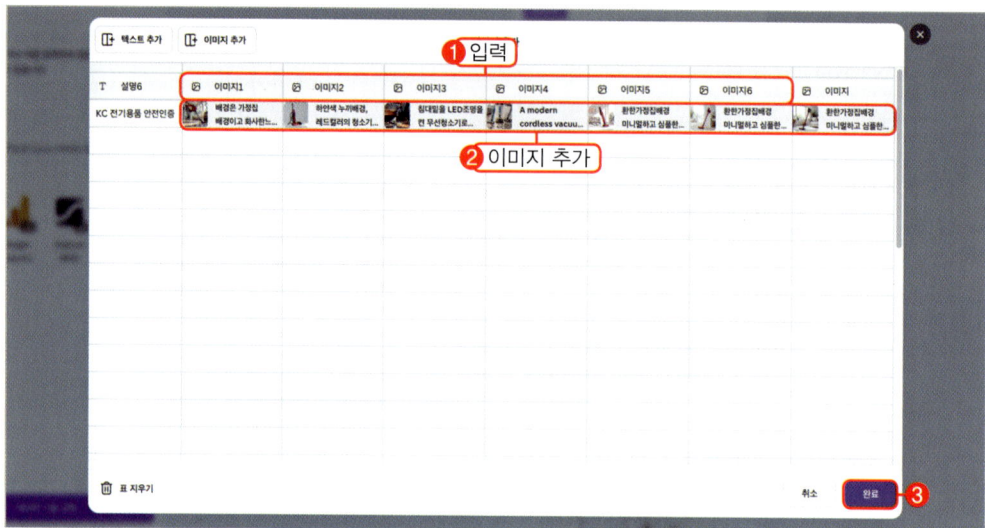

09 템플릿의 요소를 각각 선택하고 도구바의 [데이터 연결]을 클릭해 상세페이지에 있는 데이터를 모두 연결한 후 [계속] 버튼을 클릭합니다.

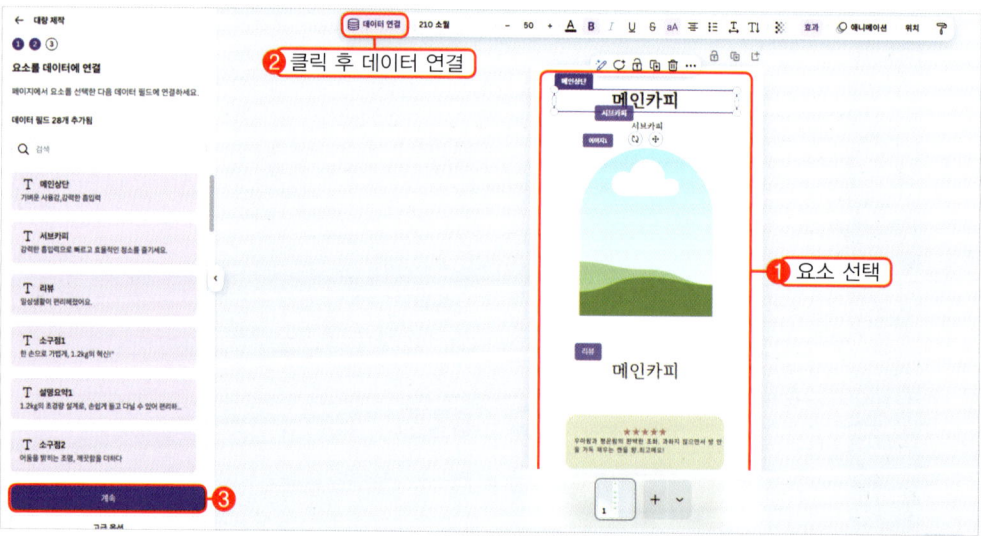

10 '모두 선택'이 체크된 상태에서 [디자인 1개 생성] 버튼을 클릭하고 상단의 [디자인 보기] 버튼을 클릭합니다. 일체형 상세페이지가 나타나면 텍스트의 레이아웃, 글꼴 등을 자유롭게 수정해 줍니다.

11 예제에서는 텍스트와 배경에 색상을 넣어 가독성을 높여 주었습니다. [공유] 버튼 – [다운로드] 버튼을 클릭해 'PNG' 파일 형식으로 일체형 상세페이지를 다운로드합니다.

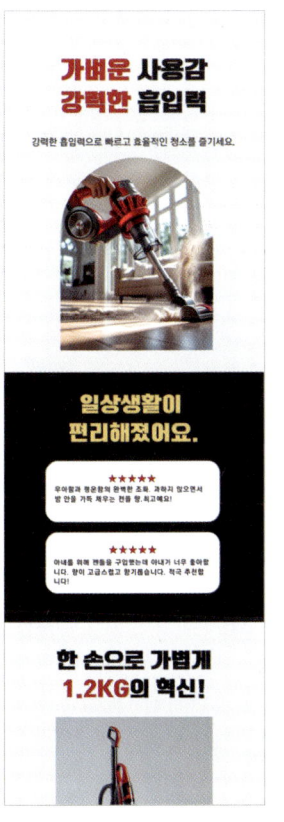

01 Magic Write로 쇼츠 영상 기획하기
02 Magic Media로 이미지와 영상 생성하기
03 AI 음성, 자막, 효과 추가하기
04 Beat Sync로 생동감 더하기

Chapter 06

유튜브 쇼츠 영상 만들기

캔바에서는 쇼츠나 릴스와 같은 영상 콘텐츠도 쉽게 제작할 수 있습니다. 쇼츠는 세로 비율 (1080×1920px)로 제작되는 60초 이내의 짧은 동영상 콘텐츠입니다. 이번 챕터에서는 캔바의 AI 기능을 활용해 쇼츠에 최적화된 세로형 영상을 만들어 보겠습니다.

01 Magic Write로 쇼츠 영상 기획하기

쇼츠(Shorts)는 유튜브에서 제공하는 짧은 형식의 동영상 콘텐츠로 제품 소개, 레시피, 인기 챌린지, 일상생활 팁 등 다양한 주제를 빠르고 간결하게 전달하는 것이 특징입니다. 이번 예제에서는 '여름철 홈 카페 음료 레시피'를 주제로 쇼츠 영상을 만들어 보겠습니다.

🔍 쇼츠 영상 스크립트 만들기

먼저 Magic Write로 쇼츠 영상의 스크립트를 생성해 봅니다.

01 캔바 홈 화면 왼쪽 상단의 [+ 만들기] 버튼을 클릭합니다. '디자인 만들기' 창에서 '새로 만들기' 카테고리의 [모바일 동영상]을 선택합니다.

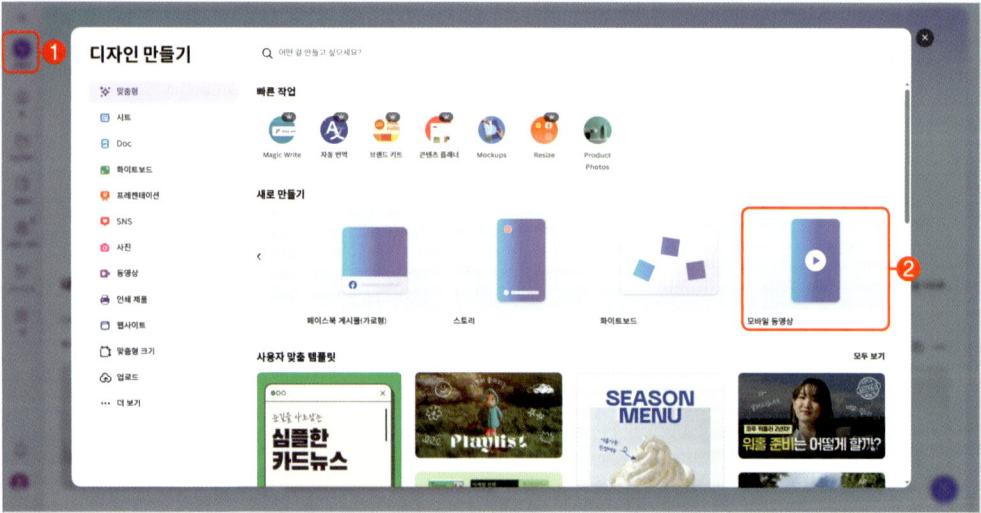

02 왼쪽의 [텍스트] 메뉴 - [Magic Write] 버튼을 클릭한 후 쇼츠 영상으로 만들고 싶은 주제의 프롬프트를 입력하고 [생성하기] 버튼을 클릭합니다.

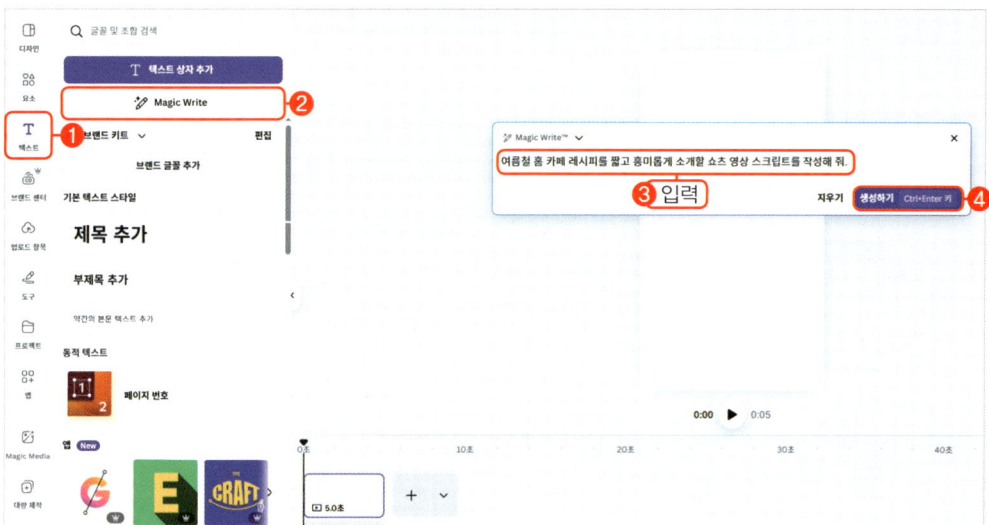

> **프롬프트 예시**
> 여름철 홈 카페 레시피를 짧고 흥미롭게 소개할 쇼츠 영상 스크립트를 작성해 줘.

03 스크립트가 생성되면 아이콘을 클릭해 복사해 주세요.

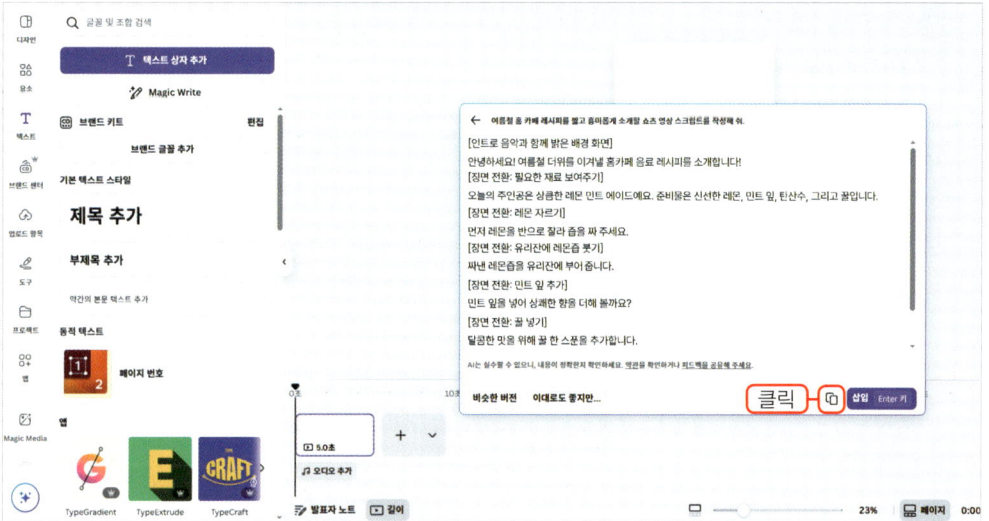

쇼츠에 사용할 이미지와 영상 생성 프롬프트 만들기

복사한 스크립트를 활용해 이미지와 영상을 생성할 수 있는 프롬프트를 만들어 보겠습니다.

01 다시 [텍스트] 메뉴의 [Magic Write] 버튼을 클릭합니다. 방금 전 생성한 스크립트를 활용해 이미지와 영상을 생성할 때 도움이 되는 프롬프트를 요청한 후 [생성하기] 버튼을 클릭합니다.

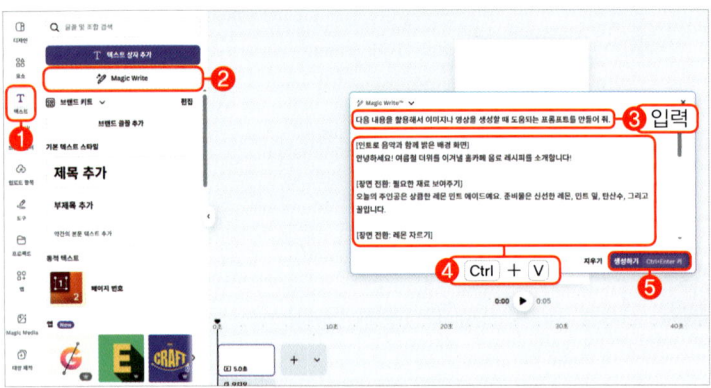

프롬프트 예시

다음 내용을 활용해서 이미지나 영상을 생성할 때 도움 되는 프롬프트를 만들어 줘.

[인트로 음악과 함께 밝은 배경 화면]
안녕하세요! 여름철 더위를 이겨낼 홈카페 음료 레시피를 소개합니다!

[장면 전환: 필요한 재료 보여 주기]
오늘의 주인공은 상큼한 레몬 민트 에이드예요. 준비물은 신선한 레몬, 민트 잎, 탄산수, 그리고 꿀입니다.

[장면 전환: 레몬 자르기]
먼저 레몬을 반으로 잘라 즙을 짜 주세요.

[장면 전환: 유리잔에 레몬즙 붓기]
짜낸 레몬즙을 유리잔에 부어 줍니다.

[장면 전환: 민트 잎 추가]
민트 잎을 넣어 상쾌한 향을 더해 볼까요?

[장면 전환: 꿀 넣기]
달콤한 맛을 위해 꿀 한 스푼을 추가합니다.

[장면 전환: 탄산수 붓기]
마지막으로 탄산수를 가득 부어 주세요.

[장면 전환: 잘 섞기]
잘 섞어 주면 시원한 레몬 민트 에이드 완성!

[클로징: 음료를 맛보는 장면]
이제 여름을 상큼하게 보내세요! 감사합니다!

[밝은 엔딩 음악과 함께 화면 종료]

02 프롬프트가 생성되면 오른쪽 하단의 아이콘을 클릭해 전체 내용을 복사합니다.

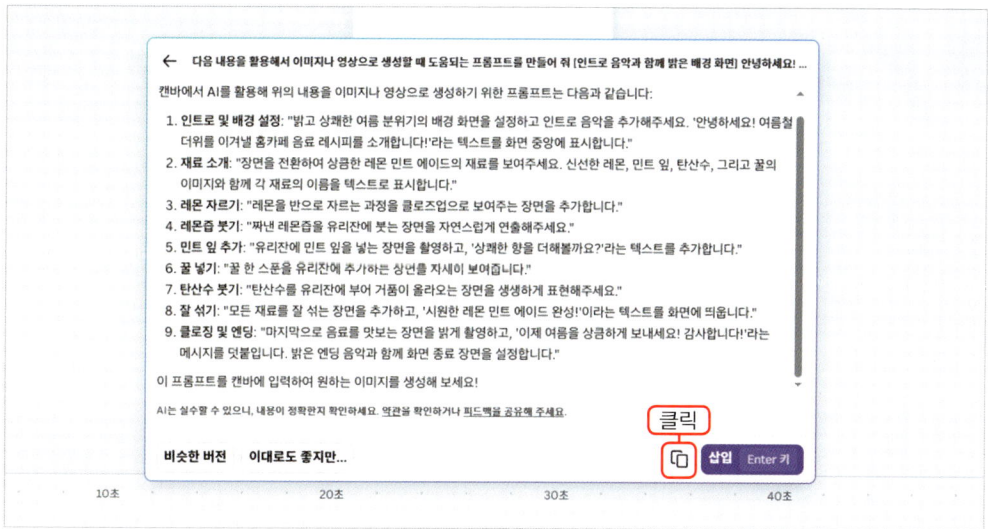

03 쇼츠 이미지와 영상을 제작할 때 참고할 수 있도록 메모장이나 새로운 페이지에 Ctrl + V 를 눌러 텍스트를 붙여 넣은 후 내용을 정리합니다.

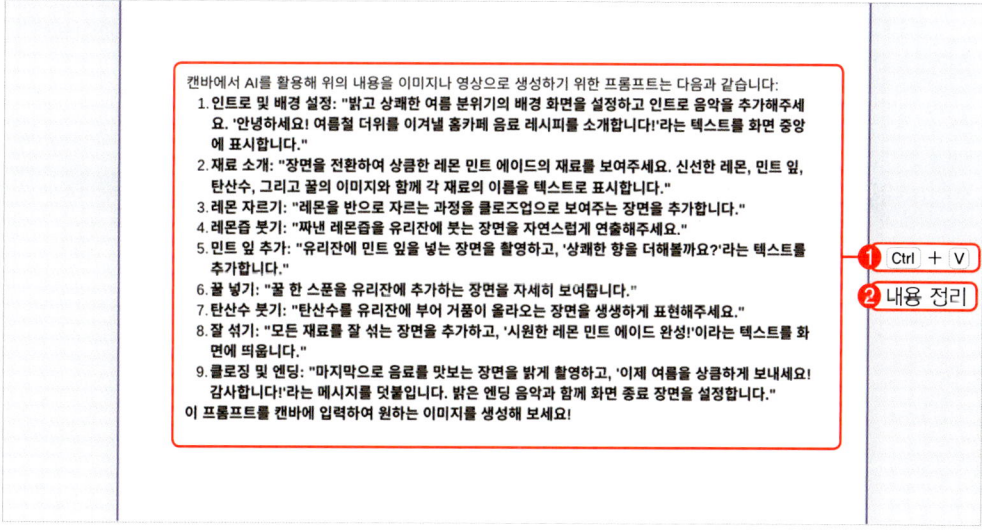

02 / Magic Media로 이미지와 영상 생성하기

만들어 놓은 프롬프트를 활용해 이미지와 영상을 생성해 봅니다. 참고 레퍼런스를 보여 주거나, 프롬프트를 영어로 입력하면 이미지와 영상을 조금 더 퀄리티 있게 생성할 수 있습니다. 가장 추천하는 방법은 Magic Write로 프롬프트에 입력할 내용을 요청하는 것입니다.

🔍 쇼츠 이미지와 영상 생성하기

정리해 놓은 프롬프트 내용을 참고하여 쇼츠에 사용할 이미지와 영상을 생성하겠습니다.

01 [Magic Media] 메뉴 - [이미지] 탭을 클릭합니다. 프롬프트를 입력하고 스타일을 '포토'로 설정한 후 [이미지 생성하기] 버튼을 클릭합니다. 마음에 드는 이미지를 선택합니다.

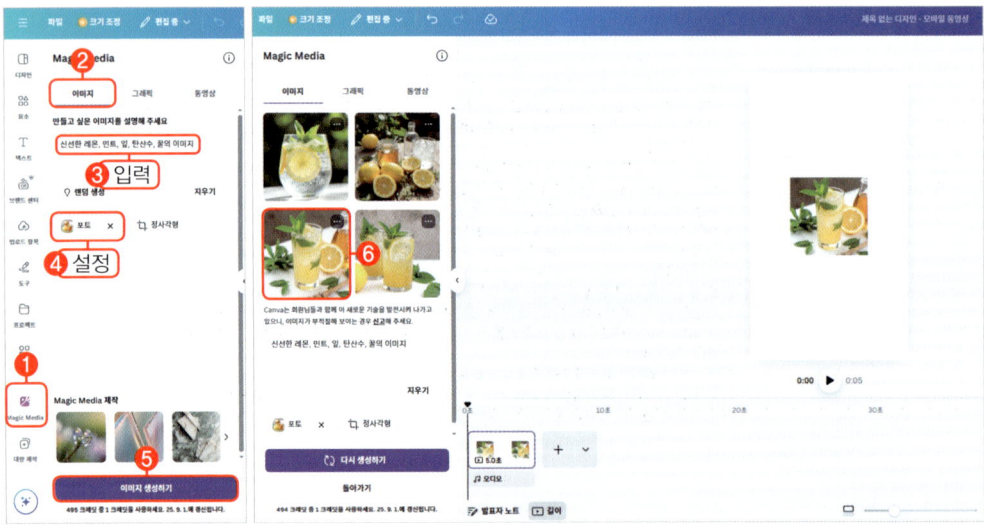

> **프롬프트 예시**
> 신선한 레몬, 민트, 잎, 탄산수, 꿀의 이미지

02 이미지의 크기를 조절한 후 하단의 [페이지 추가] 버튼을 클릭하고 [돌아가기] 버튼을 클릭합니다.

> **TIP**
> ### 이미지와 영상 크기 자유롭게 조절하기
> 이미지와 영상의 크기를 작업 화면에 맞춰 조절하고 싶다면 더블 클릭하여 크롭 모드로 들어갑니다. 크기 조절점을 드래그하면 비율을 유지한 채 크기를 조절할 수 있고, Shift 를 누른 채 드래그하면 비율에 상관없이 자유롭게 크기를 조절할 수 있습니다.

03 다시 프롬프트를 입력하고 스타일을 '포토'로 설정한 후 [이미지 생성하기] 버튼을 클릭합니다. 마음에 드는 이미지의 크기를 조절하고 하단의 [페이지 추가] 버튼과 [돌아가기] 버튼을 클릭합니다.

> **프롬프트 예시**
> 레몬을 반으로 자르는 과정을 클로즈업으로 보여 주는 장면

04 다음 프롬프트를 입력하고 스타일을 '포토'로 설정한 후 [이미지 생성하기] 버튼을 클릭합니다. 마음에 드는 이미지의 크기를 조절하고 하단의 [페이지 추가] 버튼과 [돌아가기] 버튼을 클릭합니다.

> **프롬프트 예시**
> 유리컵에 레몬즙을 짜는 장면

05 이번에는 동영상을 생성하기 위해 [동영상] 탭을 선택하고 프롬프트를 입력한 후 [동영상 생성하기] 버튼을 클릭합니다. 동영상의 크기를 조절하고 하단의 [페이지 추가] 버튼과 [돌아가기] 버튼을 클릭합니다.

> **프롬프트 예시**
> 유리컵에 민트 잎을 넣는 장면

06 [이미지] 탭을 클릭해 프롬프트를 입력하고 스타일을 '포토'로 설정한 후 [이미지 생성하기] 버튼을 클릭합니다. 마음에 드는 이미지의 크기를 조절하고 하단의 [페이지 추가] 버튼과 [돌아가기] 버튼을 클릭합니다.

> **프롬프트 예시**
> 민트가 들어간 유리컵에 꿀 한 스푼을 추가하는 장면

07 [동영상] 탭을 클릭해 프롬프트를 입력한 후 [동영상 생성하기] 버튼을 클릭합니다. 동영상의 크기를 조절하고 하단의 [페이지 추가] 버튼과 [돌아가기] 버튼을 클릭합니다.

> **프롬프트 예시**
> 주방 배경, 탄산수를 유리컵에 부어 거품이 올라오는 장면

08 다시 [이미지] 탭을 클릭해 프롬프트를 입력하고 스타일을 '포토'로 설정한 후 [이미지 생성하기] 버튼을 클릭합니다. 마음에 드는 이미지의 크기를 조절하고 하단의 [페이지 추가] 버튼을 클릭합니다.

프롬프트 예시
유리컵 안에는 민트, 레몬이 담겨 있고 유리 스틱으로 재료를 젓는 장면

09 다음 프롬프트를 입력하고 [다시 생성하기] 버튼을 클릭합니다. 마음에 드는 이미지의 크기를 조절하고 하단의 [페이지 추가] 버튼과 [돌아가기] 버튼을 클릭합니다.

프롬프트 예시
유리컵 안 민트, 레몬이 담겨 있는 음료를 한국 여자 모델이 맛보는 장면

10 [동영상] 탭을 클릭해 프롬프트를 입력한 후 [동영상 생성하기] 버튼을 클릭합니다. 동영상의 크기를 조절한 후 [돌아가기] 버튼을 클릭합니다.

> **프롬프트 예시**
> 유리컵 안 민트 아주 살짝, 레몬이 담겨 있는 음료를 유리 스틱으로 젓는 장면

쇼츠 이미지 & 영상 순서 정리하기

작업 화면 하단의 타임라인에서 이미지와 영상의 순서를 정리합니다.

01 영상 클립을 각각 드래그하여 쇼츠의 순서를 정리하고 영상의 길이를 자유롭게 조절합니다. 예제에서는 마지막으로 생성한 동영상을 맨 앞으로 이동하였습니다.

03 / AI 음성, 자막, 효과 추가하기

'AI 음성 생성'은 텍스트를 기반으로 현실감 있는 내레이션을 추가하는 기능입니다. '영어', '독일어', '중국어', '일본어' 등 다양한 언어를 선택할 수 있고, 언어에 따라 제공되는 음성 스타일이 달라집니다. 지금부터 쇼츠 영상의 완성도를 높여 주는 AI 음성과 자막 그리고 영상 효과를 추가해 보겠습니다.

🔍 AI 음성 추가하기

정리해 놓은 프롬프트를 참고해 쇼츠 영상에 텍스트를 추가한 후 AI 음성을 넣어 봅니다.

01 [텍스트] 메뉴 – [텍스트 상자 추가] 버튼을 클릭해 첫 번째 영상 클립에 자막을 추가합니다. 영상에 자막이 묻히지 않도록 텍스트 색상을 '흰색'으로 설정해도 좋습니다. 같은 방법으로 나머지 영상 클립에 각각 자막을 추가합니다.

02 다시 첫 번째 영상 클립으로 돌아옵니다. 자막을 따라 읽는 AI 음성을 추가하기 위해 텍스트 상자를 선택하고 상단의 [Magic Write( )]를 클릭한 후 [AI 음성 생성]을 선택합니다.

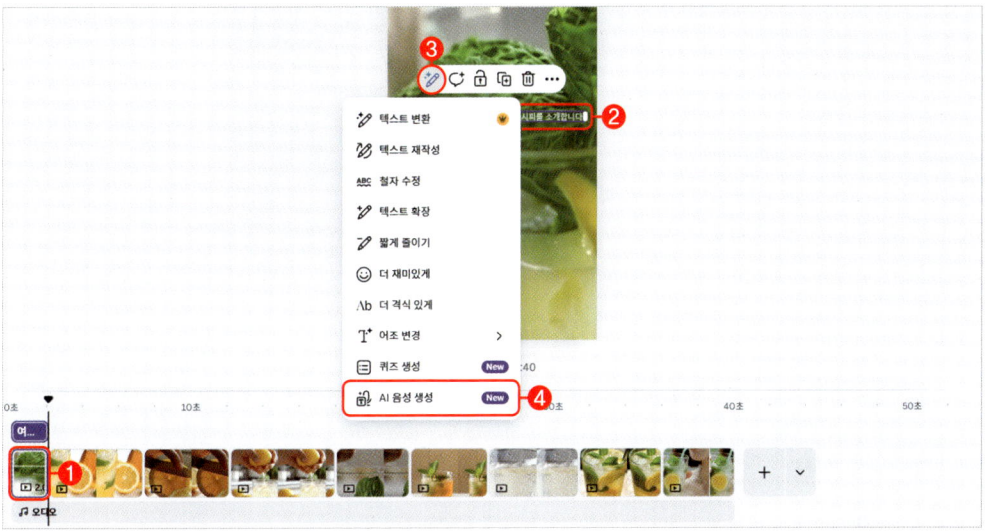

03 왼쪽 패널에서 음성 선택을 '한국어'로 설정하고 [민준]과 [유나]의 음성을 각각 클릭하여 들어 봅니다. 마음에 드는 음성을 선택하고 [AI 음성 생성] 버튼을 클릭하면 음성이 생성되어 타임라인에 추가됩니다.

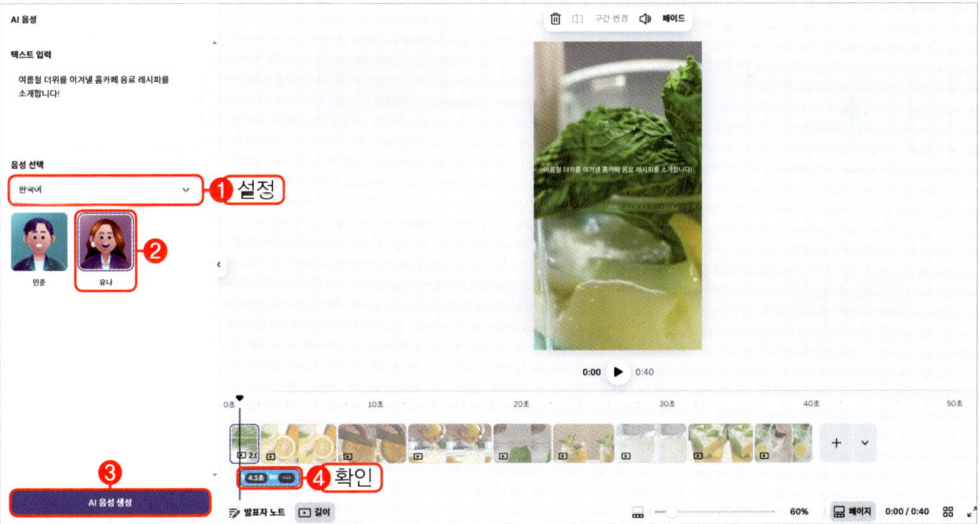

04 음성 길이에 맞게 영상 클립의 길이를 조절합니다.

05 나머지 영상 클립에도 같은 방법으로 각각 AI 음성을 추가한 후 영상 길이를 음성에 맞춰 줍니다.

자막 스타일 변경하기

다음은 전체 자막 스타일을 한 번에 변경해 보겠습니다.

01 왼쪽의 [디자인] 메뉴 - [스타일] 탭을 클릭하고 '글꼴 세트' 카테고리의 [모두 보기]를 클릭합니다.

02 쇼츠 영상 특성상 눈에 띄는 스타일의 글꼴이 필요하기 때문에 예제에서는 가독성이 좋은 [Gothic A1 Bold]를 선택하겠습니다. 하단의 [모든 페이지에 적용] 버튼을 클릭합니다.

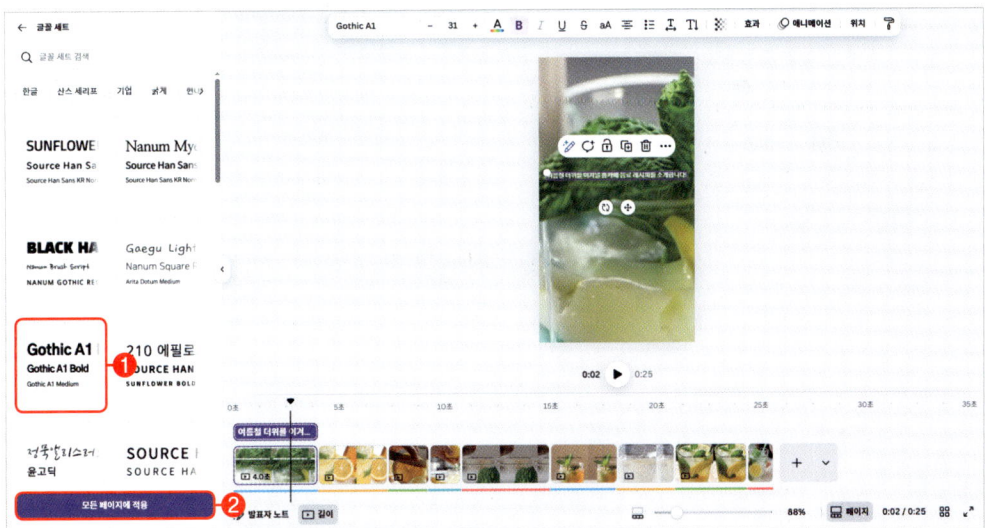

03 텍스트 상자를 클릭하고 상단의 도구바에서 글꼴 크기를 '64'로 변경합니다.

04 조금 더 가독성이 있도록 도구바의 [효과]를 클릭하고 왼쪽 디자인 패널에서 [테두리]를 선택한 후 두께는 '110', 색상은 '검은색'으로 설정합니다.

> **TIP** 쇼츠 자막 스타일 꿀팁
>
> 짧은 시간 동안 시청자의 시선을 사로잡아야 하기 때문에 자막의 스타일을 두께감이 있게 설정하는 것이 좋습니다.

05 자막 스타일을 모두 통일하기 위해 텍스트 상자를 마우스 오른쪽 버튼으로 클릭하고 [스타일 복사]를 선택합니다.

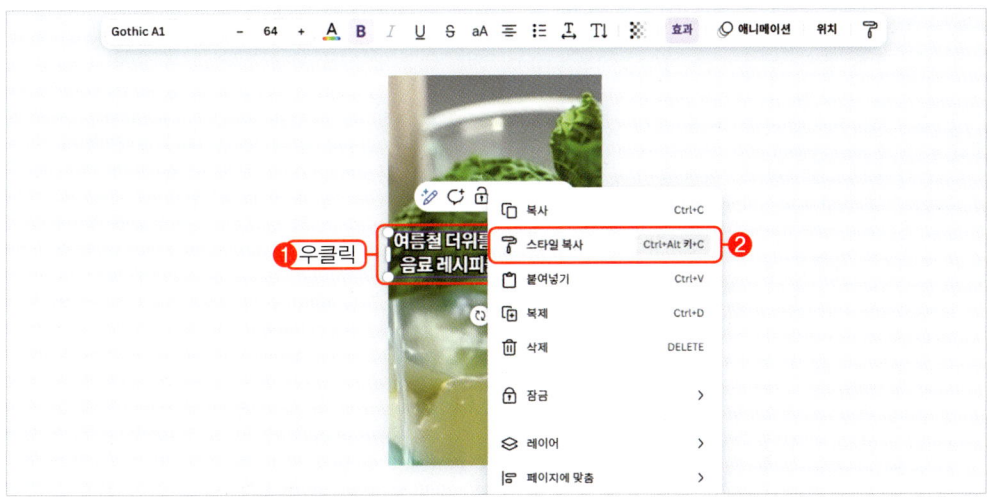

06 마우스 커서가 페인트 모양( )으로 변경되면 하단의 타임라인에서 두 번째 영상 클립을 선택하고 텍스트 상자를 클릭합니다. 스타일이 적용되면 자막의 위치를 자유롭게 수정하고, 같은 방법으로 나머지 영상 클립의 자막 스타일과 위치도 수정해 줍니다.

> **TIP**
>
> **글꼴 조합 활용하기**
>
> 자막을 조금 더 알록달록한 디자인으로 설정하고 싶다면 왼쪽의 [텍스트] 메뉴를 클릭하고 '글꼴 조합' 카테고리의 스타일을 선택해도 좋습니다.

영상 효과 추가하기

쇼츠 영상에 효과를 추가하여 완성도를 조금 더 높여 주겠습니다.

01 애니메이션 효과를 넣을 영상 클립을 선택하고 상단의 도구바에서 [애니메이션]을 선택한 후 왼쪽 디자인 패널에서 애니메이션 효과를 선택합니다.

02 조금 더 자연스러운 영상을 위해 장면 전환 효과도 넣어 줍니다. 영상 클립 사이에 마우스 커서를 위치시킨 후 ■ 버튼을 클릭하고 디자인 패널에서 전환 효과를 선택합니다. 장면 전환 효과는 장면이 바뀔 때 어색한 부분에만 추가하는 것이 좋습니다.

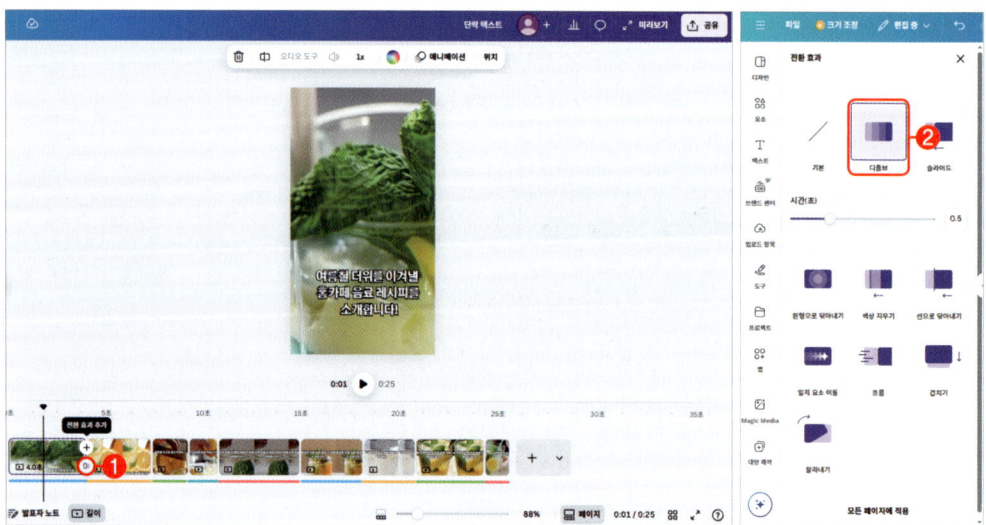

04 / Beat Sync로 생동감 더하기

마지막으로 쇼츠 영상에 배경 음악을 추가한 후 Beat Sync로 배경 음악과 영상 클립을 맞춰 보겠습니다. Beat Sync는 AI 기술을 사용해 영상 클립을 배경 음악 박자에 완벽히 맞추는 기능입니다. 영상이 배경 음악 박자에 맞춰 전환되기 때문에 생동감 있는 연출을 하고 싶을 때 유용합니다.

🔍 배경 음악 추가하기

먼저 쇼츠 영상에 어울리는 배경 음악을 추가하겠습니다.

01 왼쪽 메뉴의 [요소]를 클릭하고 '오디오' 카테고리의 [모두 보기]를 클릭합니다. 오디오 검색창에 '행복한'을 검색한 후 마음에 드는 음악을 선택하면 영상 클립에 자동으로 적용됩니다.

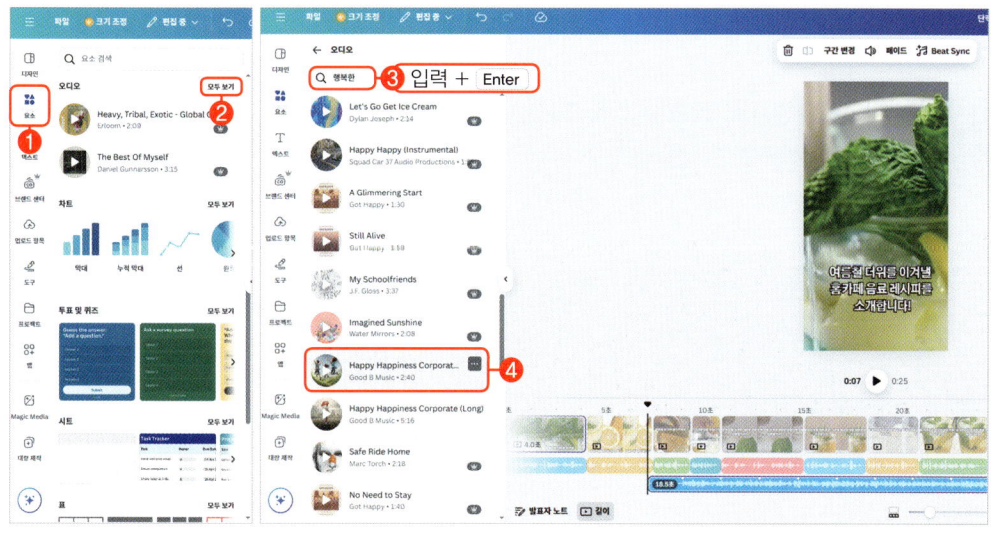

> **TIP 음악 미리 듣기**
> 앨범 이미지 위에 재생 아이콘을 클릭하면 음악을 미리 들어 볼 수 있습니다.

Beat Sync로 배경 음악과 영상 클립 맞추기

Beat Sync로 쇼츠 영상을 생동감 있게 만들어 봅니다.

01 배경 음악 클립을 쇼츠 영상 시작 부분으로 드래그한 후 상단의 [Beat Sync]를 클릭하고 '지금 동기화'를 활성화합니다. 배경 음악 비트에 맞춰 영상이 동기화되었습니다.

02 상단의 [구간 변경]을 클릭하고 배경 음악 클립 위에서 마우스를 좌우로 드래그하면 원하는 구간을 선택하여 적용할 수 있습니다.

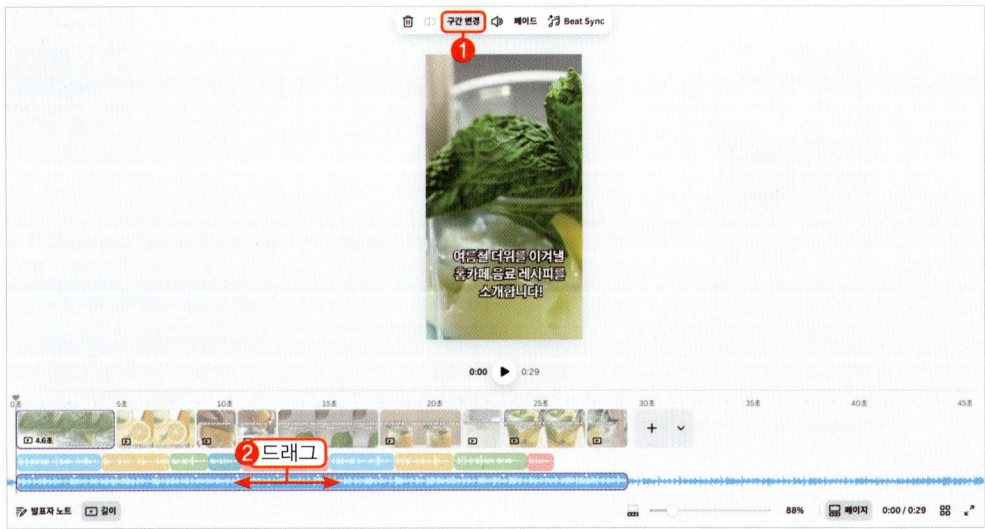

03 상단 도구바의 [볼륨(🔊)]을 클릭하면 배경 음악의 볼륨을 조절할 수 있습니다. [오디오 볼륨 균형 맞추기]를 클릭하면 모든 구간의 볼륨 균형이 맞춰집니다.

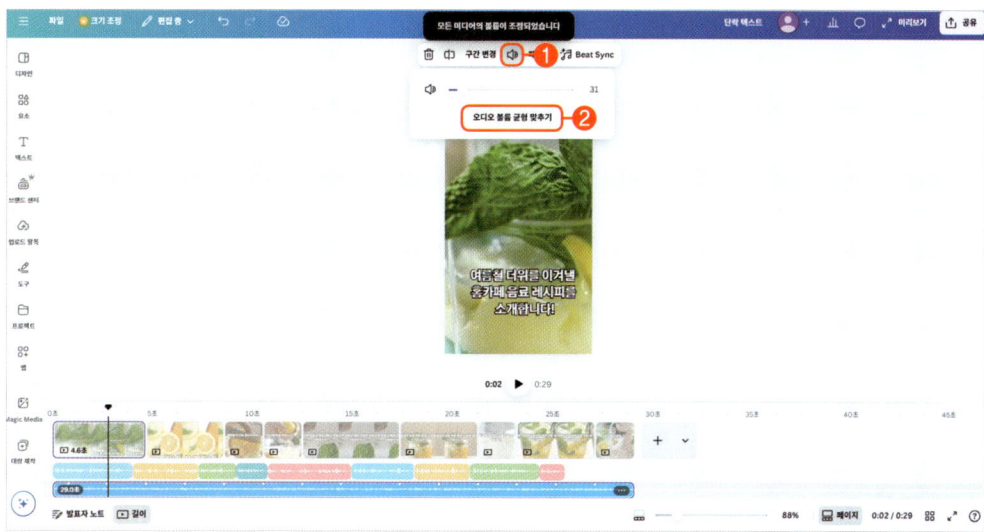

04 캔바로 쇼츠 영상 만들기를 완성하였습니다. 오른쪽 상단의 [공유] 버튼 – [다운로드] 버튼을 클릭해 쇼츠 영상을 'MP4' 파일 형식으로 다운로드합니다.

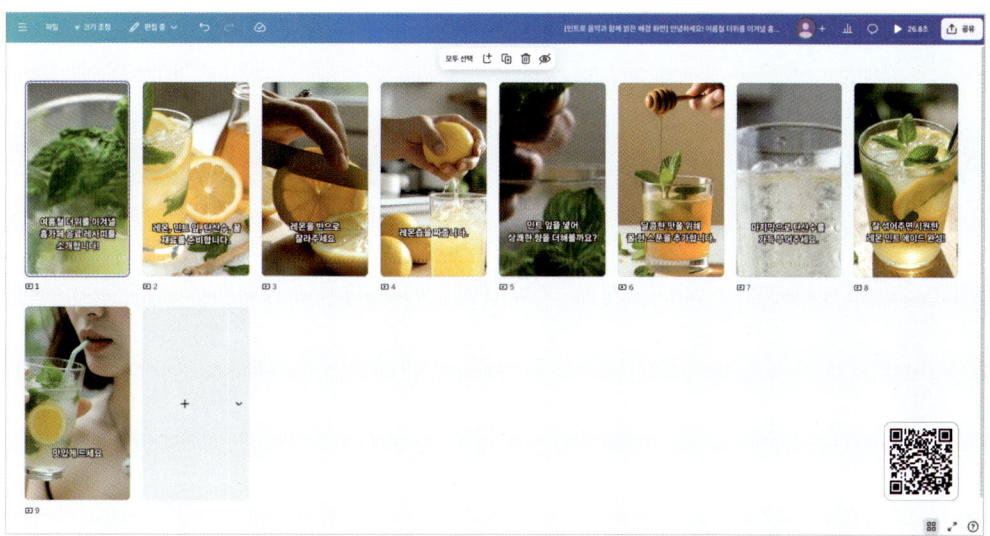

01 캔바에서 프레젠테이션 준비하기
02 AI로 빠르게 만드는 제안용 프레젠테이션

Chapter 07

프레젠테이션 자료 만들기

캔바의 템플릿과 AI 기능을 활용하면 보고서, 기획안, 강의 자료, 발표 자료 등 다양한 프레젠테이션을 쉽게 만들 수 있습니다. 특히 이미지, 동영상, 차트, 아이콘 등 자료에 필요한 요소를 자유롭게 추가할 수 있고, 캔바 자체에서 바로 발표가 가능해 편리합니다.

01 캔바에서 프레젠테이션 준비하기

회사 업무 보고서나 학교 발표 과제를 준비할 때 프레젠테이션 자료는 필수입니다. 이때 대부분 파워포인트를 사용하지만, 파워포인트로 세련된 디자인의 자료를 만들기 위해선 충분한 연습이 필요합니다. 만약 완성도 높은 자료를 빠르게 만들어야 한다면 캔바를 활용해 볼 수 있습니다. 지금부터 캔바로 프레젠테이션 자료를 만들었을 때 얻을 수 있는 장점을 간단히 살펴보겠습니다.

작업 시간은 Down, 작업 효율은 Up!

캔바에는 다양한 종류의 프레젠테이션 템플릿이 있어 자료를 디자인하기 위한 시간과 노력을 절약할 수 있습니다. 이미지, 동영상, 아이콘 등의 요소도 검색만으로 손쉽게 추가할 수 있으며, AI 기능으로 프레젠테이션 초안을 빠르게 만들 수 있어 효율적인 작업이 가능합니다. 특히 Magic Write를 활용하면 차별화된 스토리텔링과 함께 긴 내용을 보기 좋게 요약할 수 있어 편리합니다.

누구나 전문가처럼 디자인 가능

캔바의 Magic Design 기능을 활용하면 레이아웃, 색상 조합, 디자인 요소 등을 자동으로 추천받을 수 있어 디자인 경험이 부족하더라도 손쉽게 완성도 높은 결과물을 만들 수 있습니다. 단순히 텍스트를 나열하는 방식에서 벗어나 시각적 요소를 적절히 배치함으로써 제안서의 흐름을 한눈에 이해할 수 있게 도와주고, 그 결과 '텍스트 기반'의 제안서는 자연스럽게 '시각 중심'의 제안서로 전환됩니다. 이렇듯 캔바는 몇 번의 클릭만으로 세련되고 전문적인 결과를 얻을 수 있다는 점에서 초보자뿐 아니라 바쁜 실무자에게도 매우 유용합니다.

🔍 자료 업데이트와 협업에 최적화

캔바는 팀 프로젝트를 진행하거나 학교에서 조별 과제를 준비하는 등 여러 사람이 함께 참여해야 하는 작업에 유리합니다. 공동 편집, 댓글 달기, 아이디어 제안과 같은 실시간 상호작용 기능을 지원하여 효율적인 작업을 가능하게 합니다.

예를 들어 작업 중인 프레젠테이션의 링크를 공유하면 각자 원하는 부분에 피드백을 남기거나, 수정 사항을 바로 적용할 수 있습니다. 이러한 방식은 물리적으로 같은 공간에 있지 않아도 원활한 협업이 가능하게 해주며, 각자가 작업한 자료를 모아야 하는 번거로운 과정을 줄여줍니다. 팀원 간의 의견이 신속하게 반영되어 결과적으로 완성도 높은 자료를 짧은 시간 안에 만들 수 있습니다.

> **TIP**
>
> ### 상황별 프레젠테이션 종류 알아보기
>
> 대표적으로 많이 활용되는 프레젠테이션 종류와 각각의 주요 특징을 아래 표로 정리해 놓았으니 참고합니다.
>
> | 프레젠테이션 종류 | 주요 대상 | 특징 |
> | --- | --- | --- |
> | 사업 제안용 | 투자자, 파트너사 | 새로운 사업 관련 수익 모델, 시장 분석, 실행 계획 등 강조 |
> | 제품 및 서비스 제안용 | 클라이언트, B2B | 자사 제품 및 서비스의 특징, 문제 해결 포인트 강조 |
> | 입찰 제안용 | 공공기관, 대기업 | 프로젝트 입찰 요구 사항 대응, 경쟁사 대비 우위 강조 |
> | 마케팅 제안용 | 광고주, 협력사 | 마케팅 타깃 분석, 캠페인 플랜 제시 |
> | 브랜딩 제안용 | 브랜드 담당자 또는 대표 | 브랜드 방향성, 톤 앤 매너, 콘셉트, 슬로건, 디자인 방향 제시 |
> | 디자인 제안용 | 클라이언트 또는 기획팀 | 시각적 샘플, 레퍼런스, 콘셉트 스케치 강조 |
> | 제휴 및 콜라보 제안용 | 브랜드 및 기업 파트너 | 상호 이익 구조, 공동 캠페인 전략 강조 |
> | 내부 보고용 | 경영진 또는 팀 리더 | 프로젝트 예산, 일정, 예상 효과 강조 |
> | 투자 유치용 | VC 또는 투자자 | 사업의 시장 규모, 수익 구조, 성장 가능성 강조 |
>
> ▲ 상황별 프레젠테이션 종류와 특징

02 / AI로 빠르게 만드는 제안용 프레젠테이션

본격적으로 프레젠테이션 자료를 제작해 보겠습니다. 주제에 어울리는 템플릿을 선택하는 방법과 Magic Write를 활용한 프레젠테이션 초안 작성 방법을 알아봅니다.

🔍 프레젠테이션 슬라이드 구성 생각하기

슬라이드 구성을 미리 생각해 놓으면 조금 더 주제에 어울리는 템플릿을 고를 수 있습니다. 아래 정리해 놓은 표를 참고하여 내가 제작할 프레젠테이션의 슬라이드 구성을 구체적으로 생각해 봅니다.

슬라이드 구성	내용 예시
01. 표지	브랜드명, 프레젠테이션 제목, 날짜 등
02. 목차	프레젠테이션 전체 목차
03. 제안 배경	변화하는 환경, 제안 계기 등
04. 문제 정의	기존 제품, 마케팅, 서비스 등의 문제점
05. 해결 방안	새로운 해결 방안 제시
06. 신제품, 마케팅, 서비스 등 소개	신제품, 마케팅, 서비스 등과 관련된 구체적인 내용 소개
07. 주요 특징	핵심적인 특징 소개
08. 차별화 포인트	기존 제품, 마케팅, 서비스 등과 비교되는 포인트 소개
09. 실제 활용 사례	도입 기업 또는 테스트 그룹 사례 공유
10. 예상 효과	성과 향상, 시간 절약, 만족도 향상 등
11. 서비스 도입 방식	도입 절차, 제공 자료, 운영 방법 안내 등
12. 제안 요약	핵심 메시지 요약, 도입 권장 등
13. Q&A 및 마무리	연락처, 질의 응답 안내 등

▲ 슬라이드 구성 예시

 프레젠테이션 주제에 어울리는 템플릿 선택하기

슬라이드 구성을 구체적으로 생각해 보았다면 이제 주제에 어울리는 템플릿을 선택할 차례입니다. 예제에서는 'AI를 활용한 실전형 교습 방법 서비스 제안서'를 주제로 프레젠테이션을 제작해 보겠습니다.

01 먼저 '주제', '대상', '목적', '슬라이드 구성'을 간략히 정리해 봅니다. 예제에서는 다음과 같이 정리해 보았습니다.

- **주제:** AI를 활용한 실전형 교습 방법 서비스 제안서
- **대상:** 교육 기관, 학원, 직무 교육 담당자(B2B)
- **목적:** 자사 AI 기반 교습법 솔루션 도입 제안
- **슬라이드 구성**
  : 표지 → 목차 → 제안 배경 → 문제 정의 → 해결 방안(서비스 소개, 주요 특징, 차별화 포인트) → 실제 활용 사례 → Q&A 및 마무리

02 캔바의 홈 화면에서 [템플릿] 버튼을 클릭하고 주제, 대상, 목적에 어울리는 디자인 템플릿을 검색해 봅니다. 예제의 프레젠테이션 주제는 AI 서비스와 관련 있기 때문에 'AI'를 검색했습니다. 마음에 드는 템플릿을 선택합니다.

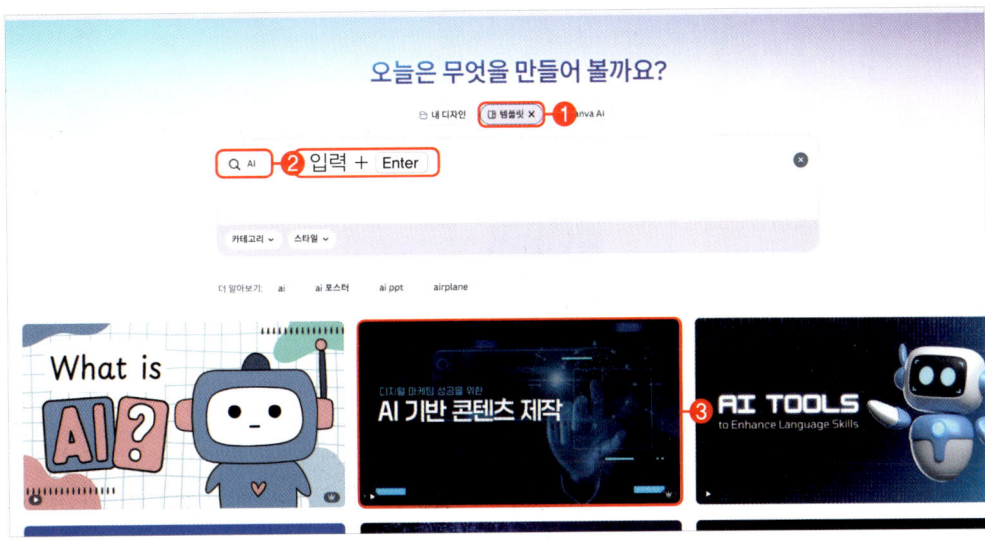

03 미리보기 창에서 템플릿의 구성이 적합한지 살펴보고 [이 템플릿 맞춤 편집하기] 버튼을 클릭합니다. 예제에서는 '파란색 남색 전문적인 로봇 일러스트 디지털 마케팅 성공 AI 콘텐츠 제작 발표 프레젠테이션' 템플릿을 사용하겠습니다.

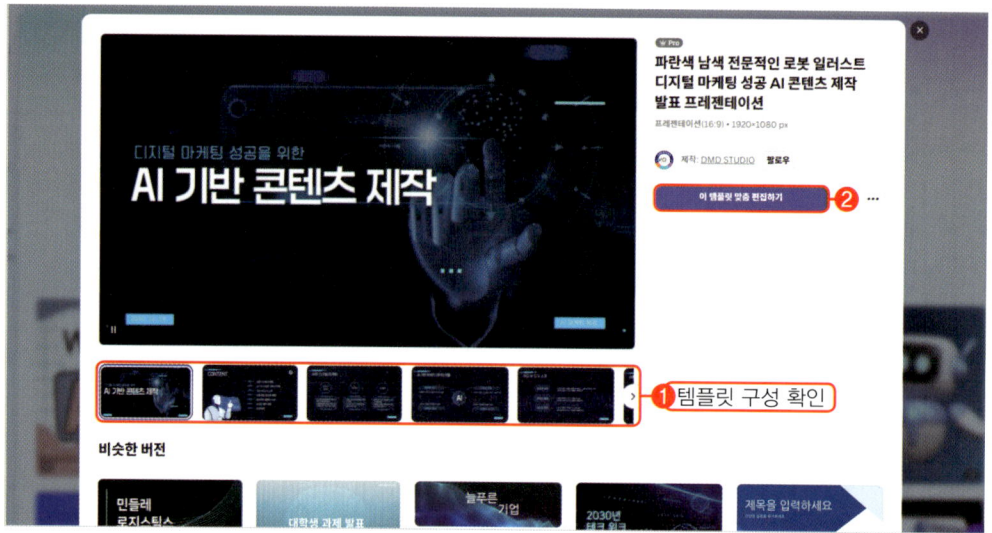

Magic Write로 프레젠테이션 초안 작성하기

Magic Write로 프레젠테이션의 초안을 빠르게 작성해 봅니다.

01 왼쪽의 [텍스트] 메뉴 – [Magic Write] 버튼을 클릭하고 미리 생각해 놓은 슬라이드 구성에 따라 프롬프트를 입력한 후 [생성하기] 버튼을 클릭합니다.

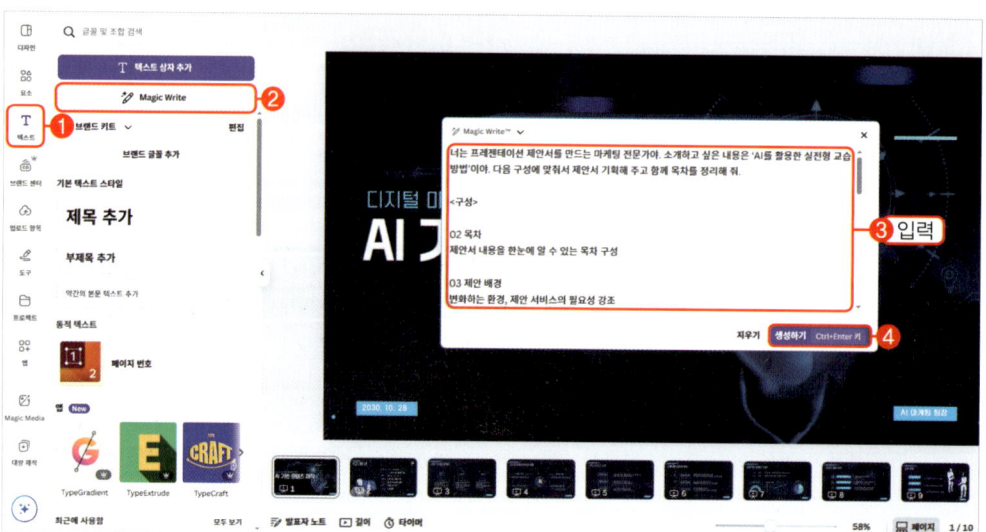

프롬프트 예시

너는 프레젠테이션 제안서를 만드는 마케팅 전문가야. 소개하고 싶은 내용은 'AI를 활용한 실전형 교습 방법'이야. 다음 구성에 맞춰서 제안서 기획해 주고 함께 목차를 정리해 줘.

〈구성〉

02 목차
제안서 내용을 한눈에 알 수 있는 목차 구성

03 제안 배경
변화하는 환경, 제안 서비스의 필요성 강조

04 문제 정의
기존 서비스의 한계

05 해결 방안
새로운 제안 서비스로 문제 해결

06 제품 소개
자사 시스템/서비스 소개

07 주요 특징(USP)
기존 서비스와 차별화된 자사 서비스의 특징 소개

08 차별화 포인트
기존 서비스와 비교

09 실제 활용 사례
도입 기업 or 테스트 그룹 사례 공유

10 예상 효과
성과 향상, 시간 절약, 만족도 향상

11 서비스 도입 방식
도입 절차, 제공 자료, 운영 방법 안내

12 제안 요약
핵심 메시지 요약 + 도입 권유 문구

13 Q&A 및 마무리
연락처, 질의 응답 안내

02 생성된 내용을 확인한 후 마음에 들면 🗐 아이콘을 클릭해 텍스트를 복사합니다.

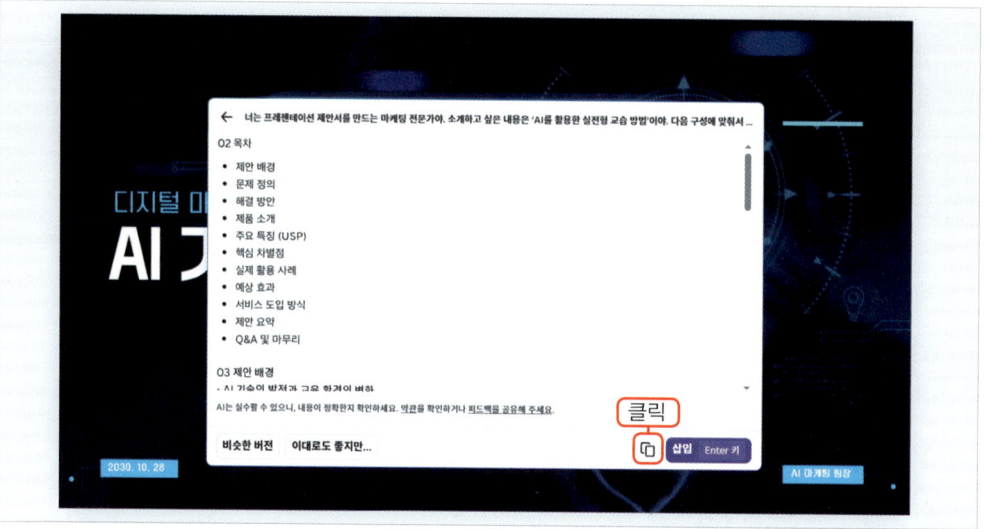

03 프레젠테이션을 만들 때 참고할 수 있도록 메모장이나 새로운 페이지에 Ctrl + V 를 눌러 텍스트를 붙여 넣은 후 내용을 정리합니다.

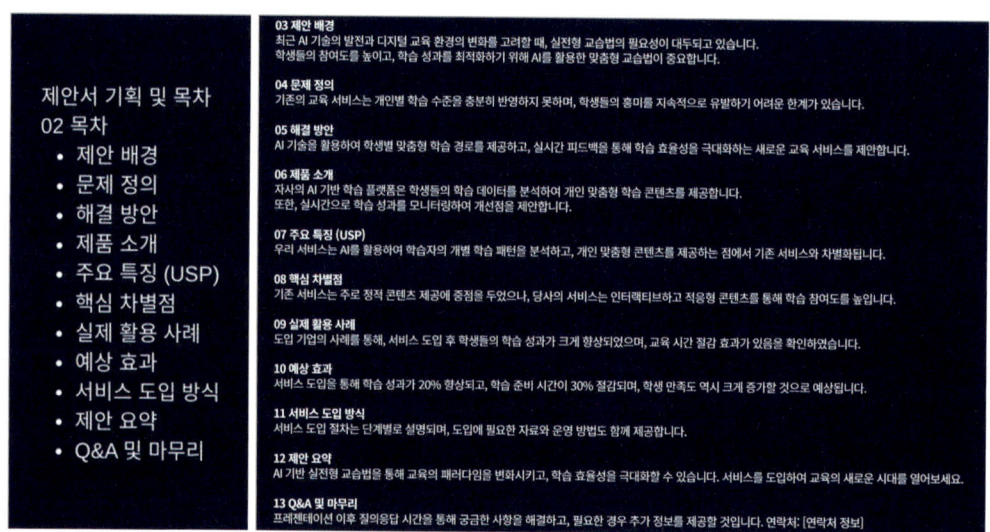

> **TIP**
>
> **USP란?**
>
> USP(Unique Selling Proposition)는 경쟁 제품과 차별화된 포인트를 의미하는 마케팅 용어입니다.

 템플릿 수정하기

정리해 놓은 프레젠테이션 초안을 참고하여 템플릿을 수정해 봅니다.

01 하단의 페이지 목록에서 1 페이지를 선택한 후 필요 없는 요소를 삭제하고 텍스트의 내용을 수정하여 '표지' 페이지를 만들어 줍니다.

02 이어서 2 페이지를 선택해 '목차' 페이지를 만들어 줍니다. 동일한 디자인의 텍스트와 요소를 추가하고 싶다면 Ctrl + C, Ctrl + V 를 눌러 복사한 후 수정합니다.

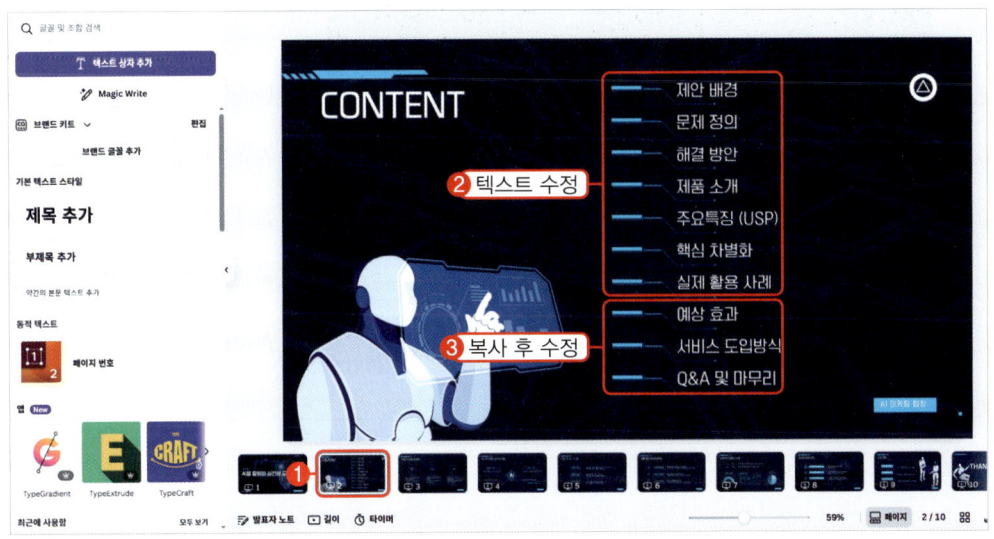

03 3 페이지는 세 가지 내용을 입력하도록 구성되어 있기 때문에 디자인에 맞춰 '제안 배경' 페이지의 초안을 수정하겠습니다. 왼쪽의 [텍스트 상자 추가] 버튼을 클릭해 정리해 놓은 초안을 입력한 후 [Magic Write( )] - [텍스트 변환]을 클릭합니다.

04 프롬프트를 입력하고 ↑ 버튼을 클릭합니다. 생성된 내용을 확인하고 [바꾸기] 버튼을 클릭합니다.

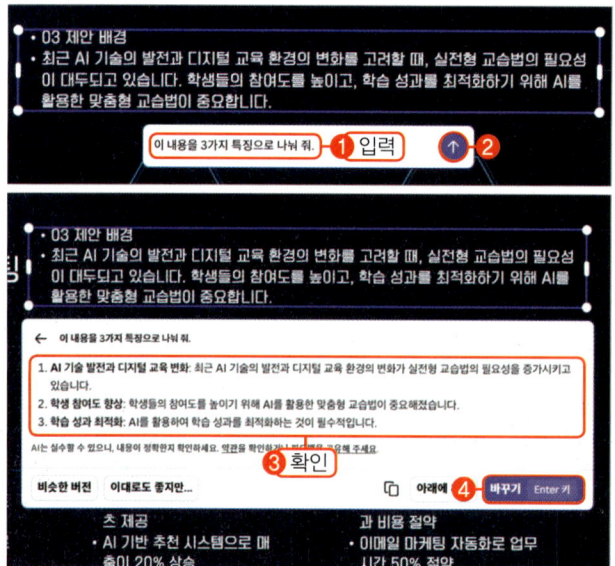

> **프롬프트 예시**
> 이 내용을 3가지 특징으로 나눠 줘.

05 생성된 내용을 참고하여 '제안 배경' 페이지의 텍스트를 수정합니다.

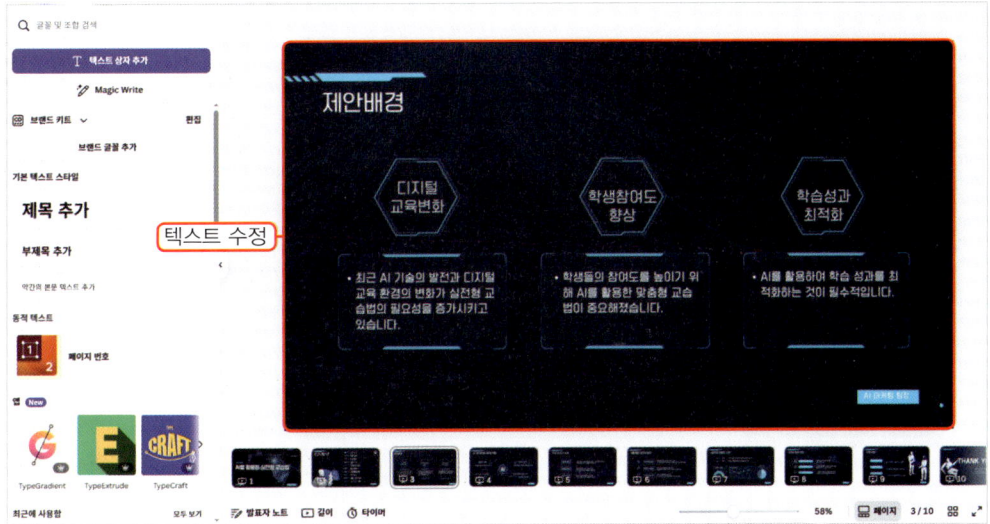

06 4 페이지는 네 가지 내용을 입력하도록 구성되어 있기 때문에 03~04와 같은 방법으로 '문제 정의' 페이지의 초안을 수정해 줍니다.

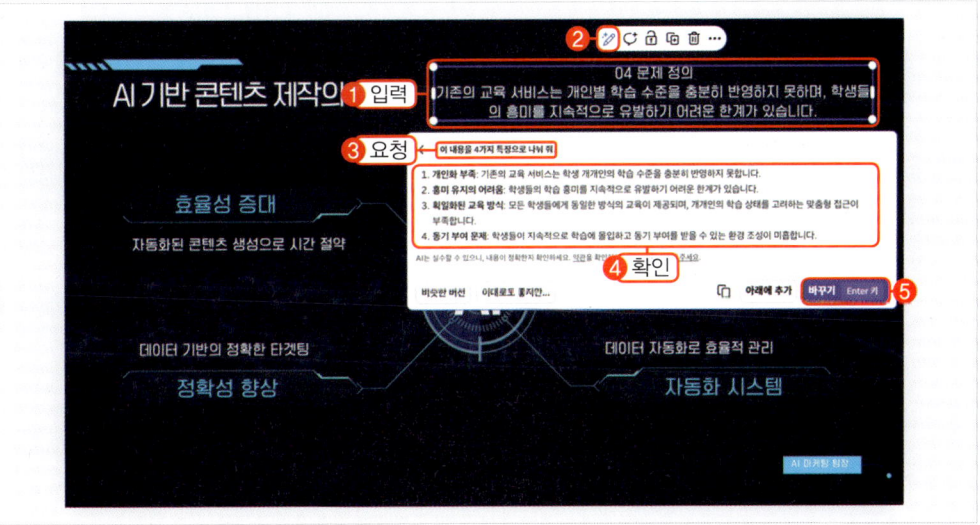

프롬프트 예시
이 내용을 4가지 특징으로 나눠 줘.

Chapter 07 프레젠테이션 자료 만들기 143

07 생성된 내용을 참고하여 '문제 정의' 페이지의 텍스트를 수정합니다.

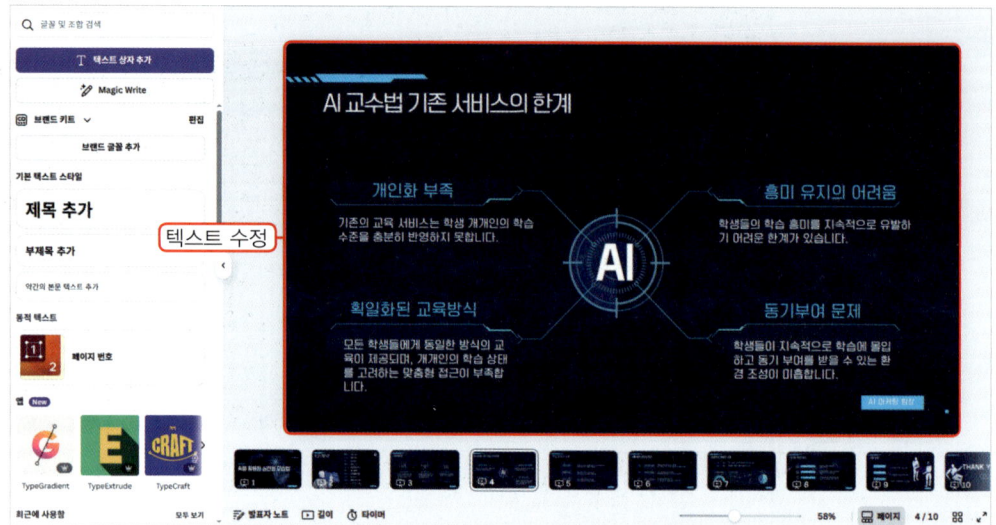

08 5 페이지는 세 가지 내용을 입력하도록 구성되어 있기 때문에 03~04와 같은 방법으로 '해결 방안' 페이지의 초안을 수정해 줍니다.

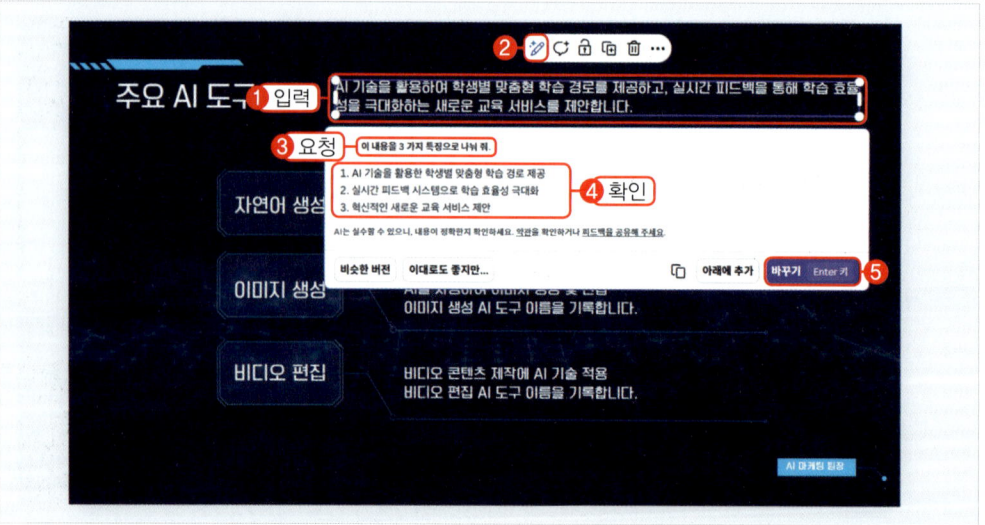

프롬프트 예시
이 내용을 3가지 특징으로 나눠 줘.

09 생성된 내용을 참고하여 '해결 방안' 페이지의 텍스트를 수정합니다. '서비스 소개', '주요 특징', '차별화 포인트'는 핵심 내용만 간략히 정리하여 넣어 주었습니다.

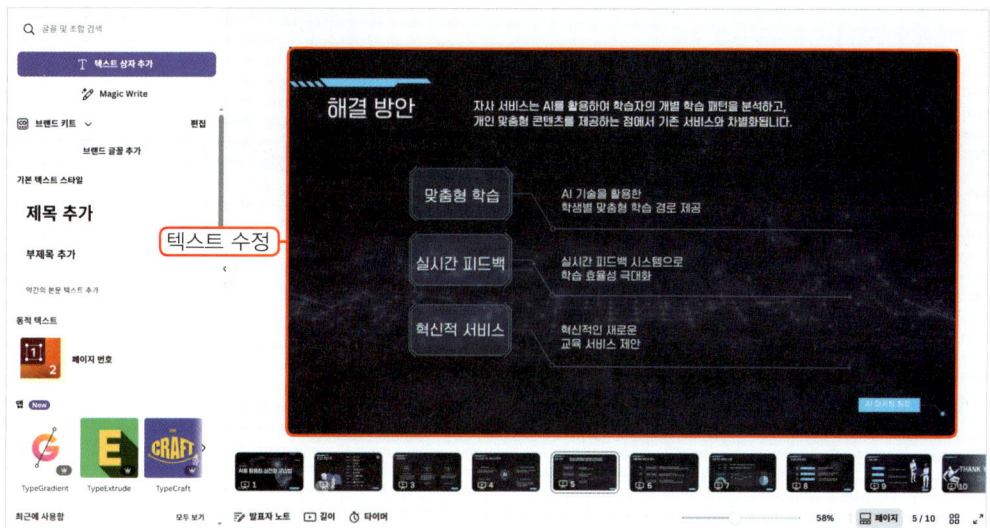

10 하단의 페이지 목록에서 6 페이지를 클릭하고 Delete 를 눌러 삭제해 줍니다. 이렇게 중간 중간 필요 없는 페이지는 삭제해 주세요.

11 이어서 '실제 활용 사례' 페이지를 수정합니다. 도구바의 [편집]을 클릭하면 왼쪽 패널에서 차트의 종류, 데이터, 백분율 등을 간단히 수정할 수 있습니다.

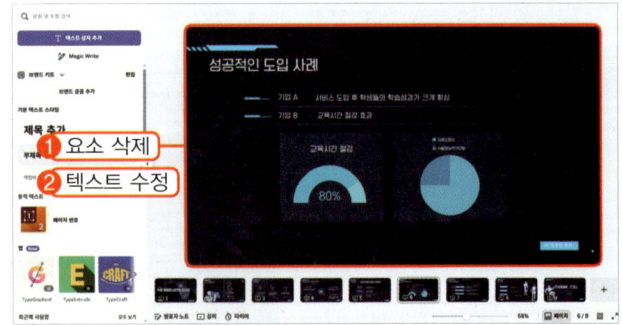

> **TIP**
>
> ### 차트 수정하기
>
> 차트를 선택하고 도구바의 [편집]을 클릭하면 차트를 수정할 수 있습니다. 예제 템플릿에 있는 원형 차트를 수정해 보겠습니다.
>
> **01** 원형 차트를 선택하고 상단의 [편집]을 클릭한 후 '라벨'과 '계열1'의 내용을 수정해 줍니다. 예제에서는 '집중도향상 – 30', 'AI활용능력극대화 – 70'으로 수정해 보았습니다.
>
>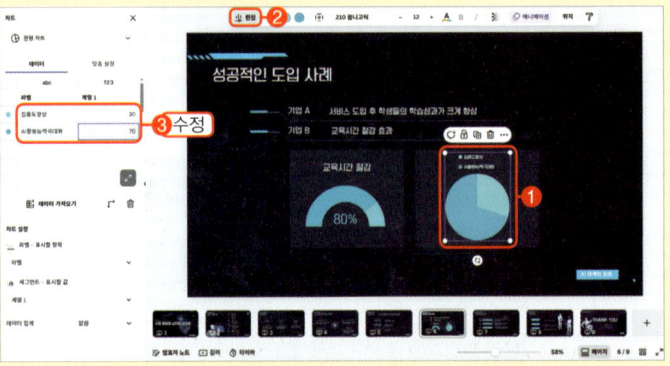
>
> **02** 차트의 종류를 '막대 차트', '도넛 차트' 등으로 간단히 변경할 수도 있습니다.
>
>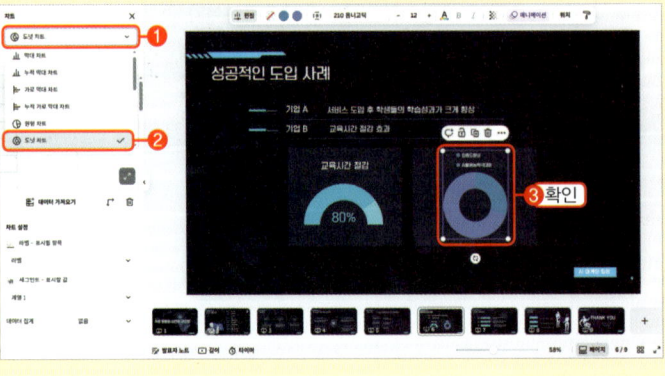

12 하단의 페이지 목록에서 7 페이지, 8 페이지를 삭제하고 'Q&A 및 마무리' 페이지를 수정하면 완성입니다. 발표는 캔바의 프레젠테이션 기능을 활용해 진행하는 것을 권장합니다.

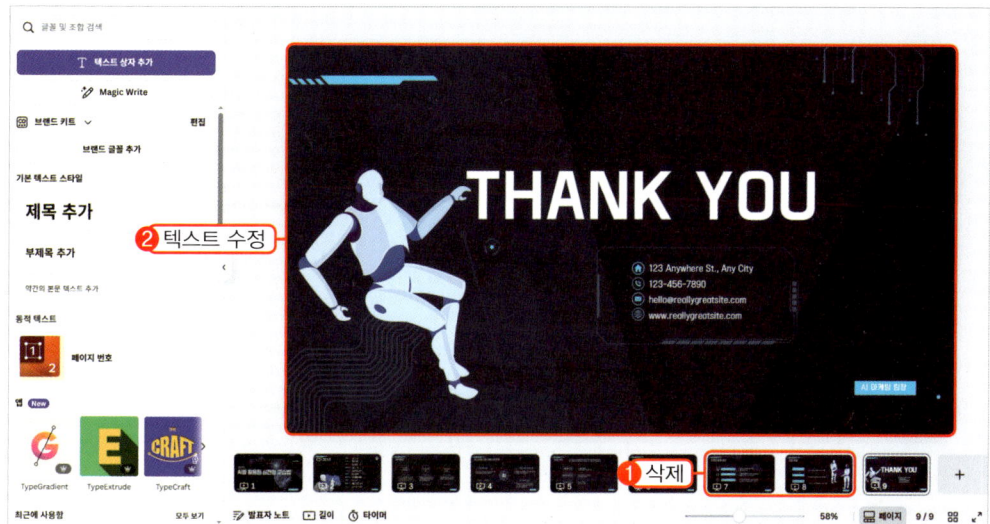

> **TIP**
>
> **용도별 추천 파일 형식**
>
> 파일 형식을 PDF(표준, 인쇄)나 PPTX로 다운로드하면 페이지의 동영상, 오디오, 애니메이션이 재생되지 않으니 참고합니다.
>
> - **발표용:** 캔바의 프레젠테이션 기능 활용
> - **이메일 전송용:** PDF 표준
> - **교육 & 강의 인쇄용:** PDF 인쇄, PPTX

| **01** 캔바를 활용한 북 디자인의 장점
| **02** AI를 활용해 도서 콘텐츠 기획하기
| **03** AI로 북 디자인 빠르게 완성하기

Chapter 08
북 디자인 완성하기

캔바의 템플릿과 AI 기능을 활용하면 디자인 콘셉트를 빠르게 잡을 수 있고, 목차와 관련된 아이디어도 손쉽게 얻을 수 있습니다. 무엇보다 북 커버와 내지 디자인의 통일성을 유지할 수 있다는 것이 가장 큰 장점입니다. 이번 챕터에서는 자기 계발서 콘셉트의 북 디자인을 간단히 완성해 보겠습니다.

01 캔바를 활용한 북 디자인의 장점

요즘은 누구나 콘텐츠를 만들고, 창작자가 될 수 있는 시대입니다. 특히 전자책과 셀프-퍼블리싱(Self-publishing) 시장이 성장하면서 원고 집필부터 편집, 인쇄, 배본에 이르기까지 모든 일을 개인이 작업할 수 있게 되었습니다. 하지만 디자인을 전공하지 않은 이상 대부분 원고를 집필한 이후에 책을 디자인하는 단계에서 막막함을 느끼곤 합니다.

특히 디자인 작업을 하기 위해서는 인디자인과 같은 프로그램을 다룰 줄 알아야 하는데, 이러한 프로그램을 능숙하게 다루려면 충분한 연습이 필요합니다. 셀프-퍼블리싱을 하고 싶지만 관련 프로그램을 배우기 위해 시간을 내는 것이 부담스럽다면 캔바의 북 디자인 템플릿을 활용해 볼 수 있습니다.

캔바는 A4, A5 등 여러 가지 사이즈로 빠르게 시안을 제작할 수 있다는 장점이 있습니다. 이 외에도 클라우드에 저장이 가능한 점, 전자책이나 굿즈로의 확장성이 좋은 점 등의 다양한 장점이 존재합니다. 아래 표를 통해 기존의 북 디자인 과정과 캔바의 북 디자인 과정을 조금 더 자세히 비교해 봅니다.

항목	기존의 북 디자인 과정	캔바의 북 디자인 과정
제작 주체	출판사 또는 외주 디자이너	저자 본인
디자인 도구	인디자인, 포토샵 등	캔바
작업 난이도	어려움	쉬움
편집 및 수정	제한적	실시간 편집 및 수정 가능
인쇄물 출력 방식	전문 인쇄소	PDF 인쇄

▲ 북 디자인 과정 비교

02 AI를 활용해 도서 콘텐츠 기획하기

본격적인 디자인 작업에 들어가기 전, AI를 활용해 도서의 콘텐츠를 기획해 봅니다. 예제에서는 자기 계발 콘셉트의 도서 목차와 본문 내용을 간단히 정리해 보겠습니다.

🔍 Magic Write로 도서 콘텐츠 구성하기

먼저 Magic Write로 도서의 콘텐츠를 구성해 보겠습니다.

01 홈 화면 왼쪽 상단의 [+ 만들기] 버튼을 클릭하고 '빠른 작업' 카테고리의 [Magic Write]를 클릭합니다. 'Magic Write' 창에 프롬프트를 입력한 후 [생성하기] 버튼을 클릭합니다. 만약 '빠른 작업' 카테고리가 보이지 않는다면 '새로 만들기' 카테고리의 [Doc]를 선택하고 도구바의 [Magic Write]를 클릭하여 진행합니다.

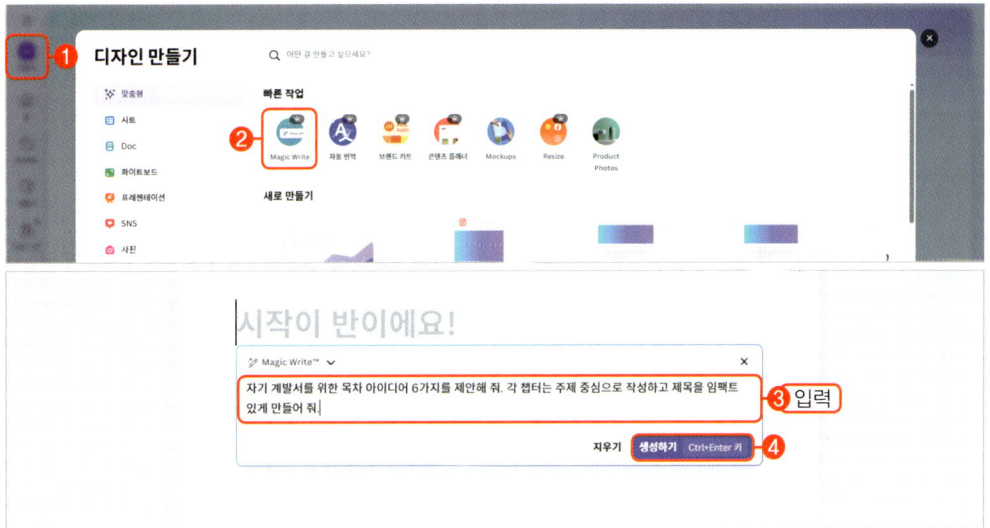

> **프롬프트 예시**
> 자기 계발서를 위한 목차 아이디어 6가지를 제안해 줘. 각 챕터는 주제 중심으로 작성하고 제목을 임팩트 있게 만들어 줘.

02 잠시 기다리면 AI가 요청 내용을 챕터별로 제안해 줍니다. [삽입] 버튼을 클릭해 내용을 입력한 후 목차를 정리합니다.

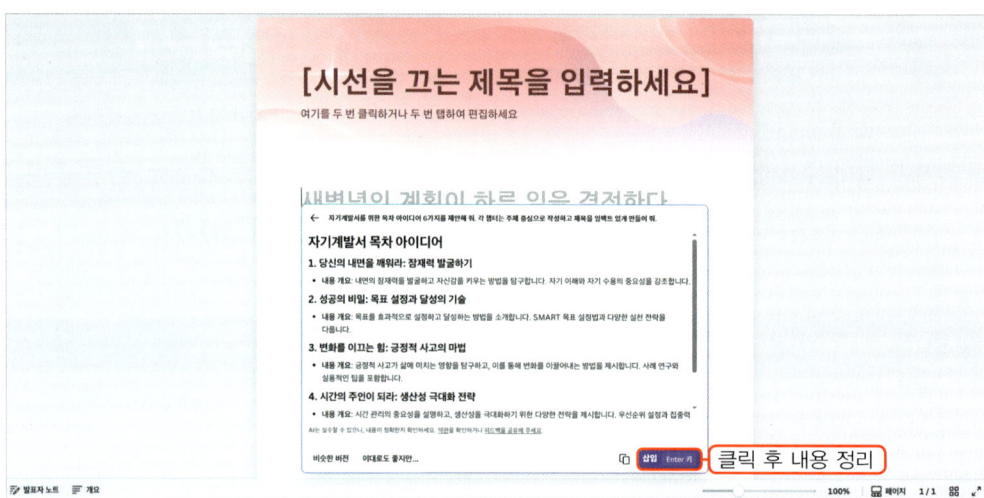

03 오른쪽 하단의 [페이지(🖥)]를 클릭하고 [+ 페이지 추가] 버튼을 클릭합니다. 새 페이지를 클릭해 상단의 도구바에서 [Magic Write]를 선택하고 본문 내용을 구성하기 위한 프롬프트를 입력한 후 [생성하기] 버튼을 클릭합니다.

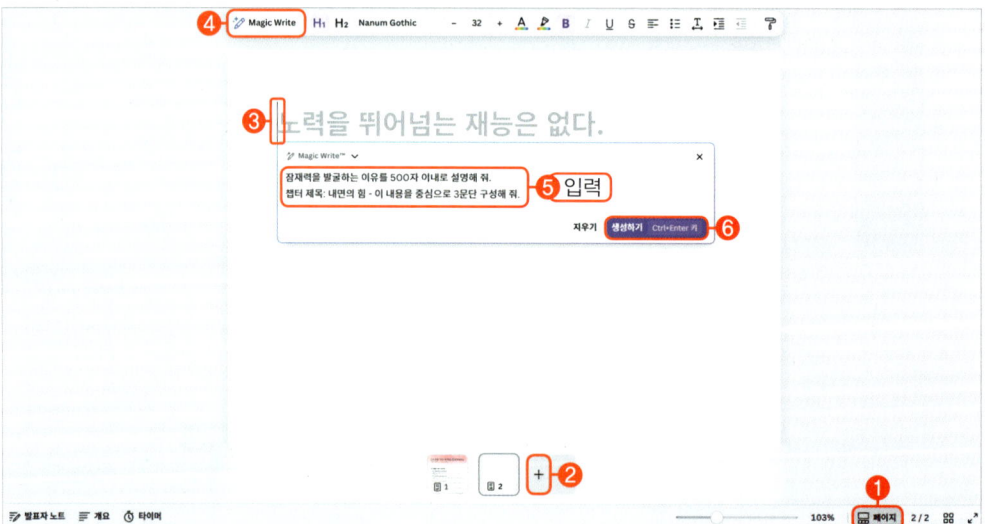

> **프롬프트 예시**
> 잠재력을 발굴하는 이유를 500자 이내로 설명해 줘.
> 챕터 제목: 내면의 힘 – 이 내용을 중심으로 3문단 구성해 줘.

04 [삽입] 버튼을 클릭해 내용을 입력한 후 본문 내용을 정리합니다.

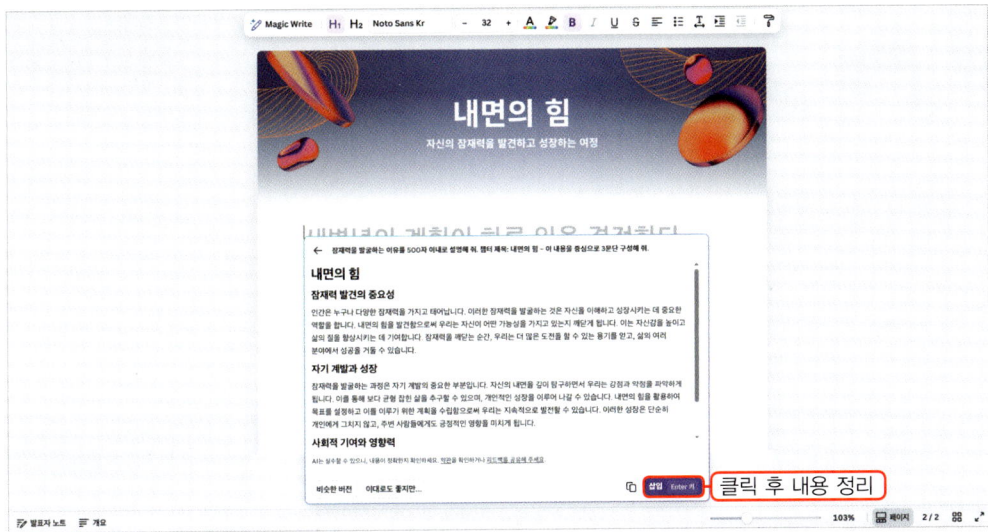

05 내지에 활용할 도서의 초안이 완성되었습니다. 이제 정리해 놓은 목차와 본문 내용을 바탕으로 북 디자인을 완성해 봅니다.

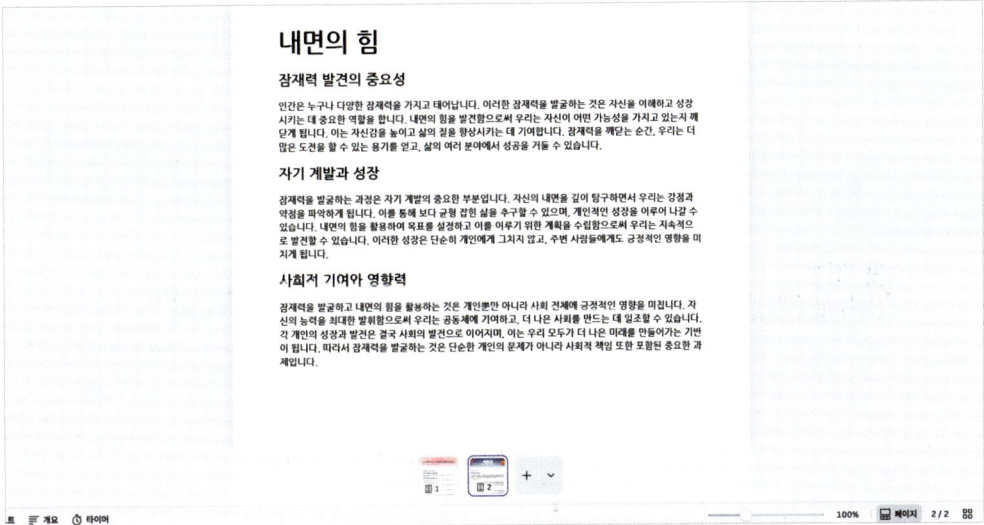

Chapter 08 북 디자인 완성하기   153

03 AI로 북 디자인 빠르게 완성하기

도서의 큰 틀과 방향성을 잡아 놓았으니 캔바의 디자인 템플릿과 AI 기능을 활용해 내지 디자인과 북 커버 디자인을 완성해 보겠습니다. 내지는 가독성을 신경써서 깔끔하게 디자인하는 것이 좋고, 북 커버는 도서의 장르와 저자의 개성이 잘 드러나게 디자인합니다.

템플릿을 활용해 내지 디자인 완성하기

디자인 템플릿과 생성해 놓은 도서 콘텐츠를 활용해 내지를 만들어 보겠습니다.

01 목차 페이지의 템플릿을 선택하기 위해 홈 화면에서 [템플릿] 버튼을 클릭하고 검색창에 'Table of contents'를 검색한 후 원하는 디자인을 선택합니다.

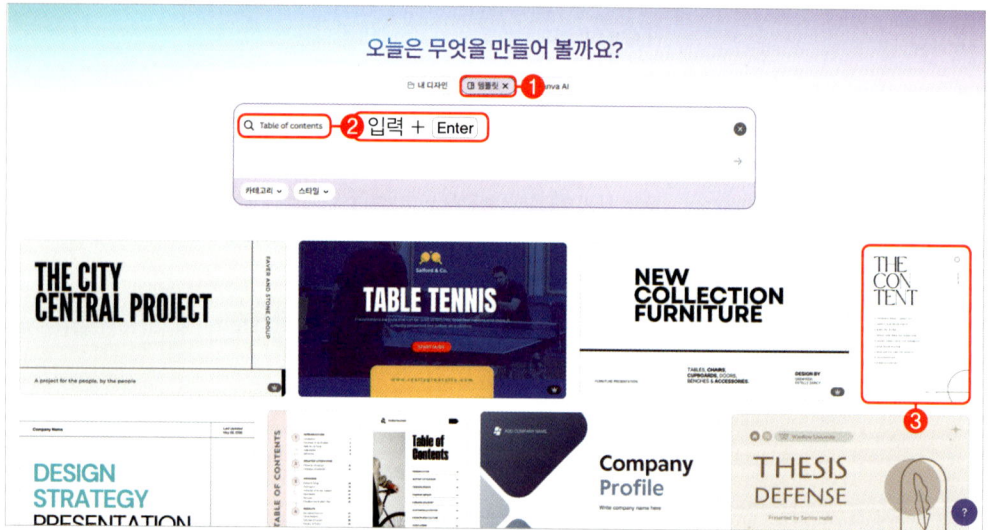

02 [이 템플릿 맞춤 편집하기] 버튼을 클릭해 작업 화면에 적용합니다. 예제에서는 'White Minimalist Professional Table of content A4 Document' 템플릿을 선택했습니다.

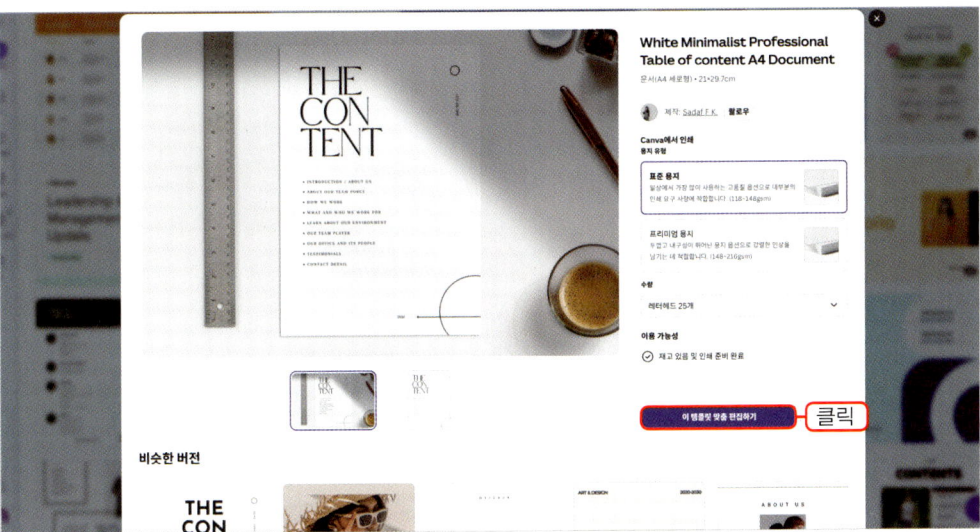

03 본문에 사용할 템플릿을 추가하기 위해 [+ 페이지 추가] 버튼을 클릭합니다.

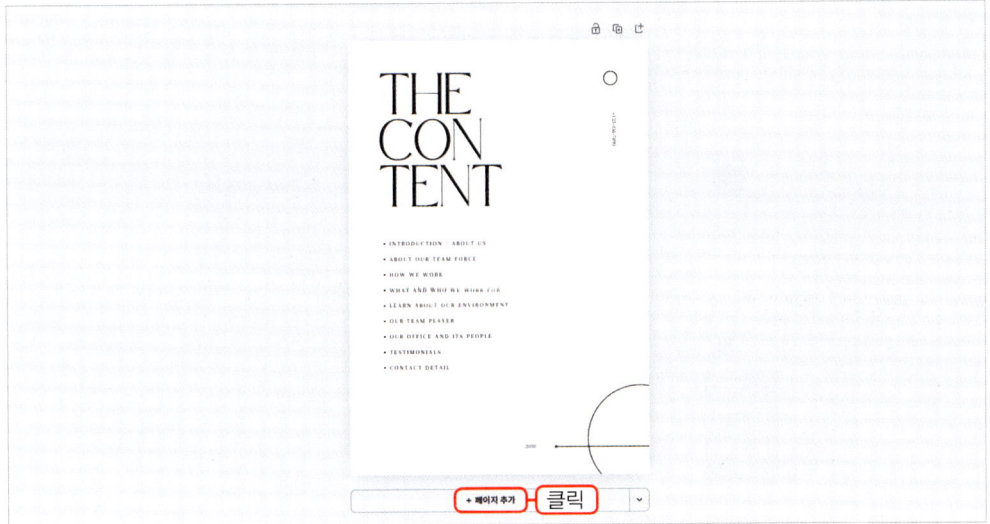

04 왼쪽의 [디자인] 메뉴를 클릭하고 마음에 드는 템플릿을 선택해 적용합니다. 예제에서는 'Black and White Modern Minimalist Introduction Report A4' 템플릿을 사용했습니다.

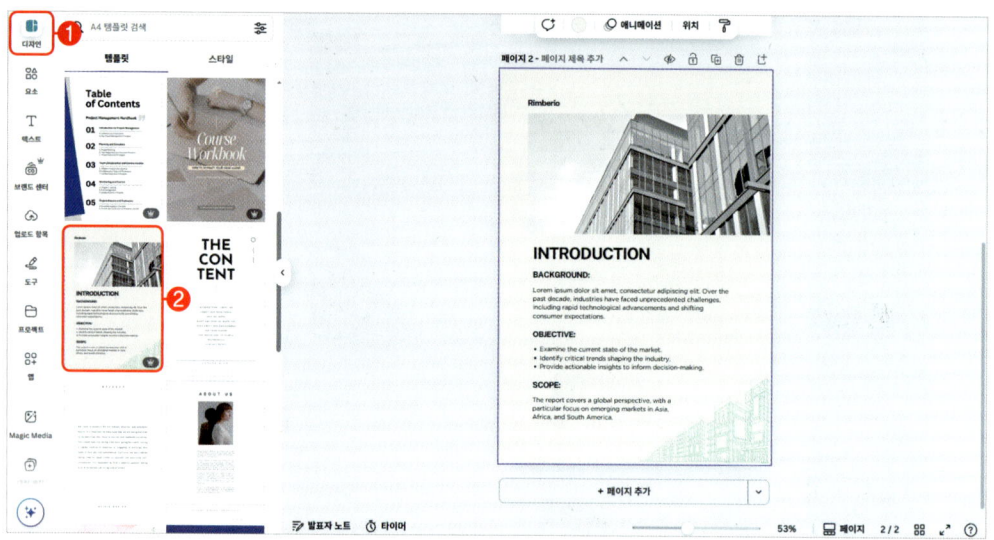

> **TIP**
>
> **본문 디자인 템플릿 선택하기**
>
> 만약 템플릿을 직접 검색하고 싶다면 검색창에 'story'를 입력합니다.
>
>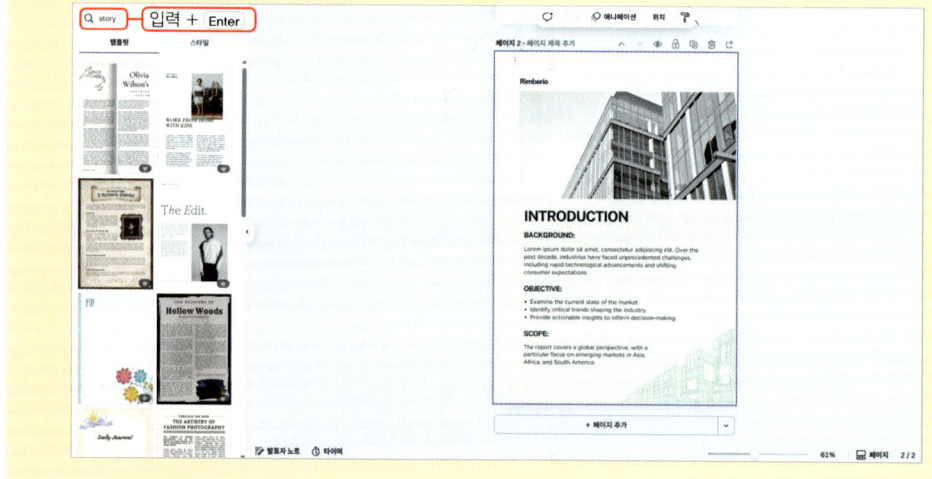

05 1 페이지로 돌아온 후 Magic Write로 생성해 놓은 목차를 참고해 목차 페이지의 텍스트를 수정해 줍니다. 목차 페이지가 간단히 완성되었습니다.

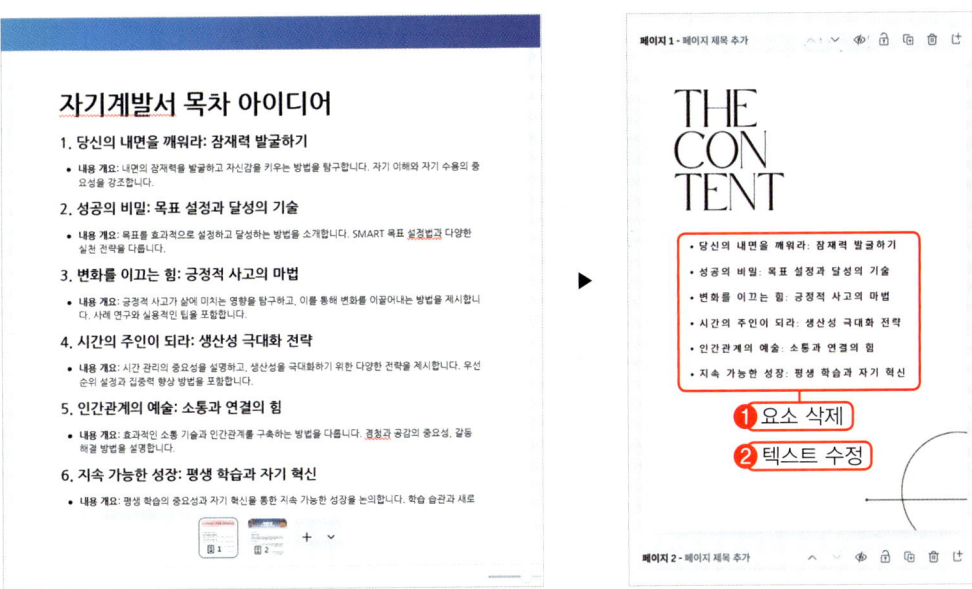

06 2 페이지로 넘어가 필요 없는 디자인 요소를 삭제합니다. 본문 페이지는 가독성을 위해 최대한 깔끔하게 디자인하는 것이 좋습니다.

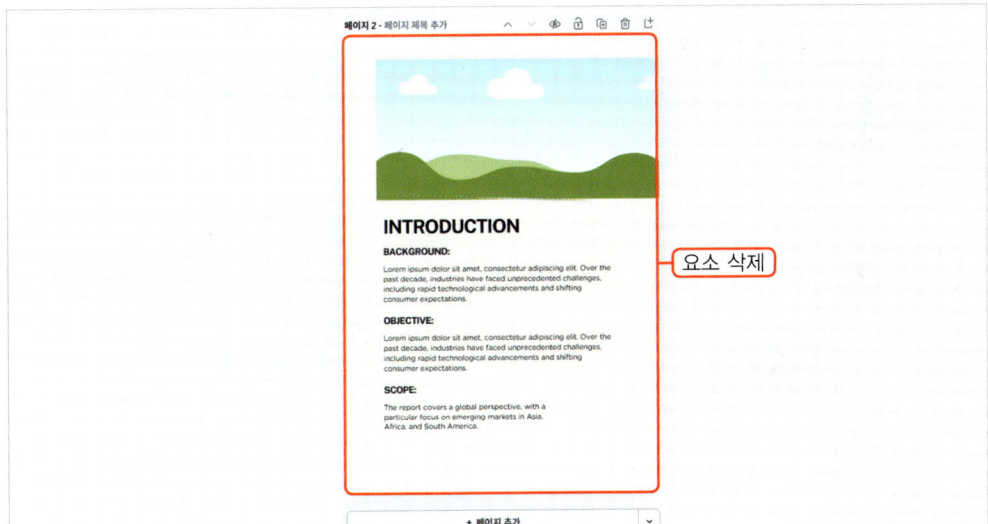

07 Magic Write로 생성해 놓은 본문을 참고해 텍스트를 수정해 줍니다.

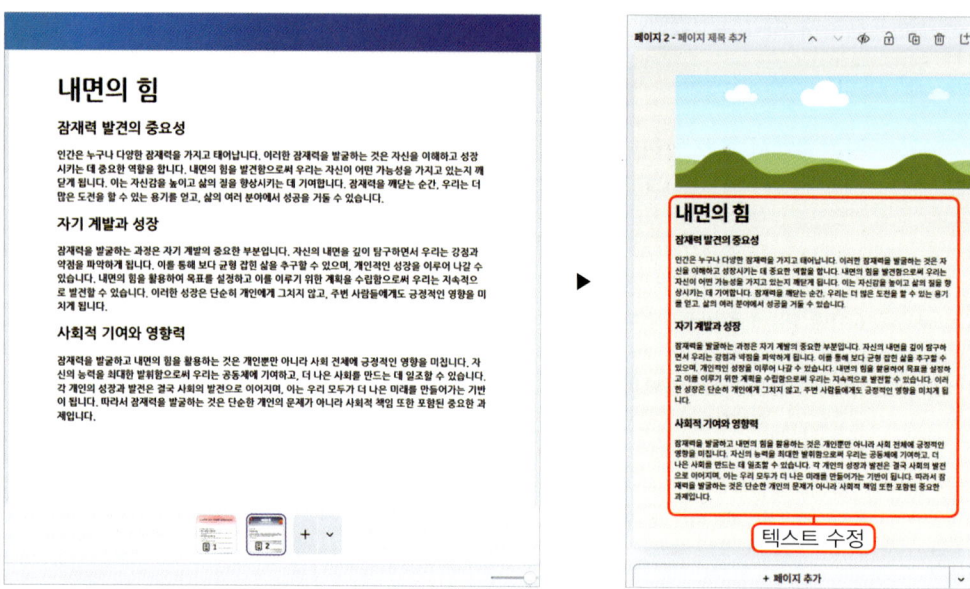

08 본문에 넣을 이미지를 생성하기 위해 왼쪽의 [텍스트] 메뉴 – [Magic Write] 버튼을 클릭하고 이미지 생성용 프롬프트를 요청한 후 [생성하기] 버튼을 클릭합니다.

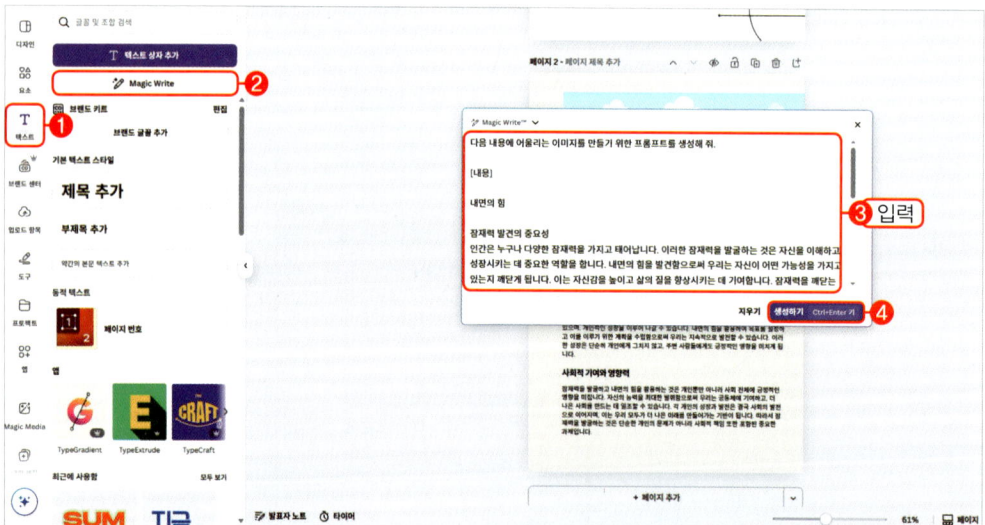

프롬프트 예시

다음 내용에 어울리는 이미지를 만들기 위한 프롬프트를 생성해 줘.

[내용]

내면의 힘

잠재력 발견의 중요성

인간은 누구나 다양한 잠재력을 가지고 태어납니다. 이러한 잠재력을 발굴하는 것은 자신을 이해하고 성장시키는 데 중요한 역할을 합니다. 내면의 힘을 발견함으로써 우리는 자신이 어떤 가능성을 가지고 있는지 깨닫게 됩니다. 이는 자신감을 높이고 삶의 질을 향상시키는 데 기여합니다. 잠재력을 깨닫는 순간, 우리는 더 많은 도전을 할 수 있는 용기를 얻고, 삶의 여러 분야에서 성공을 거둘 수 있습니다.

자기 계발과 성장

잠재력을 발굴하는 과정은 자기 계발의 중요한 부분입니다. 자신의 내면을 깊이 탐구하면서 우리는 강점과 약점을 파악하게 됩니다. 이를 통해 보다 균형 잡힌 삶을 추구할 수 있으며, 개인적인 성장을 이루어 나갈 수 있습니다. 내면의 힘을 활용하여 목표를 설정하고 이를 이루기 위한 계획을 수립함으로써 우리는 지속적으로 발전할 수 있습니다. 이러한 성장은 단순히 개인에게 그치지 않고, 주변 사람들에게도 긍정적인 영향을 미치게 됩니다.

사회적 기여와 영향력

잠재력을 발굴하고 내면의 힘을 활용하는 것은 개인뿐만 아니라 사회 전체에 긍정적인 영향을 미칩니다. 자신의 능력을 최대한 발휘함으로써 우리는 공동체에 기여하고, 더 나은 사회를 만드는 데 일조할 수 있습니다. 각 개인의 성장과 발전은 결국 사회의 발전으로 이어지며, 이는 우리 모두가 더 나은 미래를 만들어 가는 기반이 됩니다. 따라서 잠재력을 발굴하는 것은 단순한 개인의 문제가 아니라 사회적 책임 또한 포함된 중요한 과제입니다.

09 AI가 완성해 준 프롬프트를 복사하기 위해 📋 아이콘을 클릭합니다.

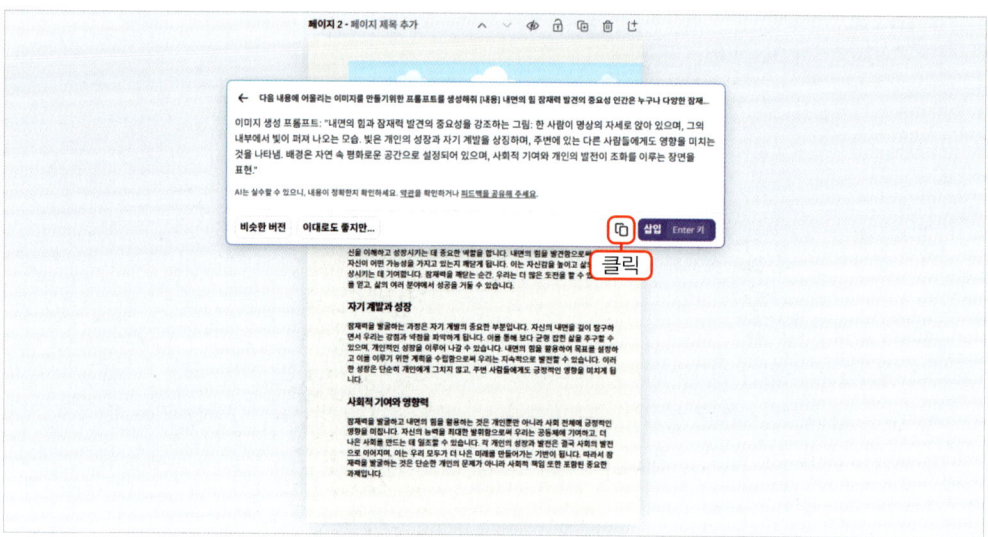

10 [Magic Media] 메뉴 - [이미지] 탭을 클릭한 후 Ctrl + V를 눌러 복사한 프롬프트를 붙여 넣고 [이미지 생성하기] 버튼을 클릭합니다.

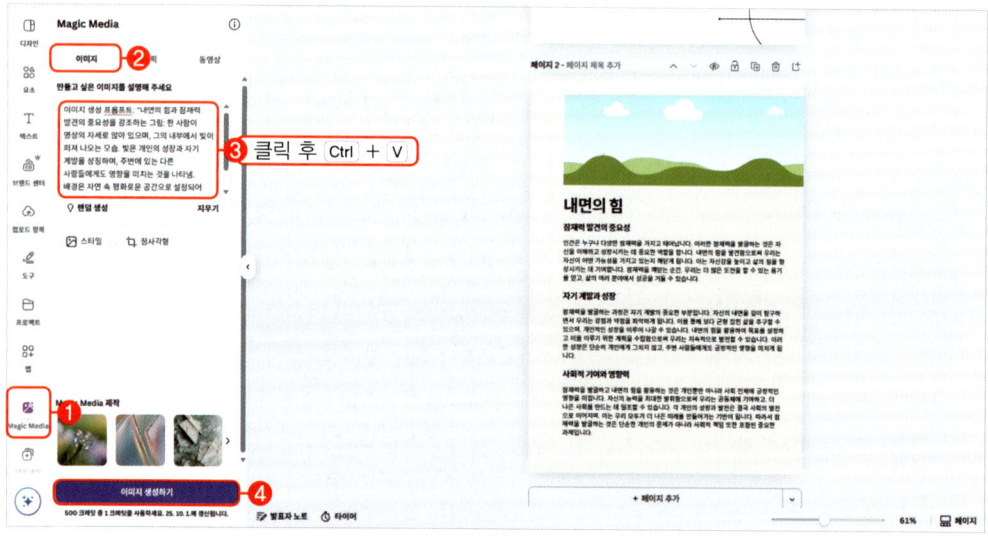

11 생성된 이미지 중 마음에 드는 이미지를 프레임으로 드래그해 배치합니다.

🔍 템플릿을 활용해 북 커버 디자인 완성하기

이어서 북 디자인 템플릿을 활용해 자기 계발서에 어울리는 북 커버를 완성해 보겠습니다.

01 캔바 홈 화면에서 [템플릿] 버튼을 클릭하고 검색창에 'Book Cover'를 검색한 후 마음에 드는 디자인 템플릿을 선택합니다.

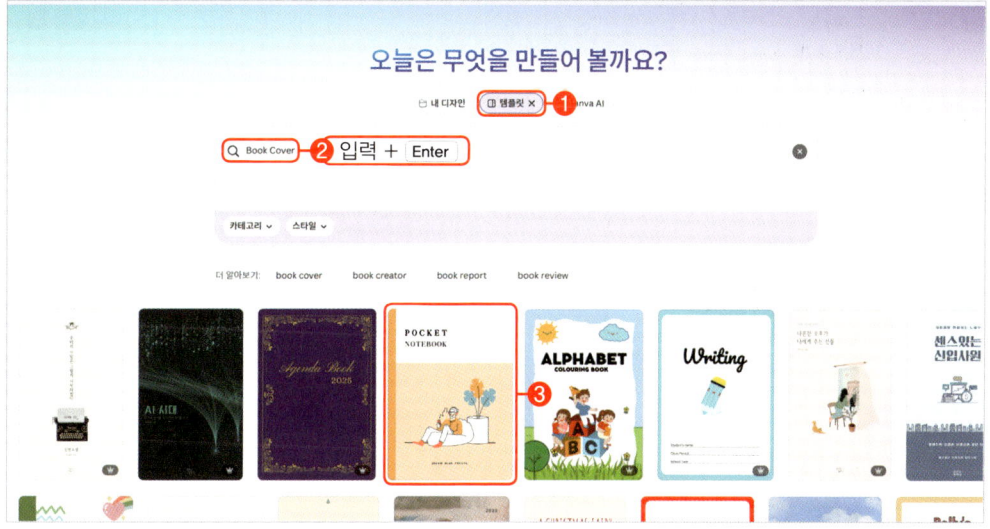

Chapter 08 북 디자인 완성하기 **161**

02 [이 템플릿 맞춤 편집하기] 버튼을 클릭해 작업 화면에 적용합니다. 예제에서는 'Yellow Simple Illustration Cover Spiral Notebook' 템플릿을 선택했습니다.

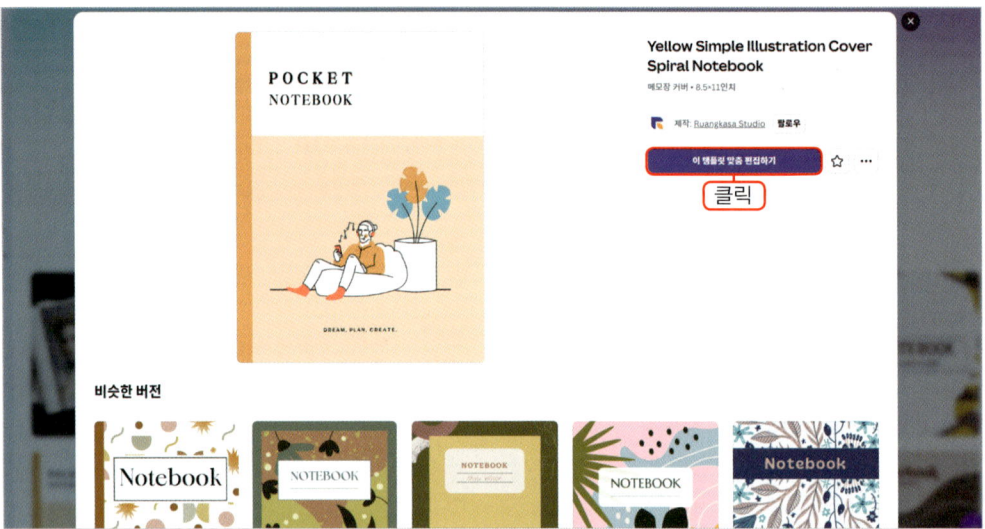

03 자기 계발서와 어울리는 제목을 생성하기 위해 왼쪽의 [텍스트] 메뉴 - [Magic Write] 버튼을 클릭하고 프롬프트를 입력한 후 [생성하기] 버튼을 클릭합니다.

> **프롬프트 예시**
> 자기 계발서에 어울리는 감성적이고 강렬한 제목 5가지 제안해 줘.

04 가장 마음에 드는 제목을 드래그한 후 Ctrl + C 를 눌러 복사합니다.

05 Ctrl + V 를 눌러 텍스트를 붙여 넣은 후 글꼴, 텍스트 배치, 색상 등을 수정하고 필요 없는 요소를 삭제합니다.

06 책의 제목 및 주제와 어울리는 이미지를 생성하기 위해 [Magic Media] 메뉴 – [이미지] 탭을 클릭합니다. 프롬프트를 입력하고 스타일을 '컨셉 아트'로 설정한 후 [이미지 생성하기] 버튼을 클릭합니다.

프롬프트 예시
성장하는 나무와 책이 함께 있는 감성적인 장면, 시간을 상징하는 시계와 사색하는 여성의 뒷모습

07 마음에 드는 이미지를 선택한 후 크기를 조절합니다.

08 생성된 이미지와 어울리게 배경, 텍스트 색상, 레이아웃 등을 자유롭게 변경합니다. 이어지는 〈Chapter 09 나만의 디자인 목업 만들기〉 예제에서 사용하기 위해 완성한 북 커버를 'PNG' 파일 형식으로 다운로드합니다.

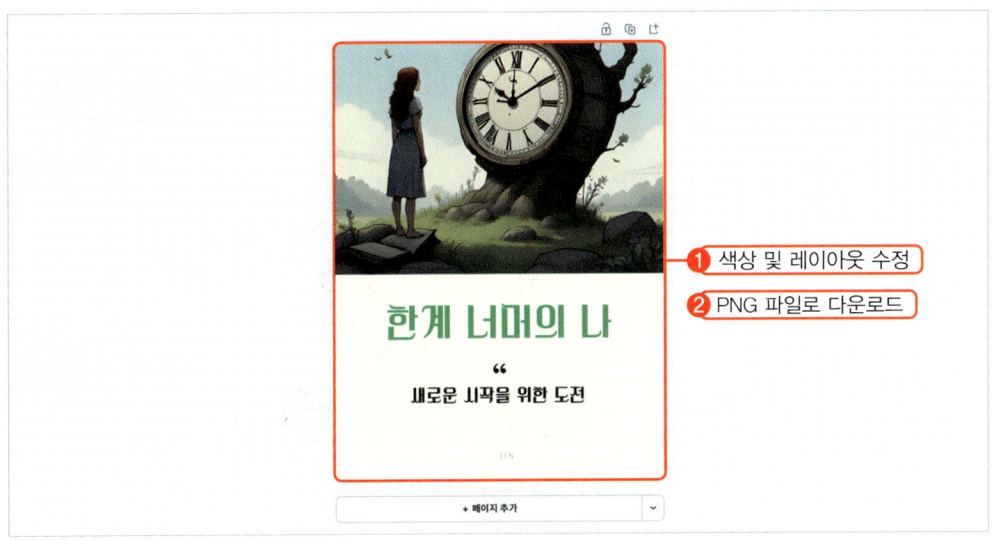

① 색상 및 레이아웃 수정
② PNG 파일로 다운로드

> **TIP**
>
> **매력적인 북 커버를 만들기 위한 디자인 원칙**
>
> 매력적인 북 커버를 만들고 싶다면 아래 세 가지 디자인 원칙을 참고합니다.
> - 시선을 사로잡는 타이포그래피(큰 제목 + 대비가 강한 색상)
> - 장르에 맞는 분위기 연출
> - 복잡하지 않은 여백의 미

북 디자인 다운로드하기

완성한 북 커버 디자인과 내지를 전자책용과 인쇄용으로 다운로드해 보겠습니다.

01 북 커버 디자인을 내지 디자인 작업 화면으로 이동하기 위해 드래그하여 모두 선택한 후 Ctrl + C 를 눌러 복사합니다.

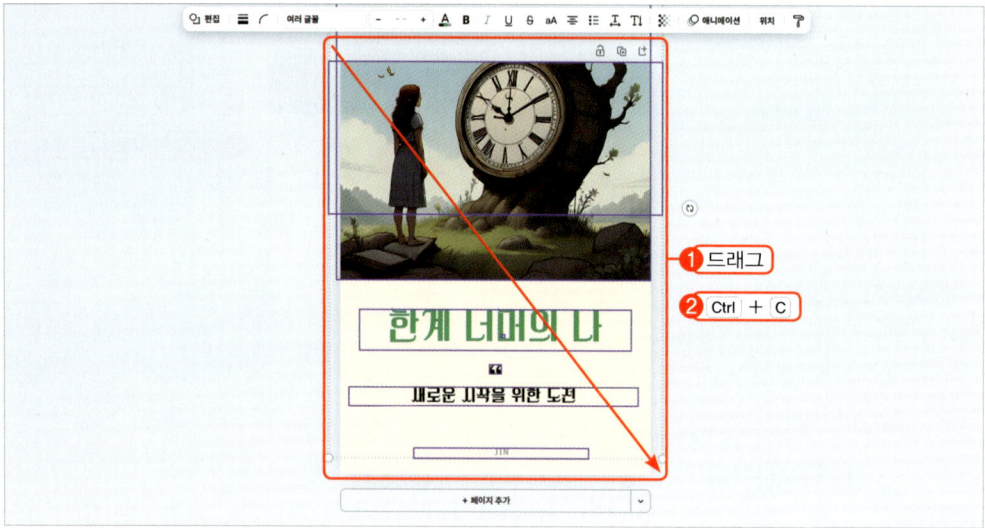

02 내지 디자인 작업 화면을 열고 1 페이지 오른쪽 상단의 아이콘을 클릭한 후 아이콘을 클릭합니다. 그리고 Ctrl + V 를 눌러 북 커버 디자인을 붙여 넣습니다.

03 이미지부터 텍스트까지는 복사되었지만, 배경 색상이 적용되지 않은 것을 확인할 수 있습니다. 배경을 선택하고 상단의 [배경 색상(🎨)]을 클릭한 후 [새로운 색상 추가(🎨)]를 클릭해 '#FDF8E7'을 입력합니다.

04 오른쪽 상단의 [공유] 버튼 – [다운로드] 버튼을 클릭합니다.

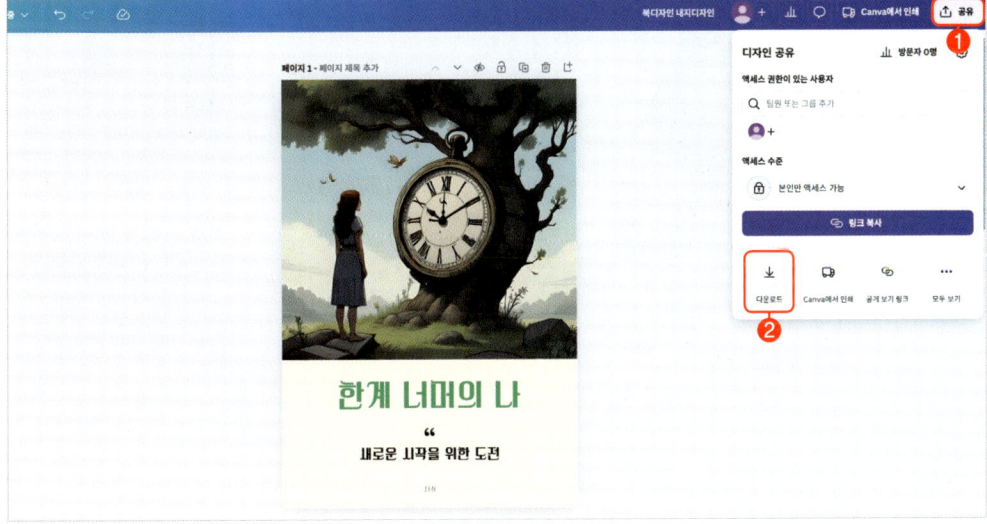

Chapter 08 북 디자인 완성하기

05 전자책용으로 다운로드하고 싶다면 파일 형식을 'PDF 표준'으로 설정한 후 [다운로드] 버튼을 클릭합니다.

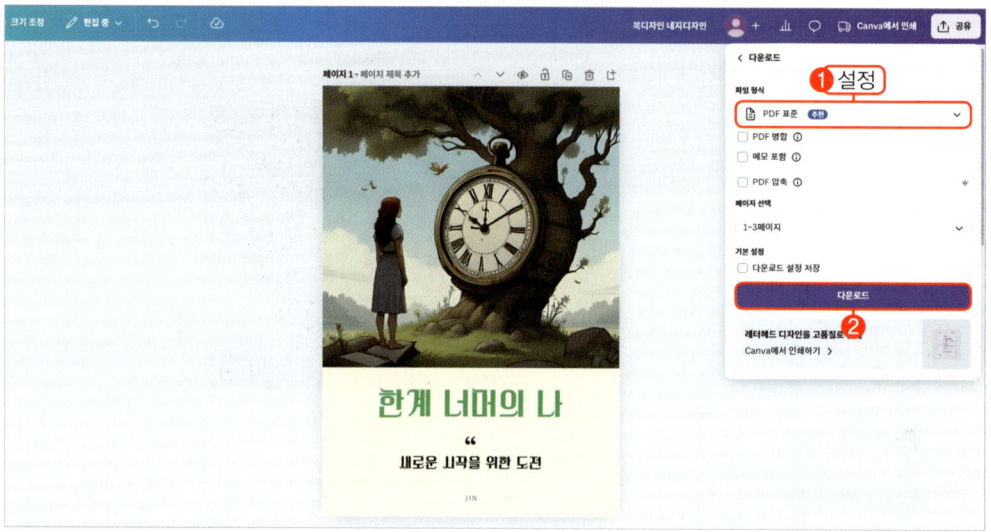

06 PDF를 열어 보면 북 디자인이 전자책용으로 다운로드된 것을 확인할 수 있습니다.

07 인쇄용으로 다운로드하고 싶다면 파일 형식을 'PDF 인쇄'로 설정하고 '재단선 및 재단 물림'에 체크합니다. 색상 프로필은 'CMYK(전문가용 인쇄에 적합)'로 설정한 후 [다운로드] 버튼을 클릭합니다.

08 PDF를 열어 보면 인쇄용 재단선을 확인할 수 있습니다.

01 북 커버 디자인 목업 만들기
02 AI로 에코백 굿즈 목업 만들기
03 AI로 머그컵 굿즈 목업 만들기

Chapter 09

나만의 디자인 목업 만들기

목업(Mock-up)이란 실제 제품과 유사하게 만들어진 샘플 이미지로 제품의 디자인을 검토하기 위해 사용됩니다. 캔바는 복잡한 3D 모델링 과정을 거치지 않아도 간단하게 목업을 만들 수 있습니다. 이번 챕터에서는 캔바의 앱과 AI 기능을 활용해 북 커버와 에코백 그리고 머그컵 굿즈의 목업을 만들어 보겠습니다.

01 북 커버 디자인 목업 만들기

《Chapter 08 북 디자인 완성하기》에서 만든 북 커버 이미지를 활용해 3D 목업 이미지를 만들어 보겠습니다.

01 캔바 홈 화면 왼쪽 상단의 [+ 만들기] 버튼을 클릭하고 '디자인 만들기' 창에서 [맞춤형 크기]를 선택합니다. 가로와 높이를 '1000', 단위는 'px'로 설정하고 [새 디자인 만들기] 버튼을 클릭합니다.

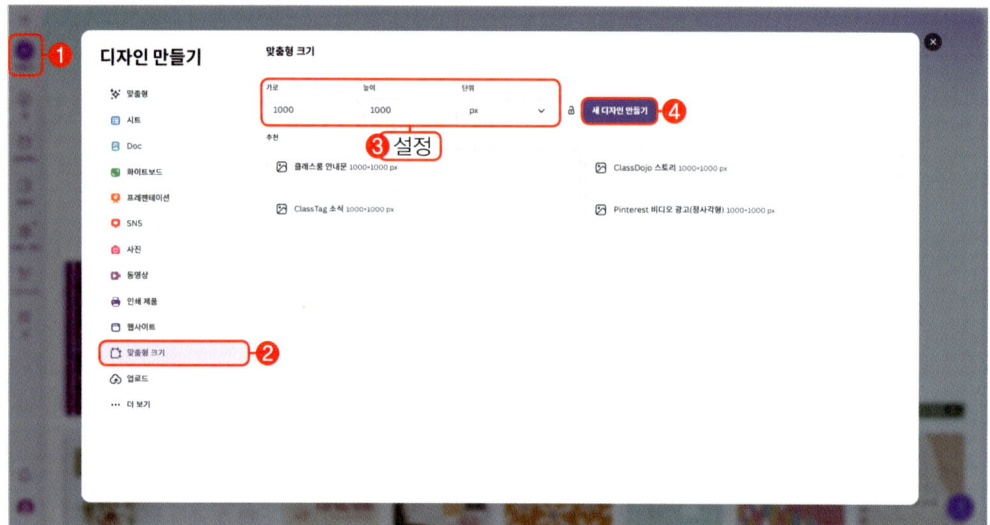

> **TIP 캔바에서 제작 가능한 목업**
> - **굿즈 목업(티셔츠, 머그컵, 텀블러 등)**: 로고나 메시지를 삽입한 굿즈 목업 제작 가능
> - **패키지 목업(상자, 병, 튜브, 스티커 라벨 등)**: 제품 포장 시안 용도에 적합
> - **출판물 목업(책, 잡지, 노트북, 플래너 등)**: 출판물 디자인을 인쇄 전에 확인 가능
> - **디지털 콘텐츠 목업(스마트폰, 태블릿 등)**: 앱 UI, 전자책 등의 미리보기 용도

02 왼쪽의 [앱] 메뉴를 클릭하고 [Mockups]를 선택합니다. 'Mockups' 기능이 디자인 메뉴에 추가된 것을 확인한 후 '인쇄' 카테고리의 [모두 보기]를 클릭합니다. 다양한 목업 이미지 중에 마음에 드는 템플릿을 선택하고 크기를 적당히 조절합니다. 예제에서는 'Hard cover book' 목업을 선택했습니다.

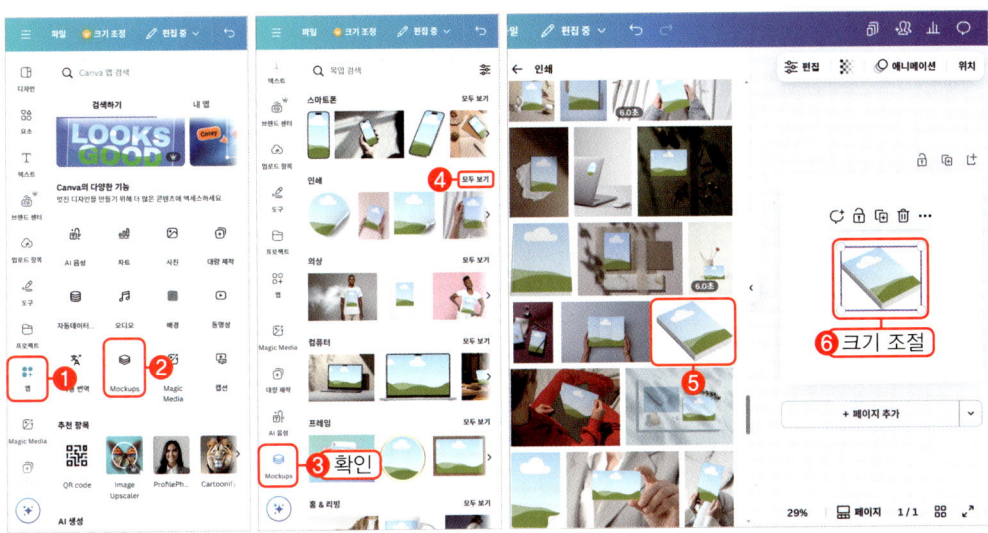

03 왼쪽의 [업로드 항목] 메뉴를 클릭하고 [파일 업로드] 버튼을 클릭한 후 〈Chapter 08 북 디자인 완성하기〉에서 PNG로 다운로드한 북 커버 이미지를 업로드합니다. 업로드한 이미지를 템플릿으로 드래그하면 목업이 완성됩니다.

Chapter 09 나만의 디자인 목업 만들기 173

02 / AI로 에코백 굿즈 목업 만들기

이번에는 캔바의 AI 기능을 활용해 스튜디오에서 촬영한 것 같은 에코백 굿즈 목업 이미지를 만들어 보겠습니다.

01 캔바의 홈 화면에서 [Canva AI] 버튼 – [이미지 생성] 버튼을 클릭한 후 프롬프트를 입력하고 ➡ 버튼을 클릭합니다. 예제에서는 에코백 굿즈 목업을 만들지만, 텀블러나 티셔츠 등 만들고 싶은 주제로 프롬프트를 자유롭게 입력해 봅니다.

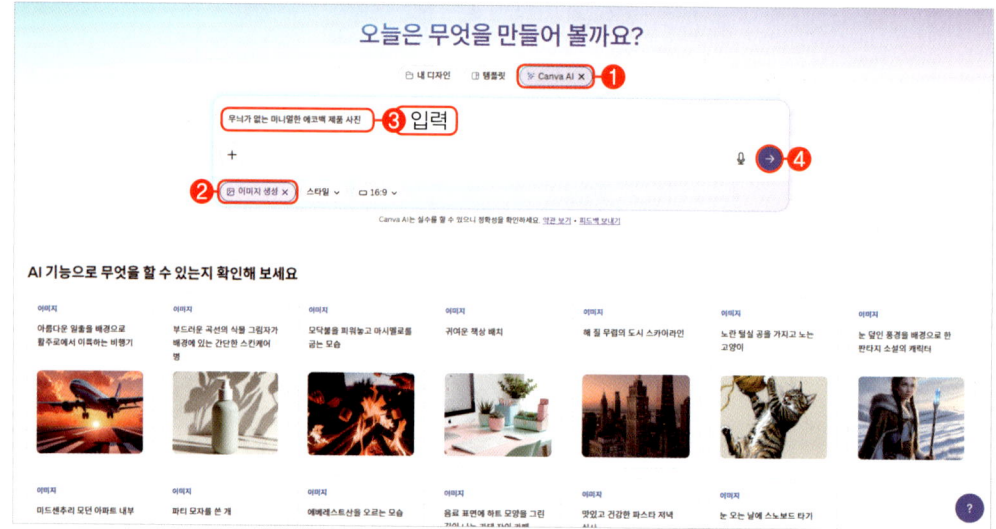

> **프롬프트 예시**
> 무늬가 없는 미니멀한 에코백 제품 사진

02 마음에 드는 이미지 위에 커서를 놓고 오른쪽 하단의 [편집] 버튼을 클릭합니다.

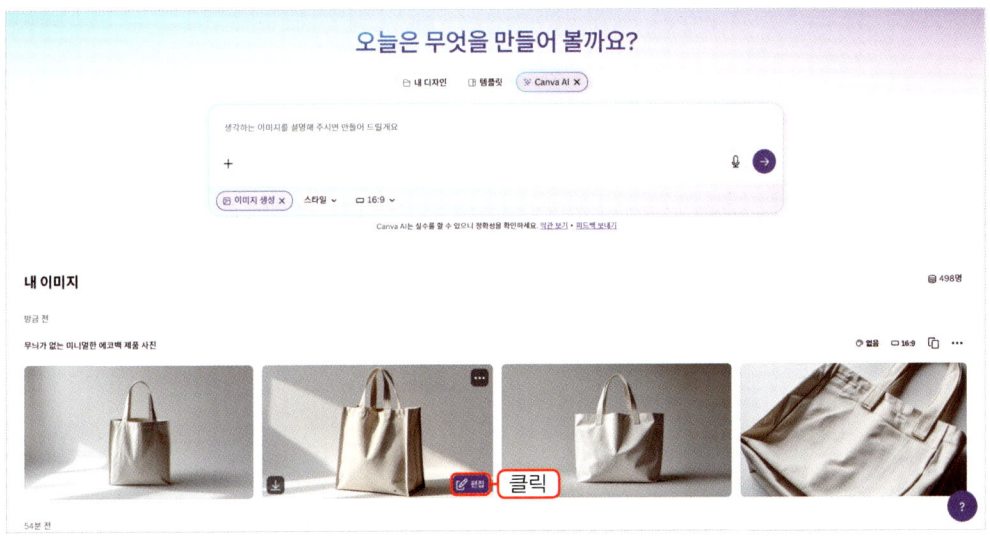

03 작업 화면이 나타나면 에코백 굿즈를 자유롭게 디자인해 줍니다. 왼쪽의 [요소] 메뉴를 클릭하고 검색창에 '로고'를 검색한 후 '그래픽' 카테고리의 [모두 보기]를 클릭합니다.

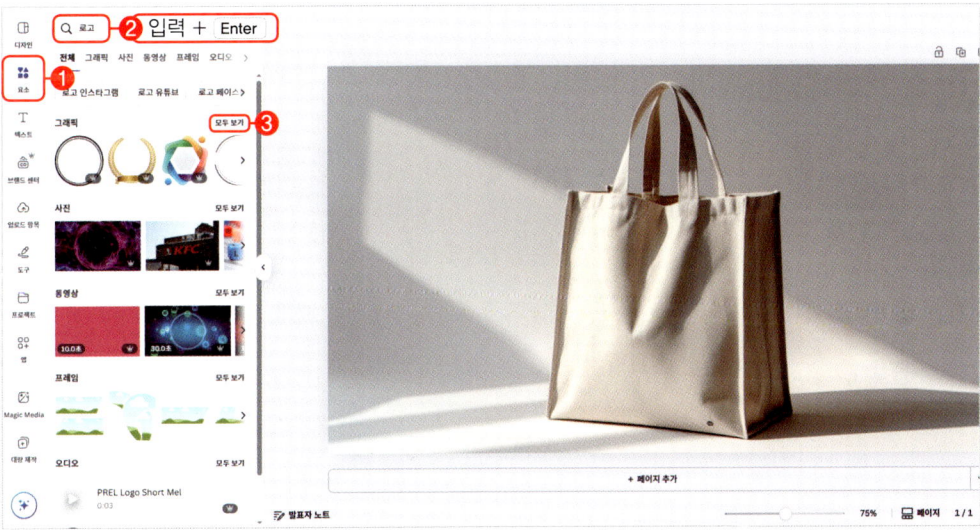

04 마음에 드는 로고 이미지를 선택한 후 작업 화면에서 크기를 조절하여 적당한 위치에 배치합니다.

05 상단의 도구바에서 [색상]을 클릭하고 [새로운 색상 추가(🎨)] – [색상 선택(✏️)]을 클릭한 후 에코백의 컬러 톤을 선택합니다.

06 팔레트를 드래그해 에코백의 컬러 톤보다 살짝 진하게 설정해 줍니다. 상단의 도구바에서 [투명도( )]를 클릭하고 조절바를 드래그해 투명도의 값을 살짝 낮춰 줍니다.

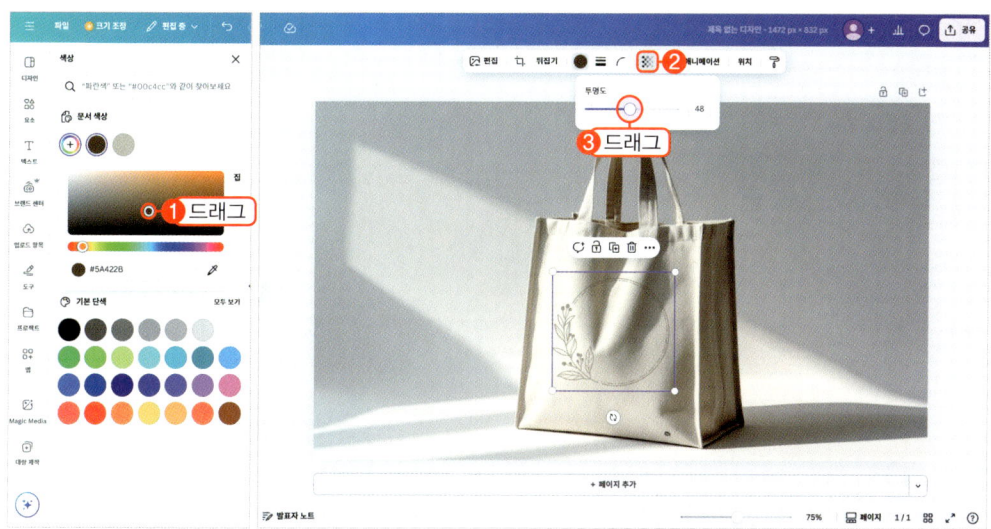

07 스튜디오에서 촬영한 것 같은 에코백 굿즈 이미지를 완성했습니다.

03 / AI로 머그컵 굿즈 목업 만들기

에코백 굿즈 목업과 같은 방법으로 머그컵 굿즈의 목업을 만들어 보겠습니다. 이번에는 배경 이미지를 디테일하게 신경써서 만들어 봅니다.

🔍 연출용 배경 이미지 생성하기

실제 판매되는 제품처럼 연출하기 위해 먼저 배경 이미지를 생성해 보겠습니다.

01 홈 화면에서 [Canva AI] 버튼 – [이미지 생성] 버튼을 클릭한 후 프롬프트를 입력하고 ➡ 버튼을 클릭합니다.

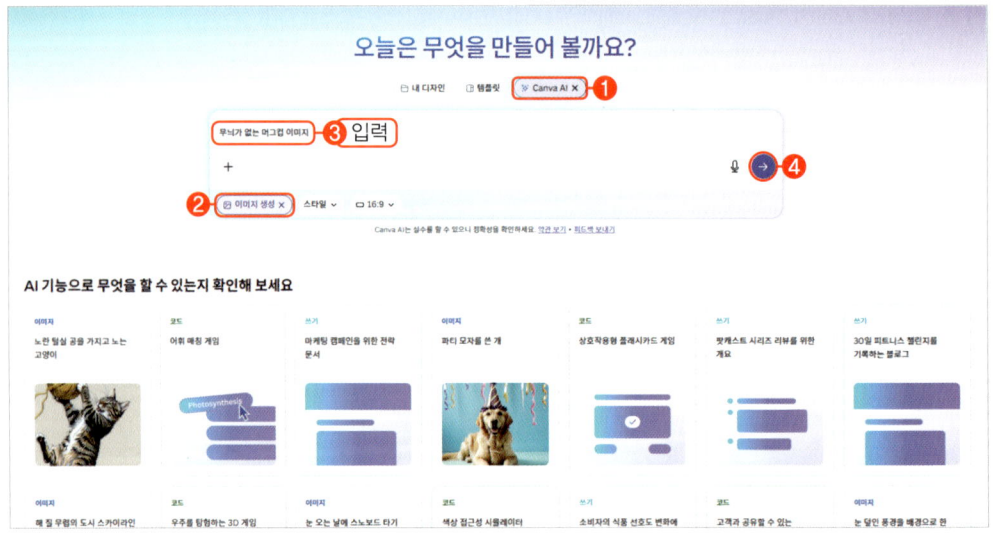

프롬프트 예시
무늬가 없는 머그컵 이미지

02 마음에 드는 이미지 위에 커서를 놓고 오른쪽 하단의 [편집] 버튼을 클릭합니다.

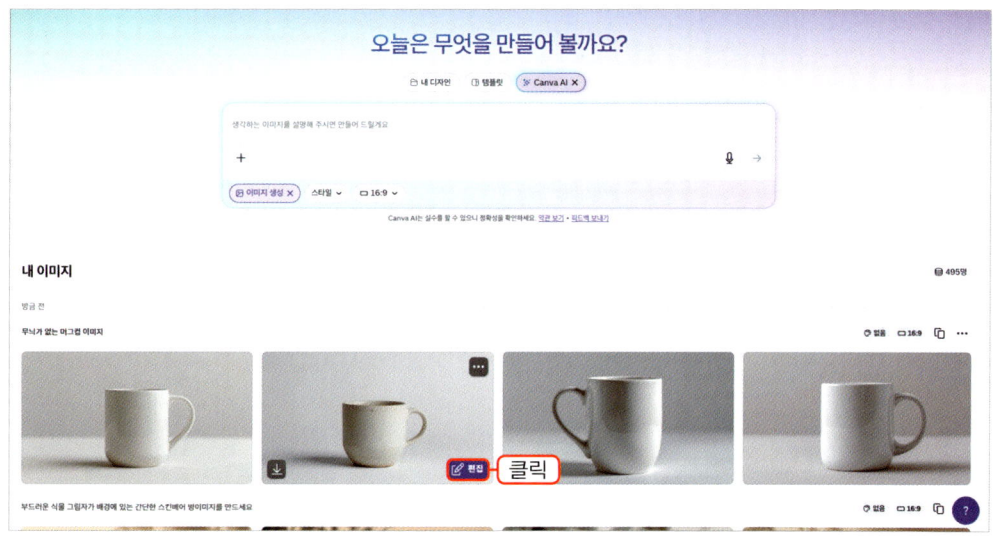

03 배경 이미지를 다시 생성하기 위해 상단의 도구바에서 [배경 제거]를 클릭합니다.

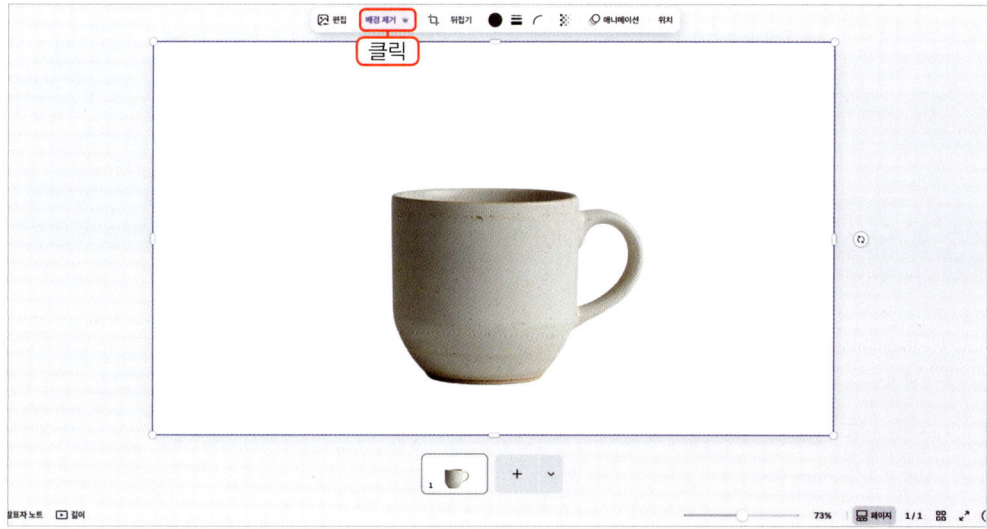

04 왼쪽의 [텍스트] 메뉴 – [Magic Write] 버튼을 클릭하고 배경 이미지를 만들어 줄 프롬프트를 요청한 후 [생성하기] 버튼을 클릭합니다.

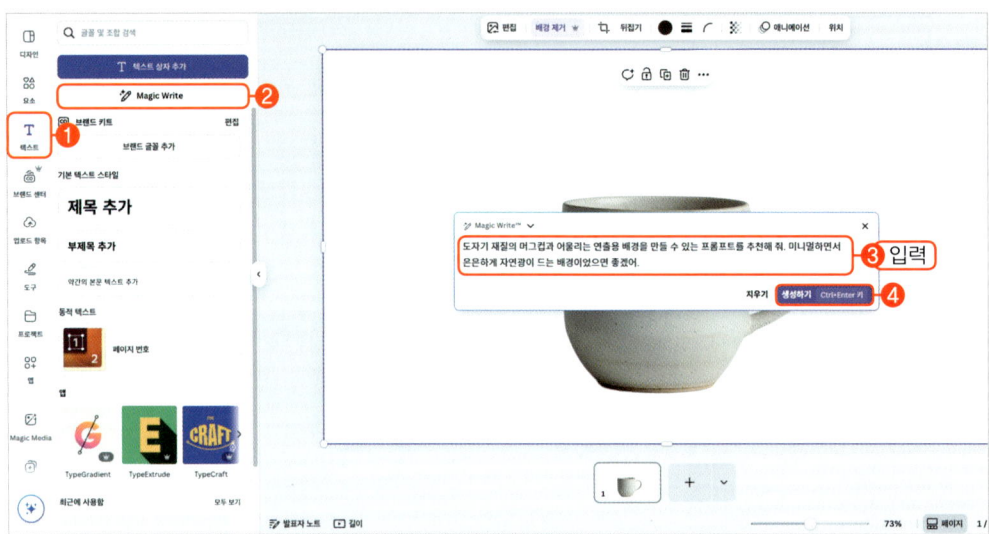

> **프롬프트 예시**
> 도자기 재질의 머그컵과 어울리는 연출용 배경을 만들 수 있는 프롬프트를 추천해 줘. 미니멀하면서 은은하게 자연광이 드는 배경이었으면 좋겠어.

05 AI가 생성해 준 내용이 프롬프트 형식이 아니기 때문에 [이대로도 좋지만...] 버튼을 클릭합니다.

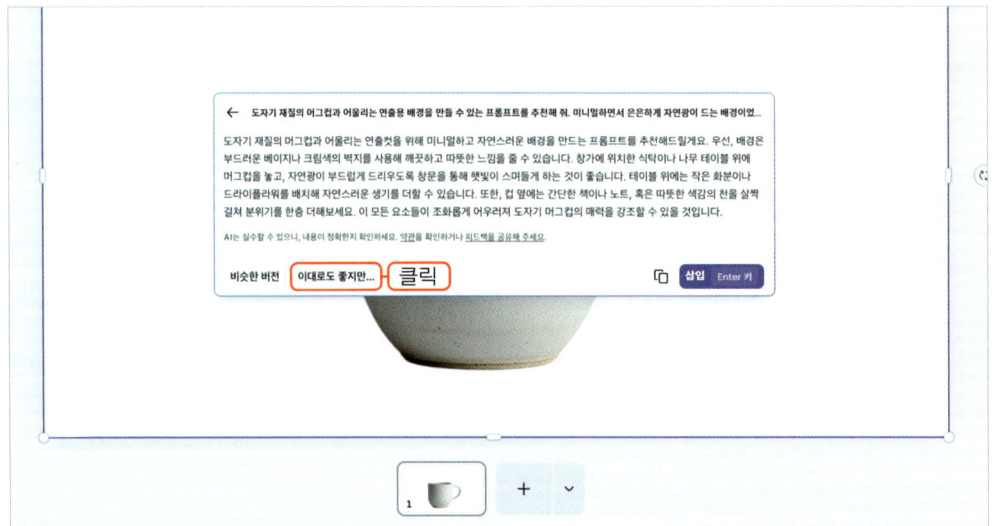

06 프롬프트 형식으로 문장을 만들어 달라고 요청한 후 [생성하기] 버튼을 클릭합니다.

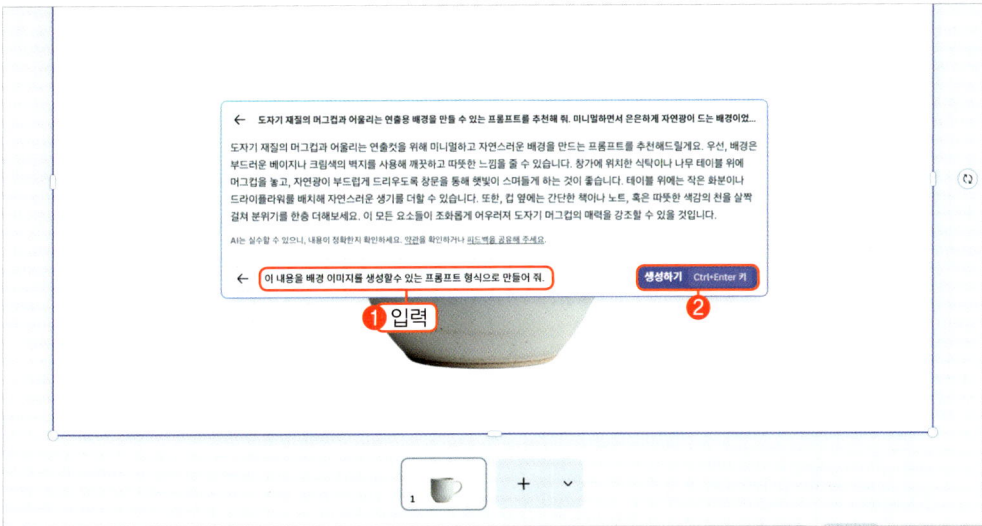

> **프롬프트 예시**
> 이 내용을 배경 이미지를 생성할 수 있는 프롬프트 형식으로 만들어 줘.

07 AI가 생성해 준 프롬프트를 드래그한 후 Ctrl + C 를 눌러 복사합니다.

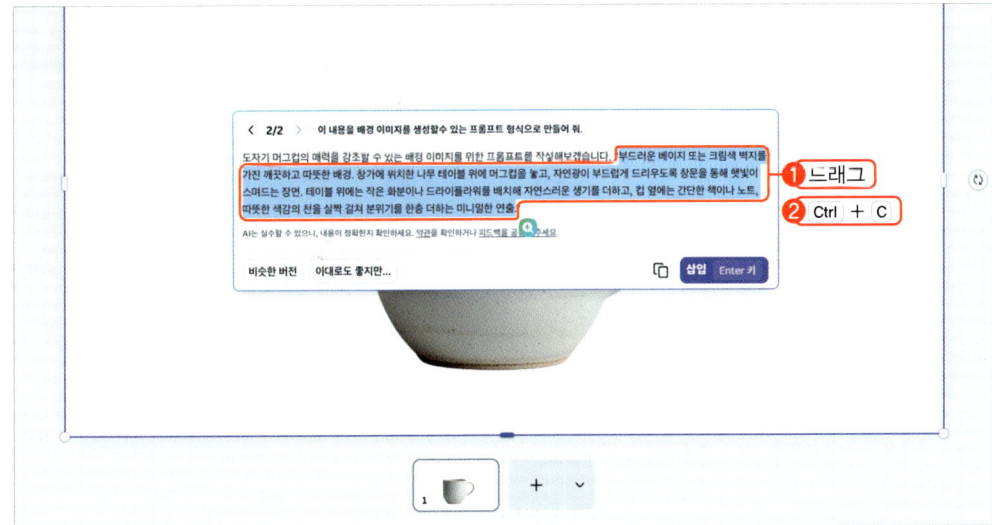

08 상단의 도구바에서 [편집]을 클릭하고 'Magic Studio' 카테고리의 [배경 생성]을 클릭합니다.

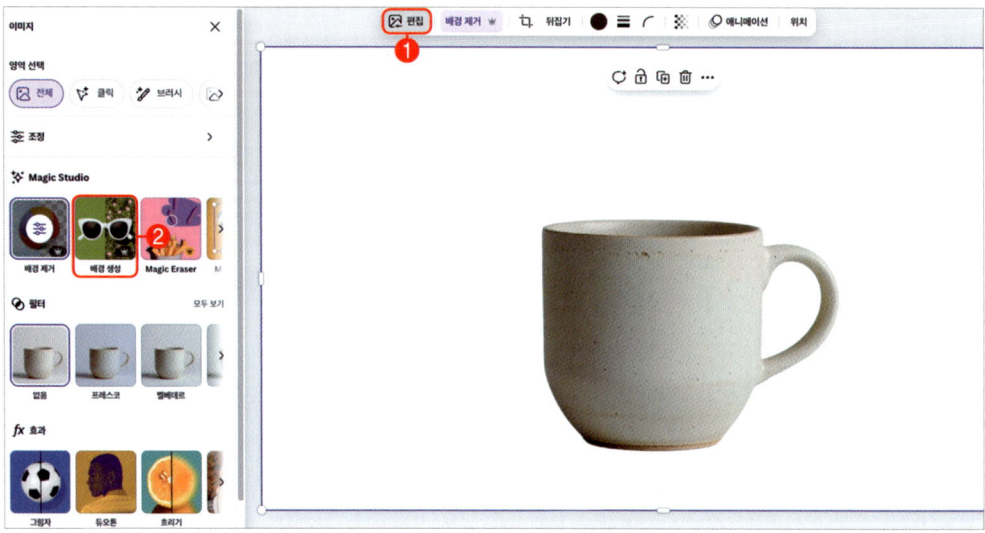

09 프롬프트 입력창을 클릭한 후 Ctrl + V 를 눌러 복사한 프롬프트를 붙여 넣고 [생성하기] 버튼을 클릭합니다. 마음에 드는 이미지를 선택하면 배경이 자동으로 적용됩니다.

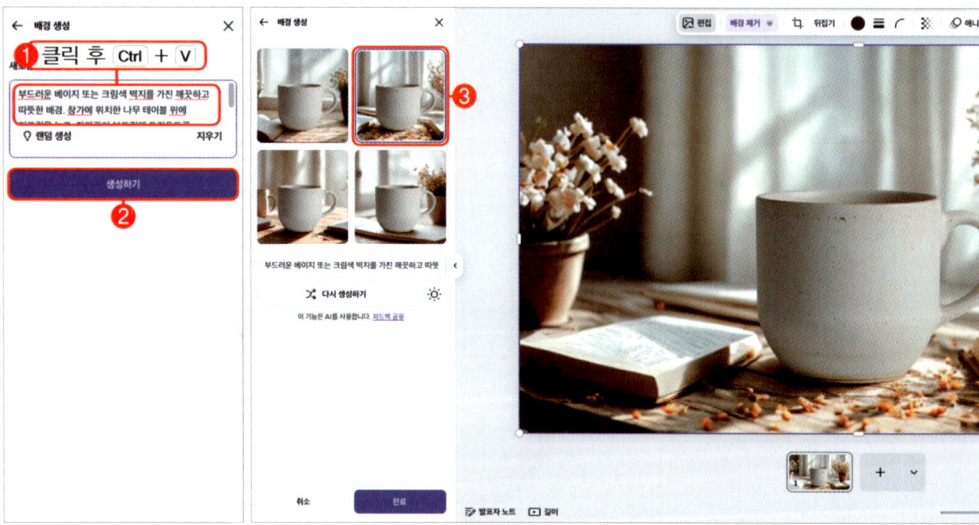

머그컵 굿즈 목업 완성하기

머그컵에 로고를 넣어 목업을 완성해 보겠습니다.

01 [요소] 메뉴를 클릭하고 검색창에 '프레임'을 검색한 후 [원형 프레임]을 선택합니다. 프레임의 크기를 조절하여 머그컵 중앙에 배치해 주세요.

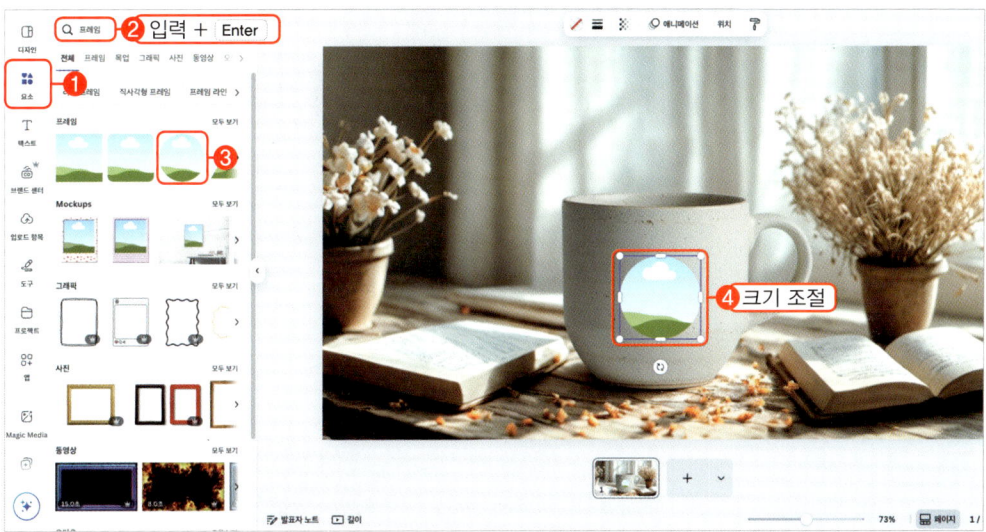

02 이어서 검색창에 '재질'을 검색한 후 [사진] 탭을 클릭하고 원하는 질감 이미지를 프레임으로 드래그하여 적용합니다.

Chapter 09 나만의 디자인 목업 만들기

03 왼쪽의 [텍스트] 메뉴 – [제목 추가] 버튼을 클릭하고 로고에 넣을 브랜드명을 입력합니다. 예제에서는 'CANVA'를 입력하겠습니다.

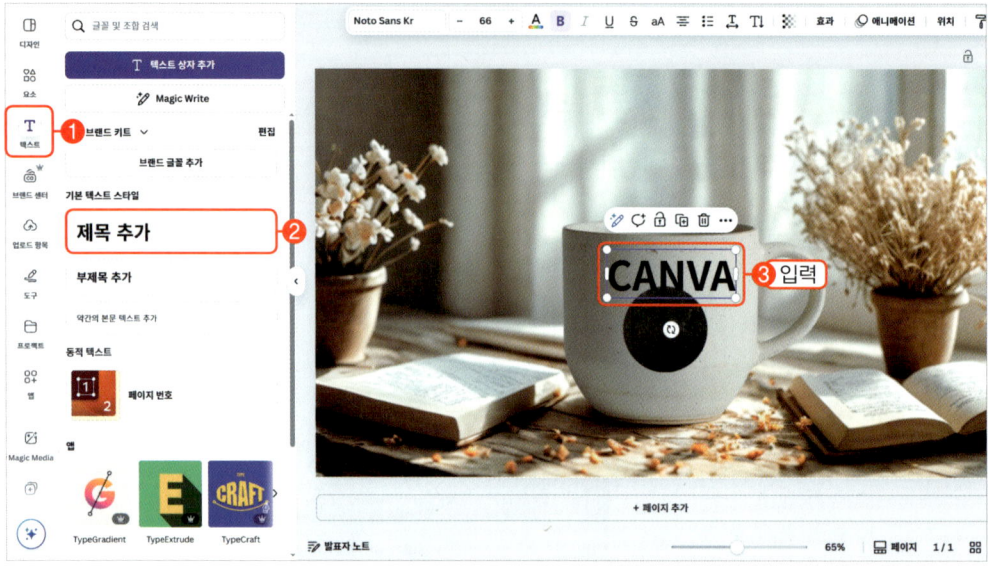

04 글꼴 크기를 '27.2'로 설정해 원형 프레임에 배치한 후, 텍스트를 드래그하고 상단의 [텍스트 색상(A)]을 클릭합니다. 왼쪽 패널에서 [새로운 색상 추가(⊕)] – [색상 선택(✎)]을 클릭해 머그컵의 컬러 톤을 선택합니다.

05 텍스트 상자를 복사해 나머지 브랜드명을 입력한 후 글꼴 크기를 '12' 정도로 설정하고 적당한 위치에 배치합니다. 예제에서는 'Korea tradition'으로 수정하였습니다.

06 작업 화면을 클릭하고 상단의 도구바에서 [자르기( )]를 선택합니다.

07 왼쪽 패널에서 [1:1] 비율을 선택하고 [완료] 버튼을 클릭하면 이미지가 잘라집니다.

08 Ctrl + A 를 눌러 전체 요소를 선택하고 마우스 오른쪽 버튼 클릭 – [그룹화]를 선택합니다.

09 왼쪽 상단의 [크기 조정]을 클릭하고 [맞춤형 크기]를 선택합니다. 높이에 '1600'을 입력해 정사각형 비율로 설정한 후 [이 디자인의 크기 조정] 버튼을 클릭합니다.

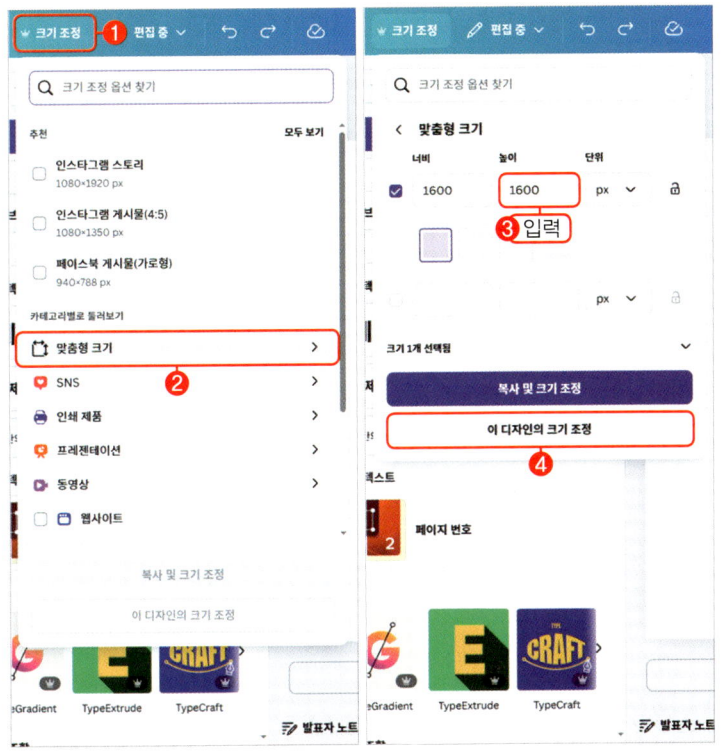

10 상단에 안내창이 나타나면 작업 화면에 맞춰 이미지의 크기를 조절해 줍니다. 오른쪽 상단의 [공유] 버튼 - [다운로드] 버튼을 클릭해 'PNG' 파일 형식으로 이미지를 다운로드하면 완성!

01 자기 관리용 갓생 플래너 만들기
02 만족도 조사 설문지 만들기

Chapter 10

일상과 업무 관리 도구 만들기

이번 챕터에서는 시간 단위로 일정을 세밀하게 관리하는 '플래너'와, 질문 단위로 사람들의 생각과 의견을 정리하는 '설문지'를 만들어 보겠습니다. 특히 플래너는 단순한 일정 관리를 넘어 부지런하고 생산적인 삶은 추구하는 '갓생' 테마로 구성해 보겠습니다.

01 자기 관리용 갓생 플래너 만들기

'갓생'이란 부지런하고 생산적인 삶을 의미하는 신조어로, 갓생 플래너는 일상에서 소소한 성취감을 얻을 수 있는 셀프 성장 도구입니다.

갓생 플래너 체크리스트 만들기

먼저 갓생 플래너의 체크리스트를 만들어 보겠습니다.

01 홈 화면 왼쪽 상단의 [+ 만들기] 버튼을 클릭하고 '빠른 작업' 카테고리의 [Magic Write]를 클릭합니다. 'Magic Write' 창에 프롬프트를 입력한 후 [생성하기] 버튼을 클릭합니다. 만약 '빠른 작업' 카테고리가 보이지 않는다면 '새로 만들기' 카테고리의 [Doc]를 선택하고 도구바의 [Magic Write]를 클릭하여 진행합니다.

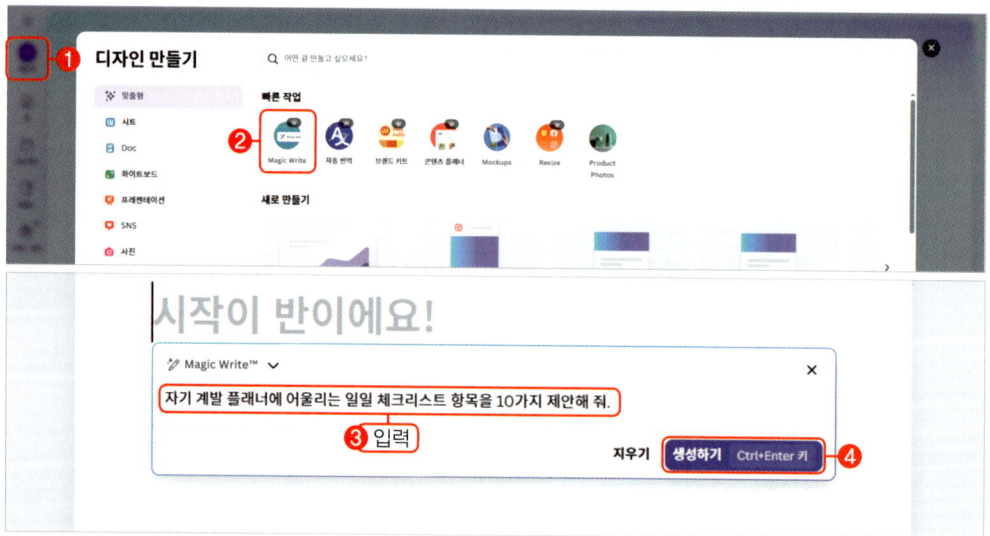

> **프롬프트 예시**
> 자기 계발 플래너에 어울리는 일일 체크리스트 항목을 10가지 제안해 줘.

02 잠시 기다리면 AI가 체크리스트를 제안해 줍니다. [삽입] 버튼을 클릭한 후 체크리스트를 정리합니다.

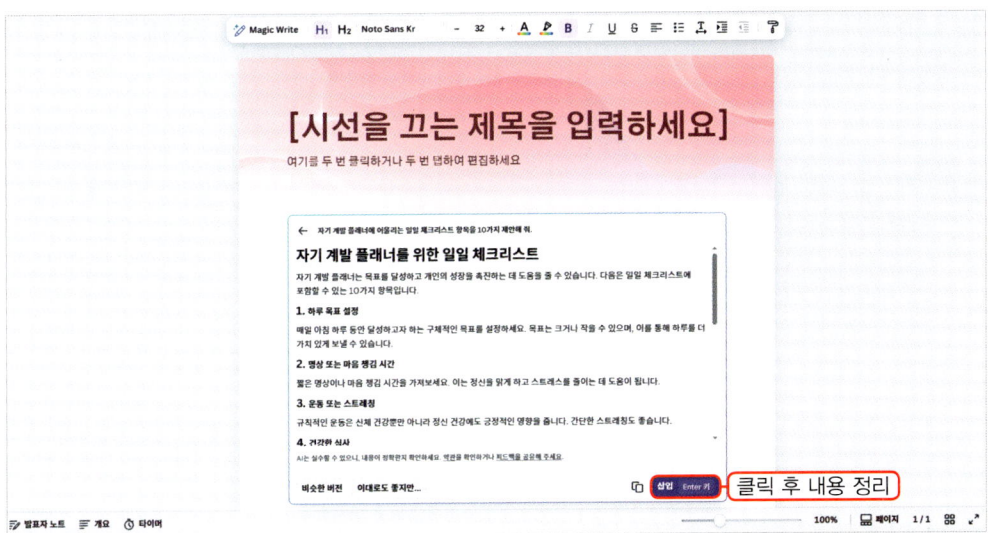

03 예제에서는 다음과 같이 7가지 체크리스트로 정리해 보았습니다.

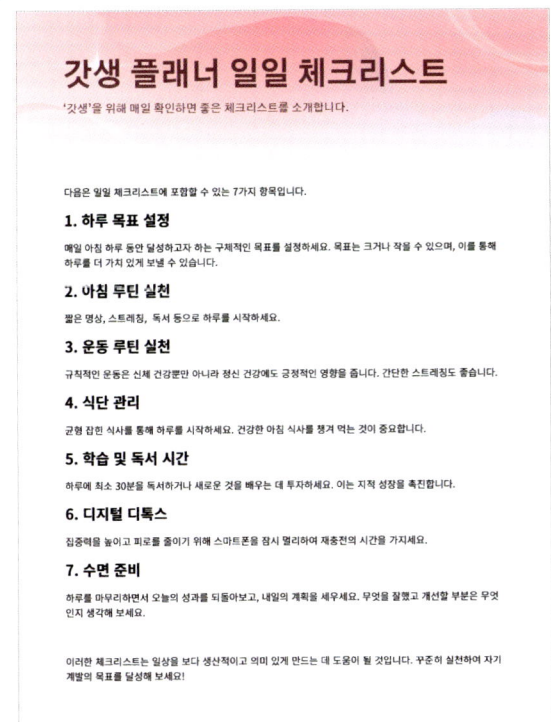

대량 제작 기능으로 갓생 플래너 완성하기

갓생 플래너의 큰 틀을 잡아 놓았으니, 대량 제작 기능으로 갓생 플래너를 빠르게 완성하는 방법을 알아보겠습니다.

01 캔바 홈 화면에서 [템플릿] 버튼을 클릭하고 검색창에 'daily planner'를 검색한 후 마음에 드는 템플릿을 선택합니다.

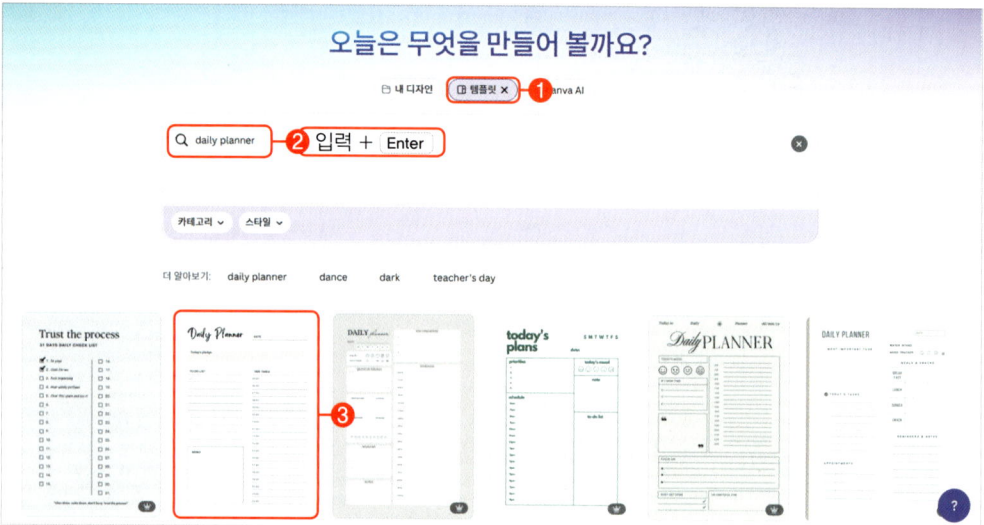

02 [이 템플릿 맞춤 편집하기] 버튼을 클릭해 작업 화면에 적용합니다. 예제에서는 'White Minimal Daily Planner' 템플릿을 선택했습니다.

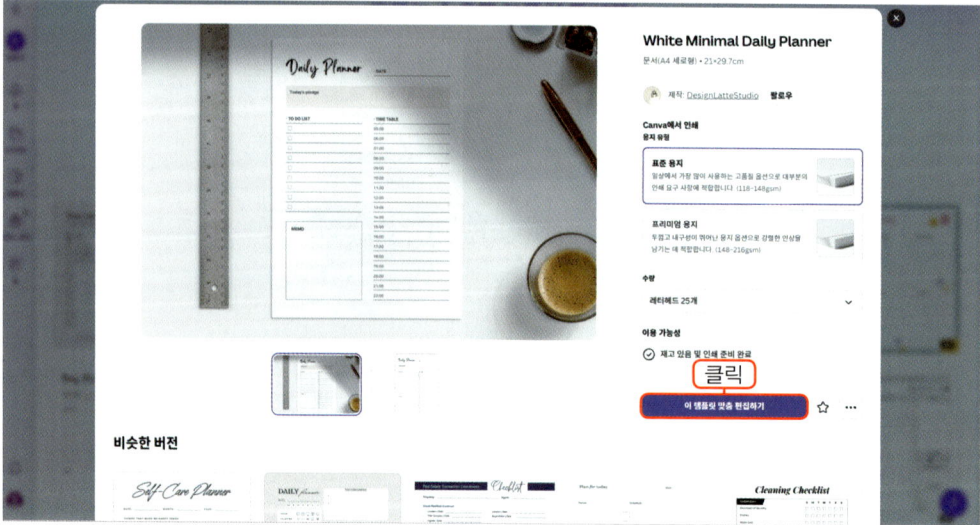

03 왼쪽의 [텍스트] 메뉴 - [텍스트 상자 추가] 버튼을 클릭해 미리 정리해 놓은 체크리스트 항목을 입력하고 템플릿을 수정해 줍니다.

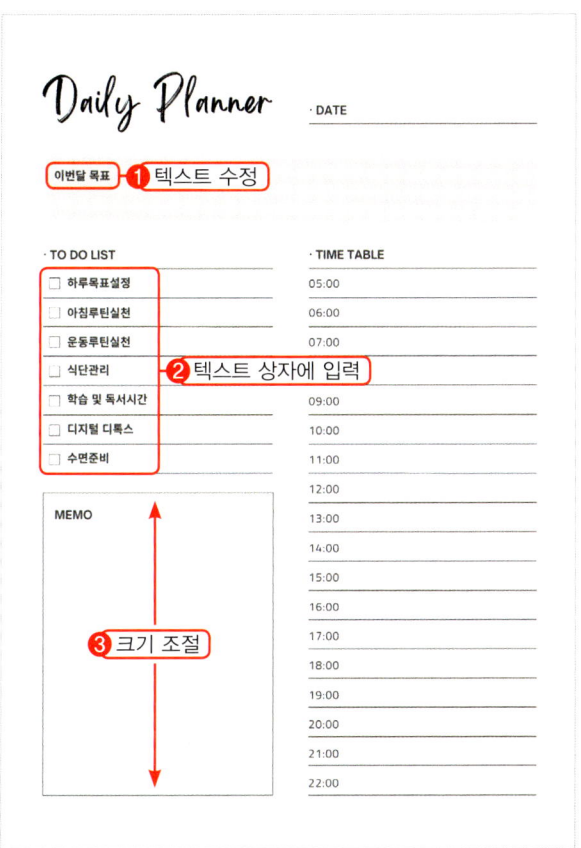

04 왼쪽의 [대량 제작] 메뉴를 클릭하고 [데이터 수동 입력] 버튼을 클릭합니다.

05 '데이터 추가' 창의 칸을 더블 클릭해 'DATE', '이번달 목표', '하루목표설정', '아침루틴설정' 등 템플릿에 있는 변수를 모두 입력해 줍니다. 시간은 간략히 '12:00'까지만 입력하겠습니다.

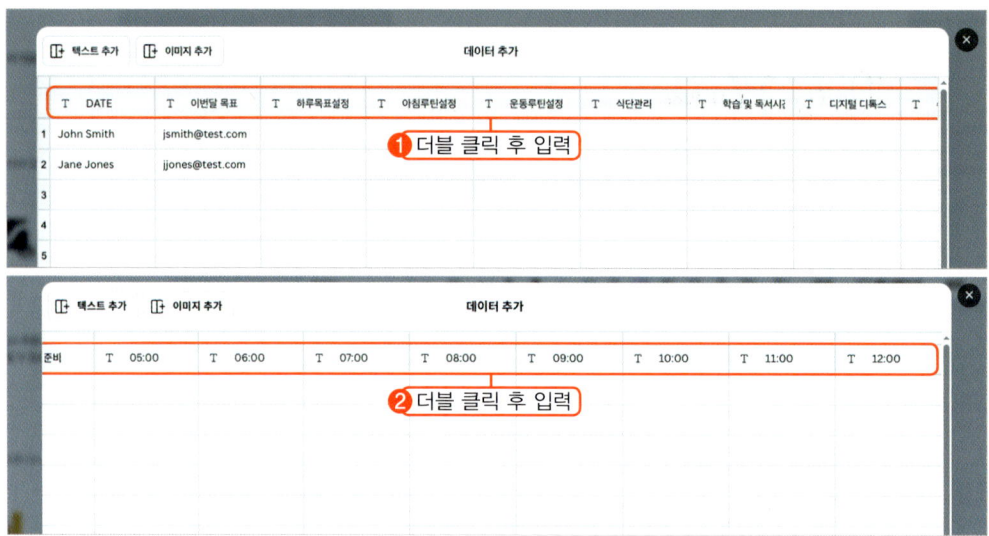

06 변수에 해당하는 내용을 월별로 자유롭게 입력한 후 [완료] 버튼을 클릭합니다.

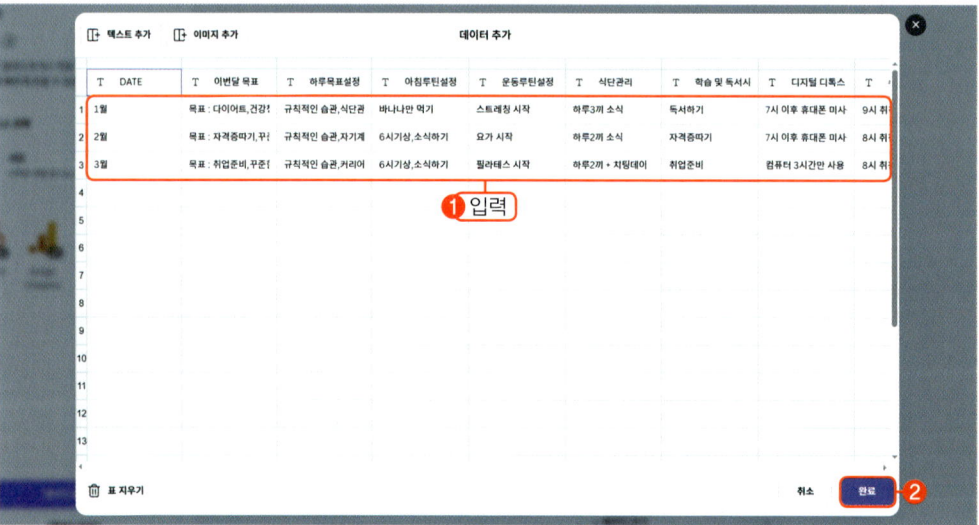

07 'DATE' 텍스트 상자를 선택하고 도구바의 [데이터 연결]을 클릭한 후 [DATE]를 선택합니다.

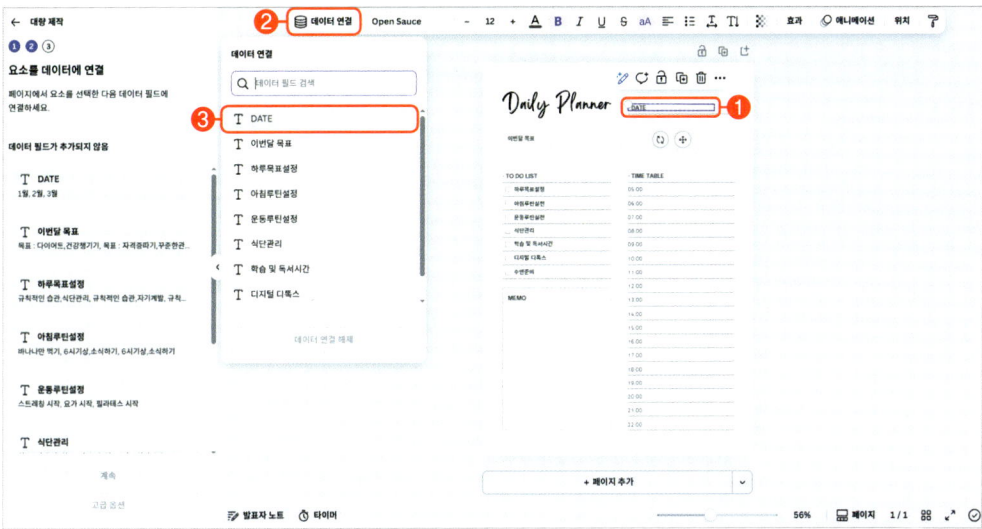

08 같은 방법으로 모든 데이터를 연결하고 [계속] 버튼을 클릭합니다. 'TIME TABLE'은 그룹을 해제한 후에 데이터를 연결해 주세요.

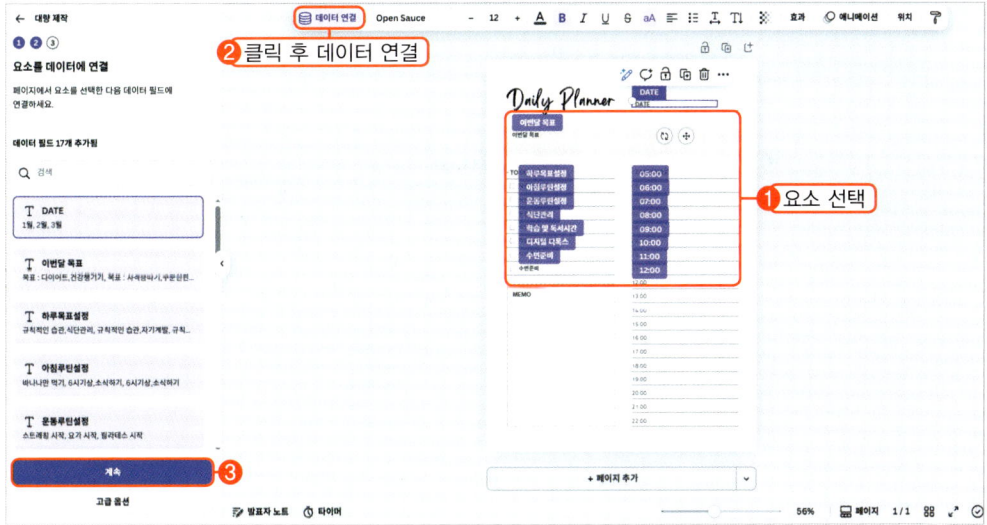

09 '모두 선택'이 체크된 상태에서 [디자인 3개 생성] 버튼을 클릭한 후 상단의 [디자인 보기] 버튼을 클릭합니다.

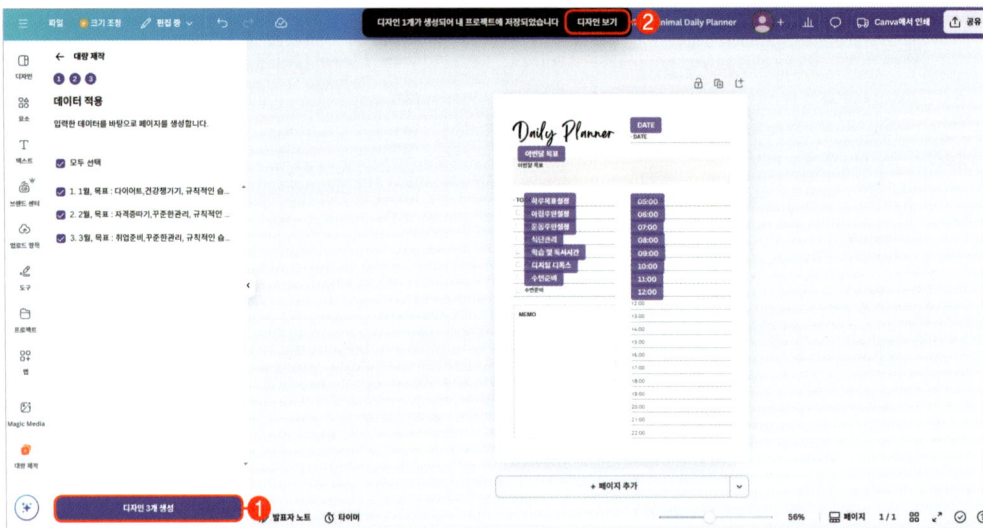

10 대량 제작 기능을 활용해 갓생 플래너를 완성하였습니다. 오른쪽 상단의 [공유] 버튼 - [다운로드] 버튼을 클릭해 'PDF 표준'이나 'PNG' 파일 형식으로 플래너를 다운로드합니다.

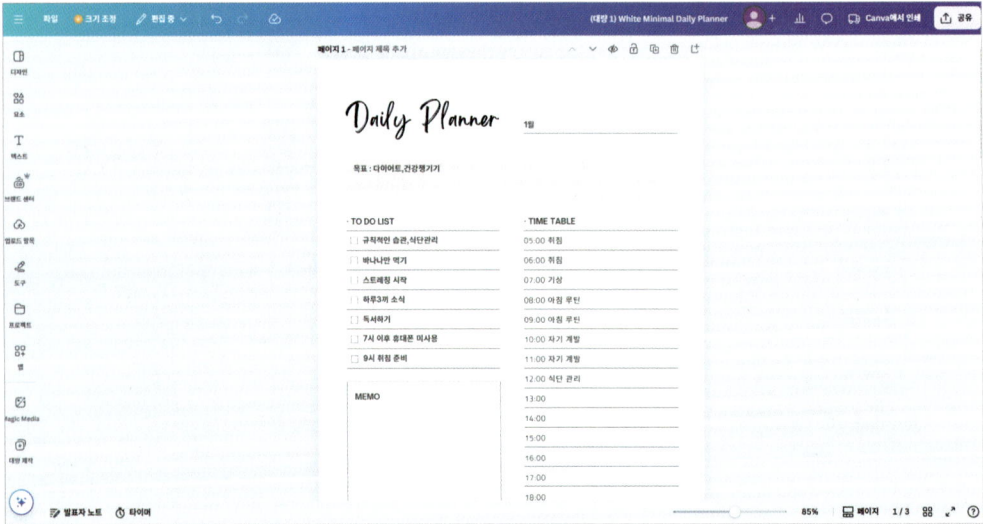

02 만족도 조사 설문지 만들기

이어서 사람들의 생각과 의견을 정리해 주는 만족도 조사 설문지를 만들어 보겠습니다. 만족도 조사 설문지는 제품에 대한 고객의 만족도를 파악하고 싶거나, 온라인 클래스와 같은 플랫폼에서 학습자의 만족도를 조사하고 싶을 때 활용할 수 있습니다.

🔍 템플릿과 자동 번역 기능 활용하기

먼저 템플릿과 자동 번역 기능을 활용해 설문지를 만들어 보겠습니다.

01 홈 화면에서 [템플릿] 버튼을 클릭하고 '설문지'를 검색한 후 마음에 드는 템플릿을 선택합니다.

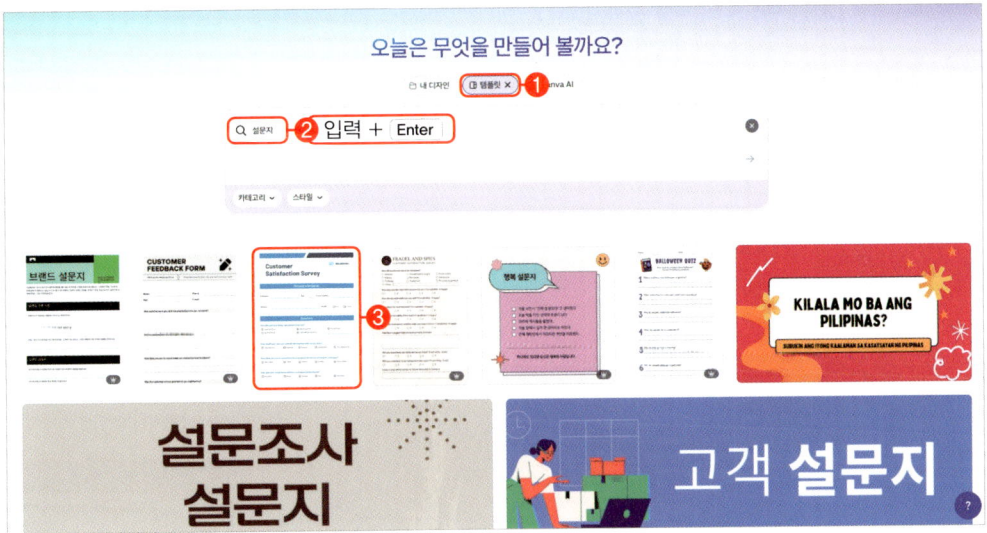

Chapter 10 일상과 업무 관리 도구 만들기　197

02 [이 템플릿 맞춤 편집하기] 버튼을 클릭해 템플릿을 작업 화면에 적용합니다. 예제에서는 'Customer Satisfaction Survey Doc' 템플릿을 선택했습니다.

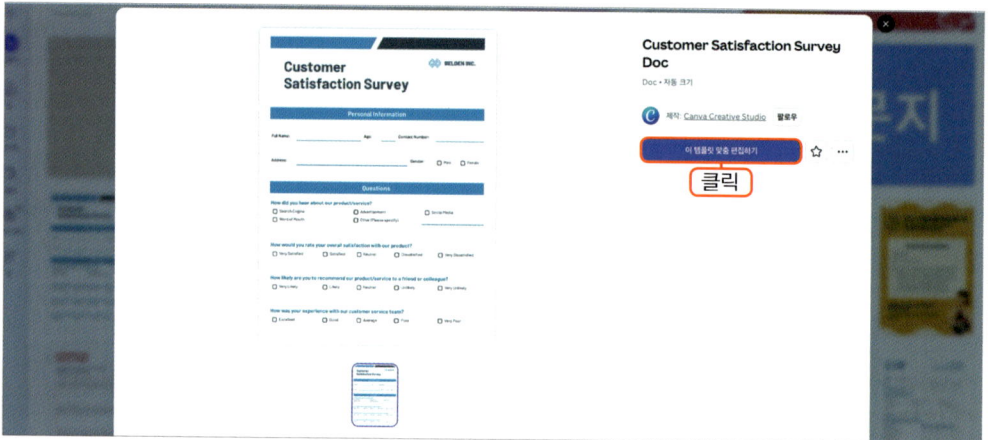

03 작업 화면 왼쪽 상단의 [Magic Switch]를 클릭하고 [자동 번역]을 선택합니다. [언어 선택]을 클릭하고 검색창에 '한국어'를 입력한 후 [한국어]를 선택합니다. 어조(선택 사항)는 [전문적인]을 선택한 후 [자동 번역] 버튼을 클릭합니다.

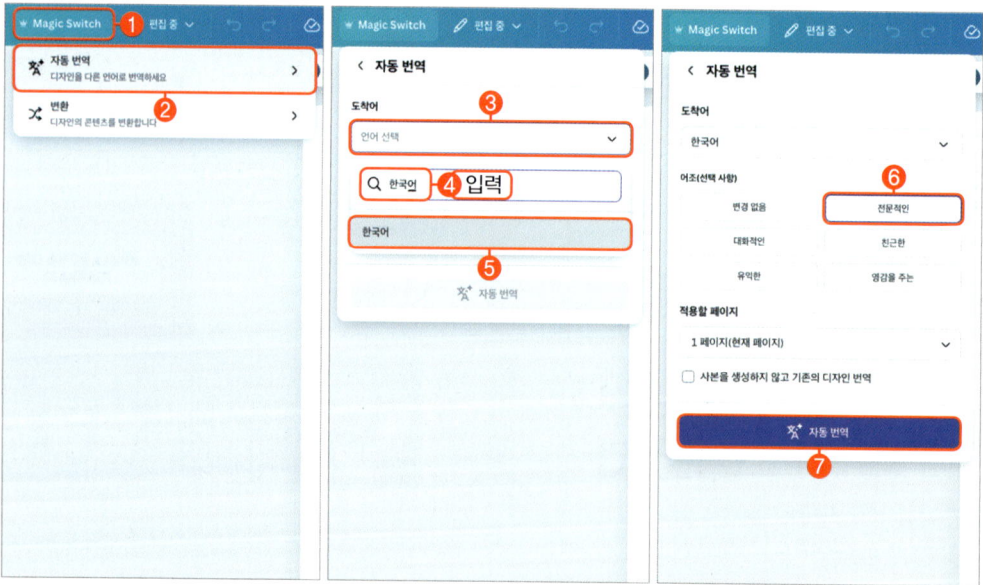

> **TIP**
>
> **Magic Switch가 안 보여요!**
>
> 템플릿에 따라 [Magic Switch]가 [크기 조정]으로 대체되어 있을 수 있습니다. 이 경우에는 [크기 조정]을 클릭한 후 하단의 [자동 번역]을 선택합니다.

04 복사 및 번역이 완료되었다는 창의 [Doc 열기] 버튼을 클릭합니다. 한국어로 번역된 템플릿이 나타나면 오른쪽 상단 부분을 더블 클릭합니다.

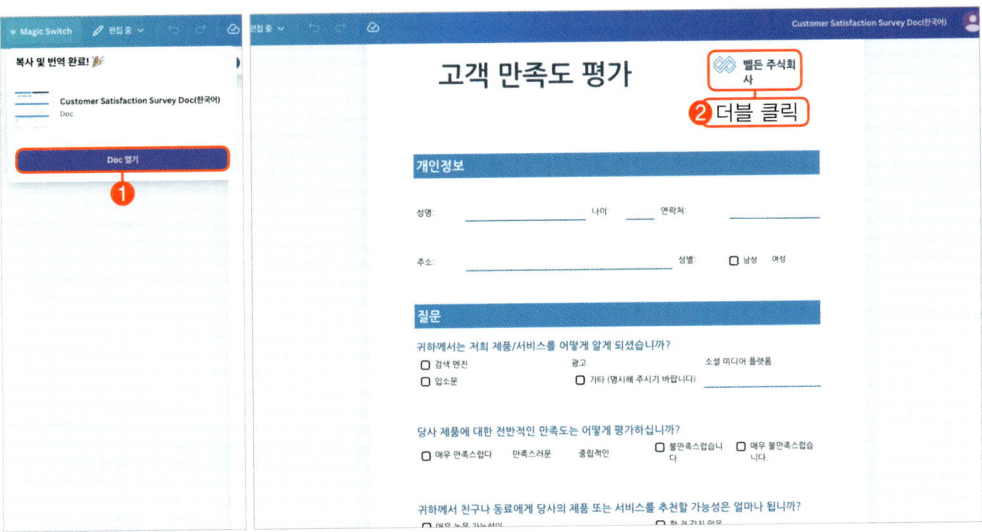

05 편집창에서 회사명 텍스트를 더블 클릭해 자유롭게 수정한 후 [저장] 버튼을 클릭합니다. 예제에서는 'CANVA'로 수정하였습니다. 템플릿과 자동 번역 기능으로 설문지를 간단히 완성하였습니다.

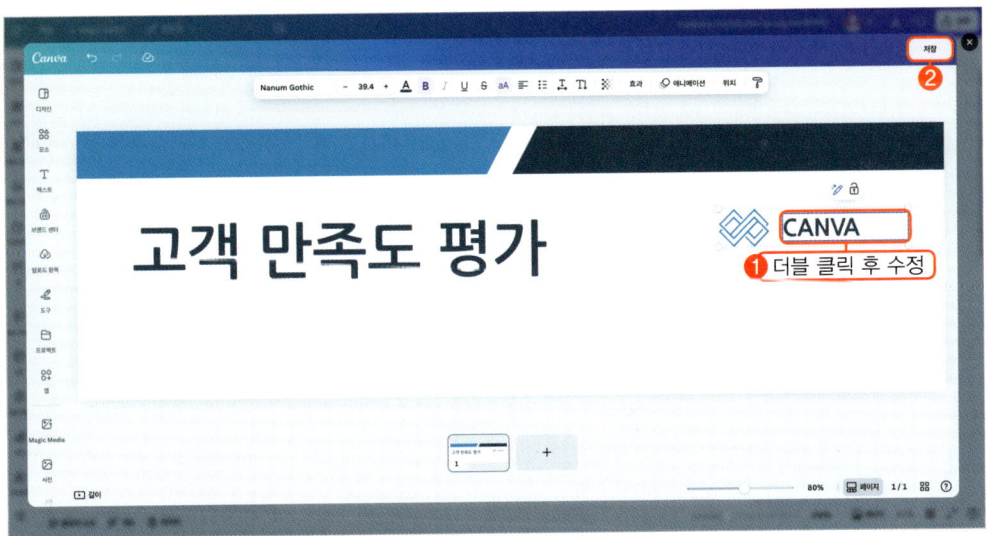

Magic Write 활용하기

이번에는 Magic Write를 활용해 만족도 조사 설문지를 만들어 보겠습니다.

01 오른쪽 하단의 [페이지(🗔)] - [+ 페이지 추가] 버튼을 클릭한 후 새 페이지를 클릭합니다. 상단의 도구바에서 [Magic Write]를 클릭하고 여러 가지 카테고리 중 [설문조사]를 클릭합니다.

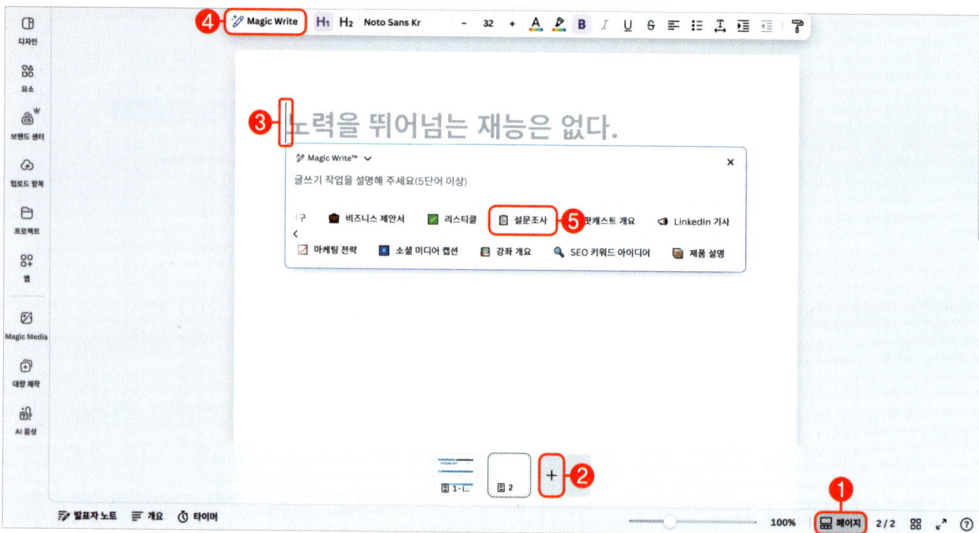

02 설문 조사 목적에 맞게 문장을 수정하고 [생성하기] 버튼을 클릭합니다. 예제에서는 '이메일 사용 습관'을 '웹 사이트 고객 만족도'로 수정하였습니다.

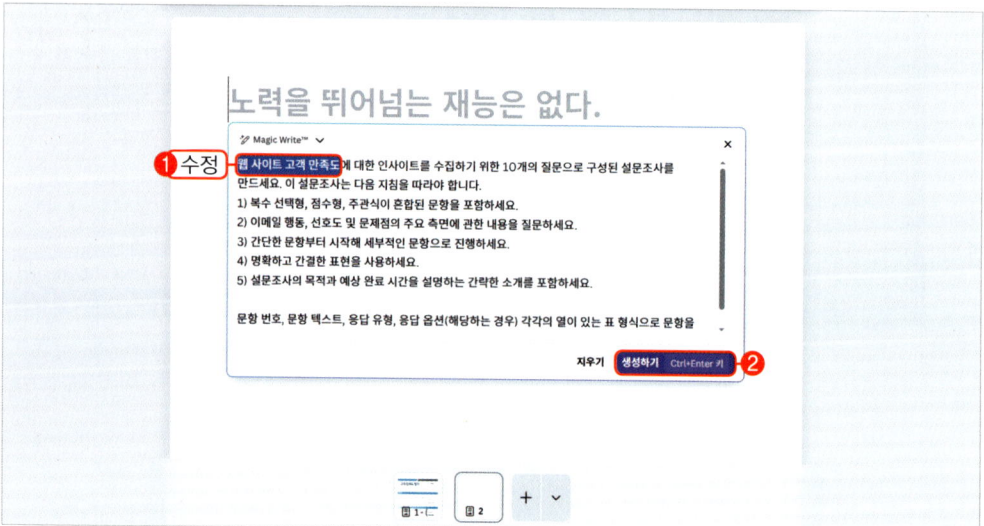

03 생성된 내용이 마음에 들면 [삽입] 버튼을 클릭합니다. 설문지의 타이틀과 디자인을 변경하기 위해 상단 부분을 더블 클릭합니다.

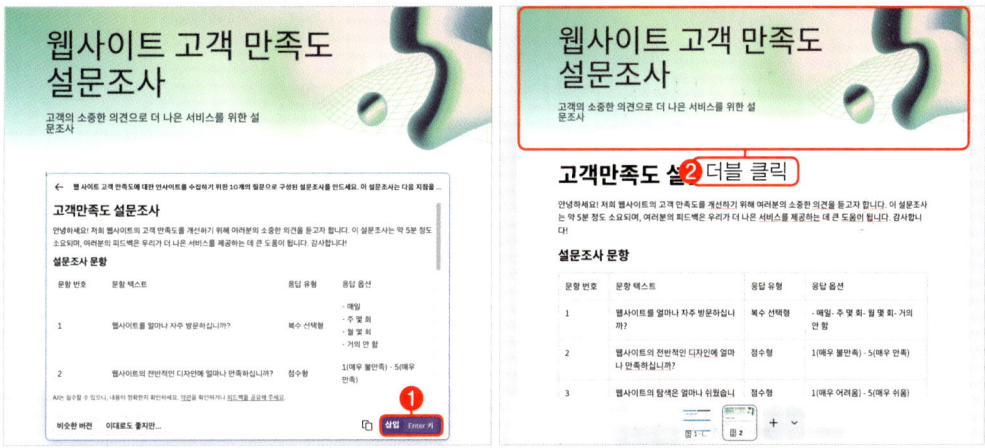

04 편집창이 나타나면 왼쪽의 [디자인] 메뉴 – [템플릿] 탭에서 마음에 드는 템플릿을 선택합니다. 예제에서는 'White & Black Simple Personal LinkedIn Banner' 템플릿을 선택했습니다. 템플릿을 새 페이지로 추가하겠냐는 안내창의 [현재 페이지 대체] 버튼을 클릭합니다.

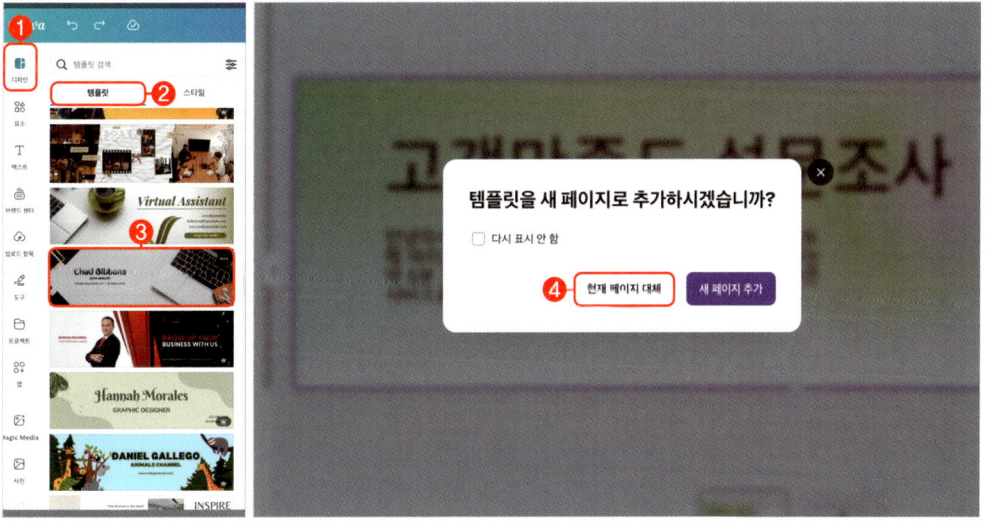

05 템플릿이 변경되면 타이틀, 설명, 이메일 주소와 같은 텍스트를 설문조사 목적에 맞게 수정합니다.

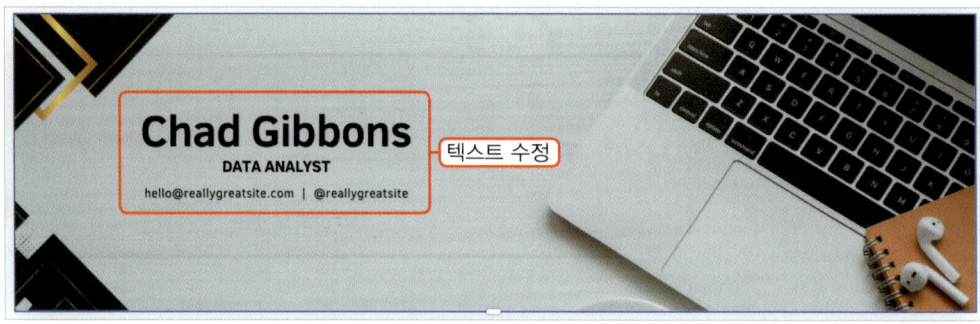

▼

06 작업 화면의 배경을 클릭하고 상단의 [배경 색상(◉)]을 클릭합니다. 디자인 패널에서 [새로운 색상 추가(⊕)]를 클릭하고 색상 코드 '#F1F1F1'을 입력합니다.

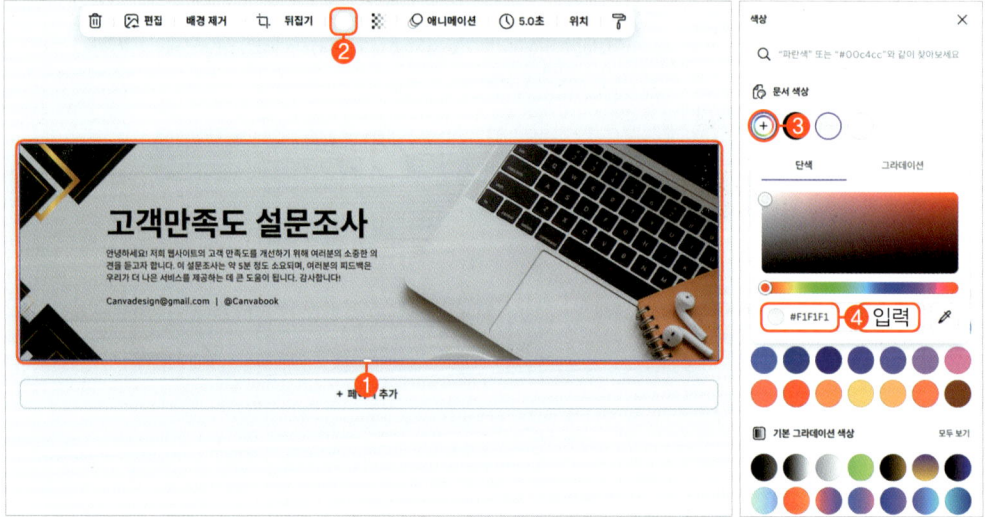

07 [요소] 메뉴를 클릭하고 'computer'를 검색한 후 [사진] 탭을 클릭해 원하는 이미지를 선택합니다.

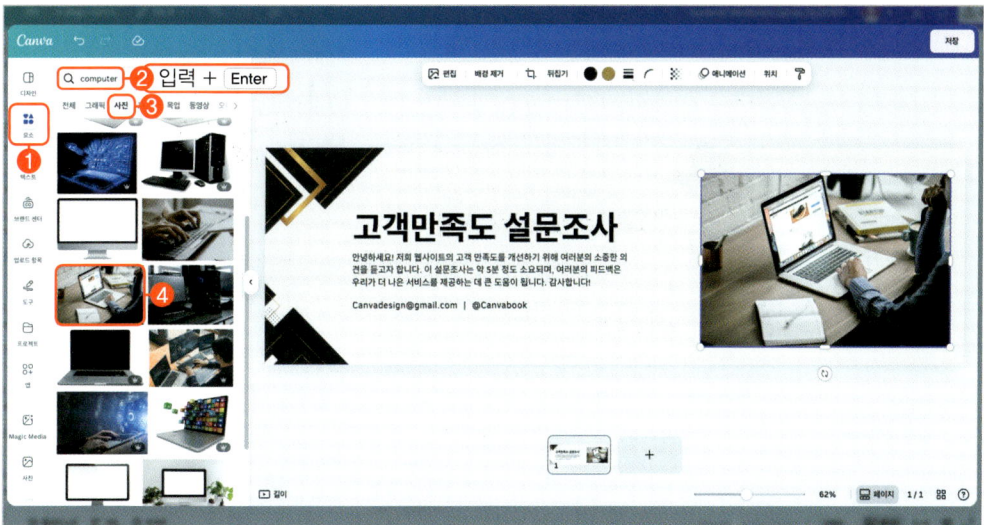

08 이미지의 크기를 조절하고 상단의 [모서리 둥글게 만들기( )]를 클릭해 조절바를 오른쪽으로 드래그한 후 [저장] 버튼을 클릭합니다.

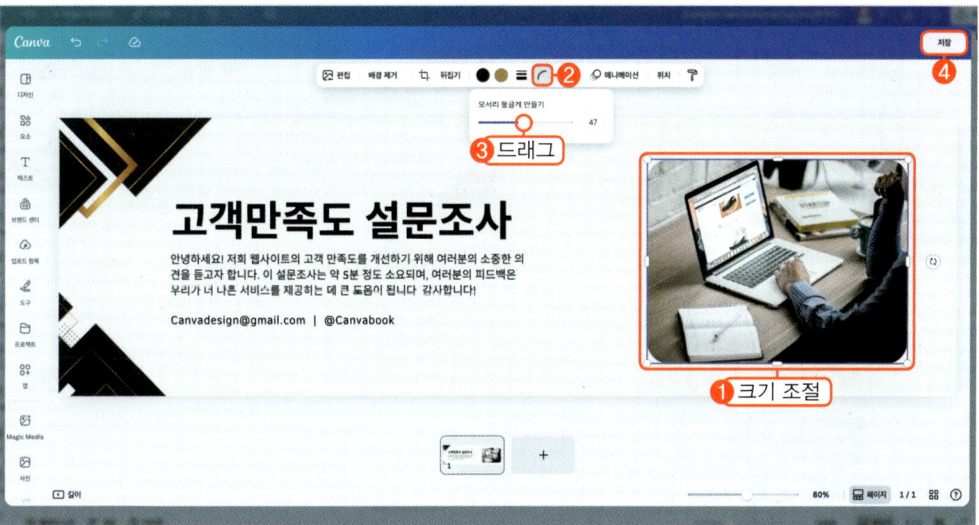

09 다시 작업 화면으로 돌아와 타이틀과 설명을 삭제하고 '응답 옵션' 칸을 클릭한 후 오른쪽 상단으로 마우스를 가져가 [+] 버튼을 클릭합니다.

10 열이 추가되면 첫 번째 칸에 '항목체크'를 입력합니다. 왼쪽의 [요소] 메뉴를 클릭하고 '체크박스'를 검색한 후 [그래픽] 탭에서 원하는 아이콘을 선택해 크기를 적당히 조절해 줍니다.

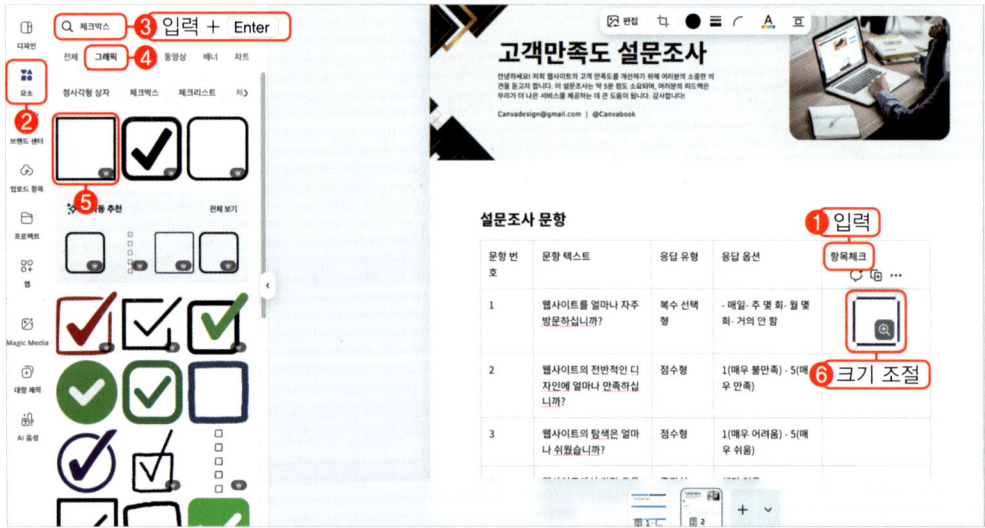

11 '항목체크' 열의 너비를 조절합니다. Ctrl + C 를 눌러 아이콘을 복사하고 나머지 칸을 각각 클릭한 후 Ctrl + V 를 눌러 붙여 넣습니다.

12 꼭 필요한 내용이 아닌 경우 해당 열의 첫 번째 칸을 클릭하고 […] 버튼 - [1개 열 삭제]를 선택해 삭제해 줍니다.

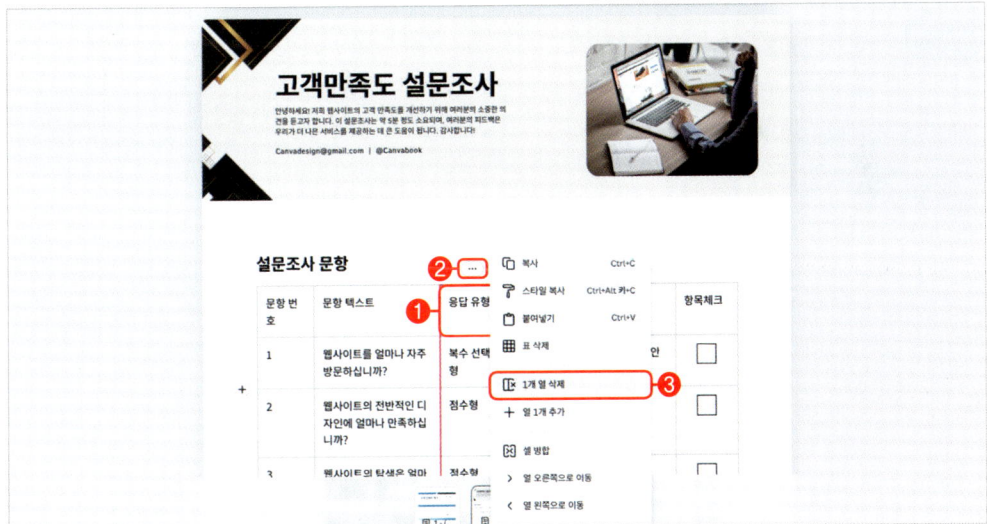

Chapter 10 일상과 업무 관리 도구 만들기

13 수정할 내용이 없는지 살펴보며 열 너비를 전체적으로 조절하고 오른쪽 상단의 디자인 이름을 '고객만족도 설문조사 완성'으로 수정합니다. [공유] 버튼 – [다운로드] 버튼을 클릭해 파일 형식을 'PDF 표준', 페이지 크기는 '법정 규격'으로 설정한 후 다운로드하면 완성입니다.

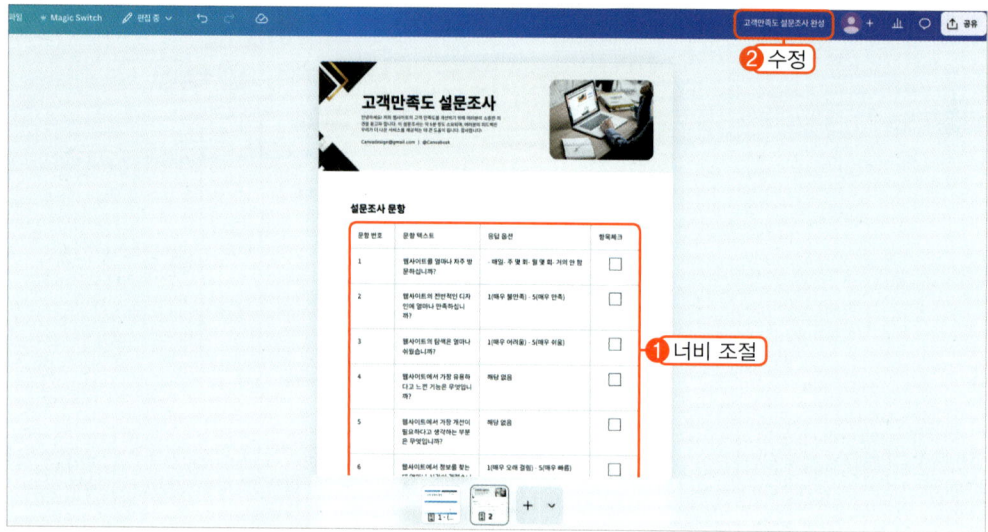

> **TIP**
>
> ### Magic Write 활용 주제 추천
>
> 예제에서는 Magic Write로 만족도 조사 설문지를 만들어 보았지만, 비즈니스 제안서나 마케팅 전략, 강좌 개요, 제품 설명 글 등 다양한 주제로 Magic Write의 기능을 활용해 보길 추천합니다.

Appendix
한 걸음 더, 디자인 기본기 다지기

01 디자인이란?
02 디자인의 구성 요소
03 색의 기본 이론
04 타이포그래피에 대한 이해

01 디자인이란?

디자인의 역할

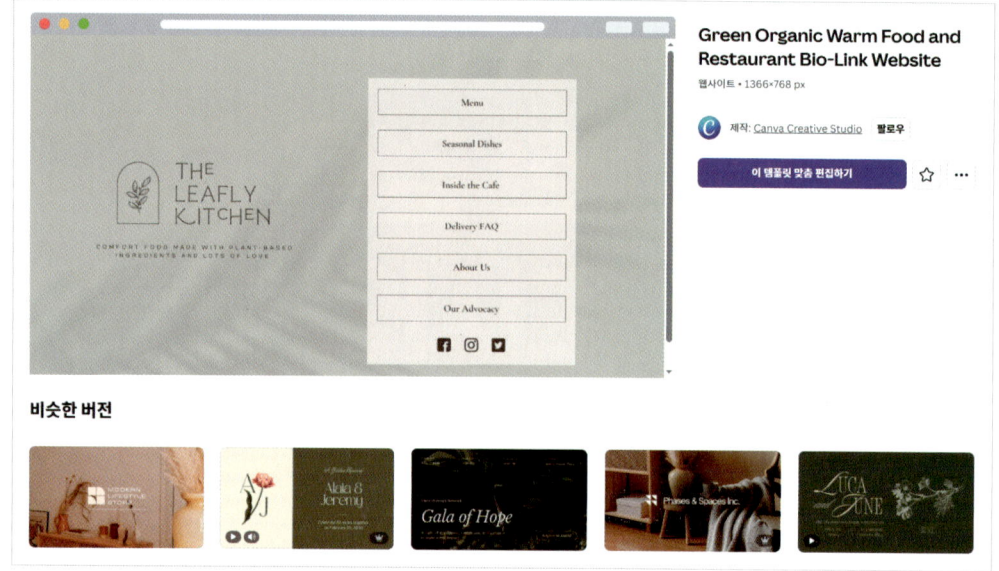

▲ 웹사이트 디자인(출처: 캔바)

콘텐츠를 제작할 때 왜 디자인이 중요할까요? 디자인은 단순히 겉모습을 꾸미는 작업이 아닌 어떠한 목적을 시각적으로 전달하는 비언어적 소통 방식이기 때문입니다. 예를 들어 웹사이트를 디자인할 때 가장 중요한 것은 사용자가 원하는 정보를 쉽고 빠르게 찾을 수 있도록 설계하는 것입니다. 단순히 겉모습의 아름다움과 세련됨에만 집중한다면, 웹사이트의 본래 목적과 구매로 이어질 수 있는 사용자의 클릭 유도를 놓칠 수 있습니다.

디자인은 복잡한 내용을 간결하고 명확하게 전달하는 '정보 전달의 기능', 신뢰감·편안함과 같은 긍정적인 감정을 불러일으키는 '감정 자극의 기능', 브랜드의 고유한 이미지와 가치를 시각적으로 표현하는 '브랜딩의 기능'을 모두 아우르는 종합적인 작업입니다. 단순히 보기에만 좋은 것이 아니라 의도한 목적과 메시지가 효과적으로 전달돼야 비로소 좋은 디자인이라 할 수 있습니다.

좋은 디자인 vs 아쉬운 디자인

'좋은 디자인'이라는 개념이 조금 추상적이기 때문에 아래 예시를 통해 좋은 디자인이란 무엇인지 구체적으로 알아보겠습니다.

▲ 좋은 디자인 vs 아쉬운 디자인

예시 이미지를 보면 왼쪽의 이미지는 핵심 메시지가 눈에 띄고, 시선의 흐름에 따라 정보가 단계적으로 전달됩니다. 반면에 오른쪽의 이미지는 텍스트의 크기와 색이 정돈되어 있지 않아 가독성이 떨어집니다.

'버튼' 텍스트도 왼쪽의 이미지는 명확하게 표시되어 있어 사용자의 행동을 유도하지만, 오른쪽의 이미지는 텍스트가 깨져 있어 사용자에게 혼란을 주고 신뢰성이 떨어지는 것을 확인할 수 있습니다.

종합적으로 보았을 때 클릭을 유도하는 버튼이 뚜렷하게 보이면서 중요한 정보는 상단에 배치되어 있는 왼쪽의 이미지를 좋은 디자인, 색이 많고 여러 가지 폰트가 섞여 있어 정돈되어 있지 않은 오른쪽의 이미지를 아쉬운 디자인이라 할 수 있습니다.

🔍 일상 속 좋은 디자인 사례

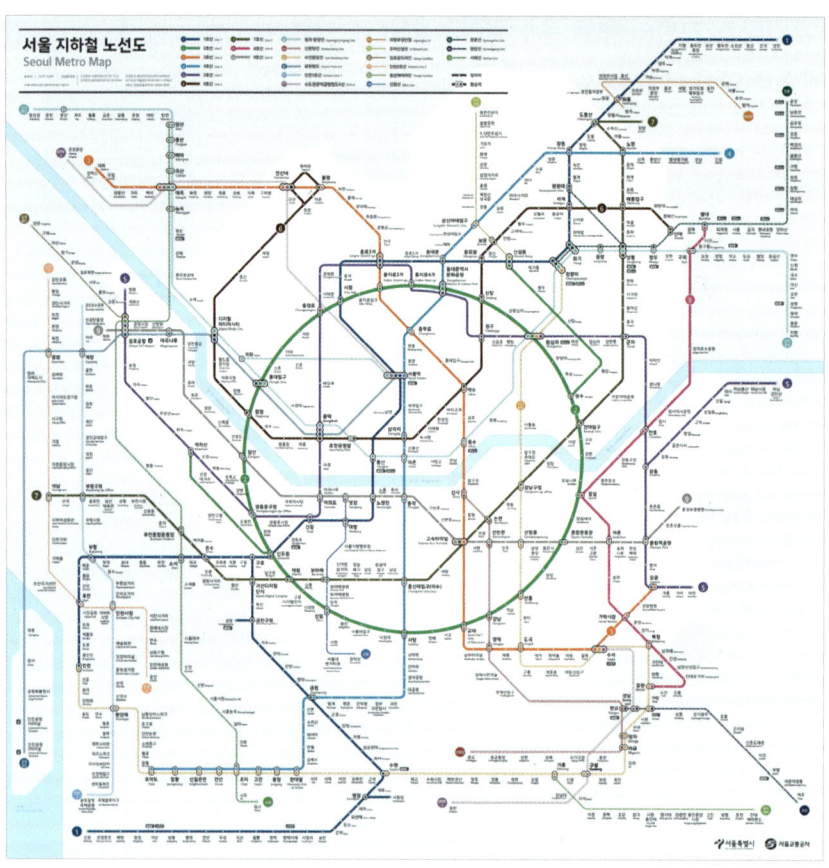

▲ 서울 지하철 노선도(출처: 서울특별시)

디자인은 우리 주변 곳곳에 숨어 있기 때문에 일상 속에서도 좋은 디자인의 사례를 쉽게 발견할 수 있습니다. 우리가 마주하는 거의 모든 것에는 디자인의 이유가 존재합니다. 어떤 색을 선택했는지부터 어떤 형태로 보여 줄지에 이르기까지 모든 결정에는 사용자의 이해를 돕기 위한 의도가 담겨 있습니다.

예를 들어 상단의 지하철 노선도를 살펴보겠습니다. 실제 지하철 노선도는 복잡하게 얽혀 있지만 이를 직선과 곡선으로 단순화하고, 색으로 구분하여 누구나 짧은 시간 안에 경로를 파악할 수 있게 만들어 놓으므로 이는 좋은 디자인이라고 할 수 있습니다.

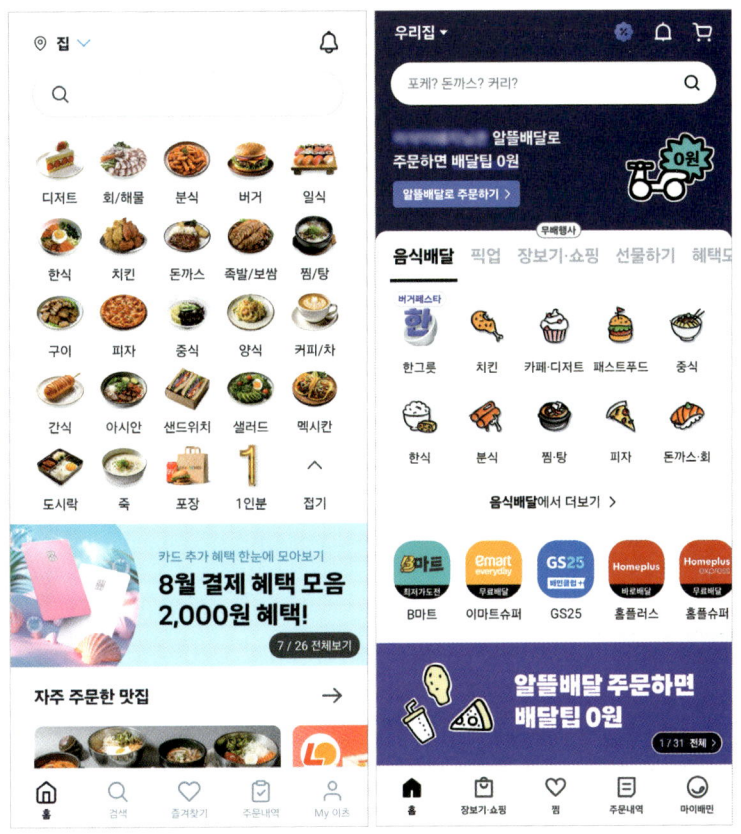

▲ 배달 앱 UX/UI 디자인(출처: 배달의민족, 쿠팡이츠 앱 캡처)

출출할 때마다 자주 이용하는 배달 앱의 UX/UI 디자인 또한 마찬가지로 좋은 디자인이라 할 수 있습니다. 주문 버튼의 위치, 카테고리의 순서, 결제 과정의 단계까지 모두 사용자의 편의를 고려해서 디자인한 결과물입니다. 이러한 디자인 덕분에 사용자는 불필요한 절차를 줄이고, 빠르고 간편하게 원하는 음식을 주문할 수 있습니다. 이렇듯 일상 속에 숨어 있는 디자인을 자세히 들여다보면, 좋은 디자인이란 무엇인지 알 수 있을 것입니다.

02 디자인의 구성 요소

🔍 선, 면, 형태, 색, 질감

디자인의 역할과 '좋은 디자인'이란 무엇인지 살펴보았으니 본격적으로 디자인의 구성 요소인 선, 면, 형태, 색, 질감에 대해 알아보겠습니다.

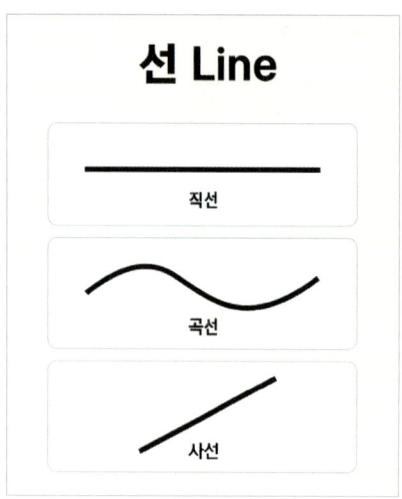

선

선은 감정을 전달하는 도구로 사용됩니다. 예를 들어 직선은 '안정감', 곡선은 '편안함', 사선은 '역동성'의 느낌을 전달할 수 있습니다.

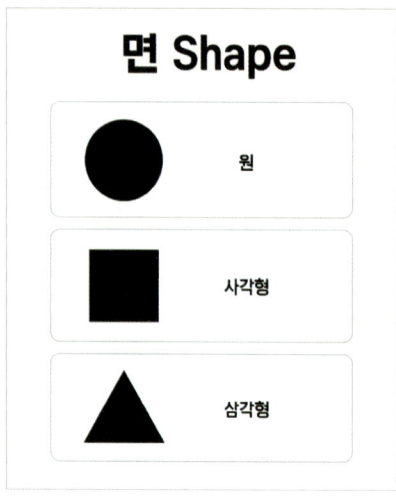

면

면은 선과 마찬가지로 감정을 전달하거나 시선을 유도하는 도구로 사용됩니다. 예를 들어 원은 '안정감', 사각형은 '견고함', 삼각형은 '균형감'과 같은 느낌을 전달합니다.

형태

디자인의 형태는 2D, 3D, 4D로 나눌 수 있습니다. 2D는 가로와 세로 두 가지 차원만 가진 평면의 디자인입니다. 3D는 가로, 세로, 깊이를 모두 가진 입체 디자인이고, 4D는 3D에 시간 개념이 더해진 디자인입니다.

색

디자인에서 색은 감정과 분위기를 표현합니다. 대표적으로 빨간색은 '열정', '사랑' 등을 나타내고, 파란색은 빨간색과 대비되는 '차분함', '슬픔' 등의 감정을 표현합니다. 그리고 노란색은 '명랑함', '따뜻함' 등의 느낌을 전달합니다.

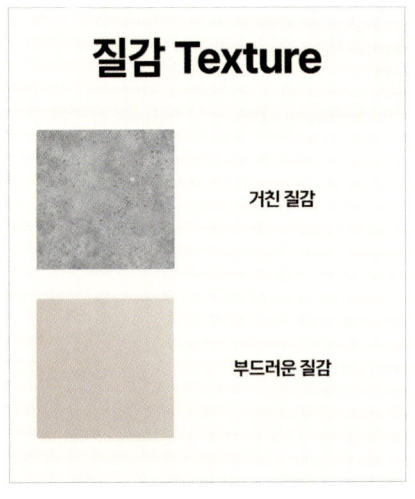

질감

질감은 시각적인 '촉감'을 전달해 줍니다. 예를 들어 콘크리트와 같은 질감은 만져 보지 않아도 거친 느낌을 전달하고, 천과 같은 질감은 보는 것만으로도 부드러운 느낌을 전달합니다.

시각적 위계와 정렬

사람의 시선은 항상 시각적으로 강조된 요소부터 인식합니다. 우리가 어떤 콘텐츠나 디자인을 볼 때 무작위로 시선을 두지 않고, 강조된 요소부터 확인하는 것처럼 사람의 시선은 우선순위에 따라 움직이기 때문에 디자인의 구조를 명확하게 설계해야 합니다.

▲ 여름 세일 포스터(출처: 캔바)

디자인의 구조를 설계할 때에는 '시각적 위계'와 '정렬'을 염두 해야 합니다. 시각적 위계란 정보의 중요도에 따라 색상, 굵기, 크기를 다르게 구성하는 것입니다. 예를 들어 여름맞이 세일을 알리는 광고 포스터를 만들 때 예시 이미지처럼 제목은 크고 굵게, 부제목은 그보다 작고 얇게 구성하는 것입니다.

그리고 디자인에서 정렬이란 단순히 보기 좋게 나열하는 것이 아닌 위에서 아래로, 왼쪽에서 오른쪽으로 향하는 시선의 흐름을 고려하는 것입니다. 예시 이미지는 세로가 긴 비율의 광고 포스터이기 때문에 위에서 아래로 흐르는 시선을 고려하여 내용을 가운데로 정렬해야 안정감을 줄 수 있습니다.

여백의 미

여백은 디자인에 숨 쉴 공간을 만들어 주는 것입니다. 여백이 부족한 디자인은 어딘지 모르게 답답하고, 정보 전달력이 떨어지게 됩니다. 가독성을 높이고 싶다면 여백의 미를 신경 써서 디자인하는 것이 좋습니다.

▲ 여백의 미를 살린 디자인 예시

여백의 미를 잘 사용한 대표적인 사례로 '애플(Apple)'의 광고 포스터를 들 수 있습니다. 애플의 광고 포스터는 대부분 제품 주변에 하얀 여백으로 공간이 확보되어 있습니다. 이러한 여백의 미 덕분에 소비자는 시선을 오롯이 제품에 집중하게 되며, 고급스러운 인상을 전달받게 됩니다.

여백의 미를 살린 또 다른 예시로는 명함 디자인을 생각해 볼 수 있습니다. 명함은 주변에 충분한 여백을 두고 디자인하는 경우가 많은데, 이로 인해 이름, 연락처, 이메일 주소와 같은 핵심 정보가 강조됩니다. 이렇듯 적당한 여백은 디자인에 플러스 요인이 되므로, 앞으로 콘텐츠를 디자인할 때 '무엇을 넣을지'보다 '무엇을 뺄지' 생각해 보기를 추천합니다.

03 색의 기본 이론

🔍 RGB와 CMYK의 차이

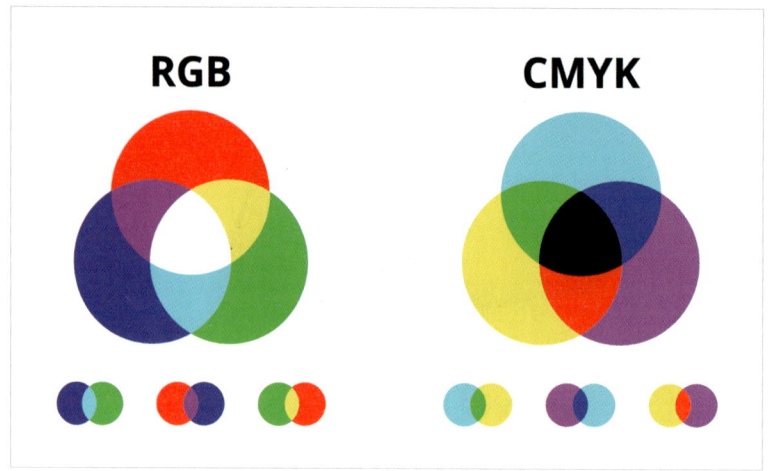

▲ RGB와 CMYK(출처: 클립아트코리아)

모니터나 스마트폰과 같은 화면은 빛으로 색을 표현하는 가산 혼합 방식을 사용합니다. 가산 혼합 방식은 빛의 삼원색인 Red(빨강), Green(초록), Blue(파랑)를 섞어서 표현하는 방식으로 색을 더할수록 밝아지며, 세 가지 색을 모두 섞으면 흰색이 됩니다.

반면에 책이나 포스터 같은 인쇄물은 잉크로 색을 표현하는 감산 혼합 방식입니다. 감산 혼합 방식은 Cyan(시안), Magenta(마젠타), Yellow(노랑), Black(검정)을 섞어서 표현하는 방식으로 색을 더할수록 어두워지며, 네 가지 색을 모두 섞으면 검은색이 됩니다.

이 외에 알아두면 좋은 색상 체계로는 Hue(색상), Saturation(채도), Brightness(명도)가 있습니다. HSB는 포토샵이나 일러스트레이터와 같은 디자인 프로그램에서 자주 사용하는 색상 체계로 우리가 색을 직관적으로 조절할 수 있도록 만들어진 시스템입니다.

색상환과 보색

▲ 색상환(출처: 클립아트코리아)

색상환과 보색의 개념을 이해하면 조금 더 자연스럽고 센스 있게 색을 조합할 수 있습니다. 색상환은 색의 관계를 시각적으로 보여 주는 도구입니다. 상단의 이미지처럼 일반적으로 '빨강-주황-노랑-초록-파랑-보라-빨강'의 순서로 원을 이루며 점진적으로 변하는 색의 흐름을 보여 줍니다.

색상환에서 인접해 있는 색은 '유사색'으로 안정감을 주고, 서로 마주 보고 있는 색은 '보색'으로 대비감을 줍니다. 디자인할 때 '주황-노랑'과 같이 유사색을 사용하면 색상의 대비가 적기 때문에 차분하고 부드러운 이미지를 전달할 수 있습니다. 반면에 '파랑-주황'과 같은 보색을 사용하면 강렬한 이미지를 전달하게 됩니다.

> **TIP 초보자를 위한 컬러 매칭 꿀팁**
>
> 초보자를 위한 컬러 매칭 꿀팁을 아래 표로 정리해 놓았으니, 디자인을 할 때 참고합니다.
>
> | 매칭 방식 | 설명 | 예시 색 조합 |
> |---|---|---|
> | 유사색 매칭 | 색상환에서 이웃한 색으로 구성 | ●●● (파랑 + 청록 + 초록) |
> | 보색 매칭 | 색상환에서 마주 보고 있는 색으로 구성 | ●● (빨강 + 초록) |
> | 톤온톤 매칭 | 같은 색상에서 명도, 채도만 다른 구성 | ●● (연보라 + 진보라) |
> | 톤인톤 매칭 | 전체적인 명도, 채도를 맞춘 구성 | ●● (연한 회색 + 연한 핑크) |

04 타이포그래피에 대한 이해

서체의 종류와 특징

고딕체	명조체
필기체	장식체

▲ 서체 유형

서체는 디자이너의 목소리이자 말투와 같습니다. 같은 문장이라도 어떤 서체를 사용했는지에 따라 디자인의 분위기와 전달력이 완전히 달라지기 때문입니다. 다양한 유형의 서체가 존재하지만, 대표적인 서체의 특징과 용도를 표로 정리해 놓았으니 참고합니다.

서체 유형	주요 특징	용도
고딕체(Sans-serif)	• 획이 일정하고 깔끔함 • 현대적이고 직설적인 분위기	제목, 배너, 웹디자인 등
명조체(Serif)	• 획 끝에 장식 포인트 • 전통적이고 우아한 분위기	본문, 책자, 포스터 등
필기체(Script)	• 손글씨 느낌 • 개성이 강하고 부드러운 분위기	브랜딩, 감성 문구 등
장식체(Display)	• 개성이 강함 • 시각적인 효과가 큼	로고, 광고, 타이틀 등

▲ 4가지 서체 유형의 특징과 용도

🔍 자간, 행간, 정렬의 이해

자간(글자 간격)

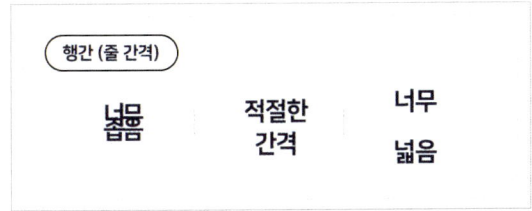

자간은 글자와 글자 사이의 간격으로 글의 가독성과 분위기를 조절합니다. 자간이 너무 좁으면 답답한 느낌을 주고, 반면에 자간이 너무 넓으면 단어를 인식하기 어려워지므로 적절한 간격으로 자간을 설정해야 합니다.

행간(줄 간격)

행간은 줄과 줄 사이의 세로 간격입니다. 행간이 좁으면 정보가 밀집되어 있는 느낌을 주고, 행간이 넓으면 여백이 많아지므로 적절한 간격의 행간을 설정하는 것이 좋습니다.

정렬 방식

정렬 방식으로는 왼쪽 정렬, 가운데 정렬, 오른쪽 정렬이 있습니다. 정보 전달이 목적이라면 왼쪽으로 정렬하는 것이 좋고, 예술적인 목적이라면 가운데 정렬이나 오른쪽 정렬을 사용하는 것이 좋습니다.

가독성으로 강한 인상 남기기

▲ 제목 가독성이 좋은 예시　　　　　　　▲ 제목 가독성이 아쉬운 예시

가독성이란 정보를 눈으로 빠르게 인식하고, 자연스럽게 이해할 수 있는 상태를 말합니다. 가독성이 좋으면서 보는 사람에게 강한 인상을 남기려면 제목을 간결하게 구성하고, 시각적으로 무게감을 주는 것이 필요합니다.

왼쪽의 예시 이미지를 보면 적절한 크기의 제목과 두께감이 있는 글꼴을 사용하여 어떤 제품을 홍보하는지 한눈에 알 수 있습니다. 하지만 오른쪽의 이미지는 제목이 작고, 장식적인 글꼴을 사용했기 때문에 같은 내용의 홍보 포스터이지만 보는 사람의 시선이 분산됩니다.

이렇듯 가독성이 있으면서 강한 인상을 남기기 위해서는 제목에 두께감이 있는 글꼴을 사용하거나, 크기 또는 색상으로 제목을 강조하는 것이 좋습니다. 그리고 본문에는 조용하고 안정감이 있는 글꼴을 사용하여 보는 사람의 읽는 흐름을 방해하지 않아야 합니다.

MEMO

MEMO

카드뉴스부터 상세페이지, 유튜브 쇼츠, 프레젠테이션 자료까지!
AI로 쉽게 만드는 캔바 콘텐츠 디자인

초 판 발 행	2025년 10월 15일
발 행 인	박영일
책 임 편 집	이해욱
저 자	임진영(갓찌농)
편 집 진 행	정민아
표 지 디 자 인	김경모
편 집 디 자 인	신해니
발 행 처	시대인
공 급 처	(주)시대고시기획
출 판 등 록	제 10-1521호
주 소	서울시 마포구 큰우물로 75 [도화동 538 성지 B/D] 6F
전 화	1600-3600
홈 페 이 지	www.sdedu.co.kr

I S B N	979-11-434-0143-4(13000)
정 가	18,000원

※이 책은 저작권법에 의해 보호를 받는 저작물이므로, 동영상 제작 및 무단전재와 복제, 상업적 이용을 금합니다.
※이 책의 전부 또는 일부 내용을 이용하려면 반드시 저작권자와 (주)시대고시기획 · 시대인의 동의를 받아야 합니다.
※잘못된 책은 구입하신 서점에서 바꾸어 드립니다.

시대인은 종합교육그룹 (주)시대고시기획 · 시대교육의 단행본 브랜드입니다.